# 臺灣民族性百談

山根勇藏　著
廖怡錚　譯
周俊宇　導讀

# 目次

# 從大正民主後過渡到皇民化時期前的在臺日人「臺人民族性論」

## ——山根勇藏《臺灣民族性百談》導讀

周俊宇（國立政治大學臺灣史研究所助理教授）

一九三〇（昭和五）年五月，有一本題為《臺灣民族性百談》的著作在臺灣出版了。本書內含一百篇短文，從藝文喜好、人口族群、信仰世界、語言文字、人生儀禮、社交習慣、家族制度、分類械鬥、社會階層和教育觀念等面向，來談論臺灣漢人（以下略為臺灣人，不包括臺灣原住民）的民族性，涵蓋廣泛。

本書是山根勇藏的遺著，集結他在一九二七年到一九二九年間，於《臺灣警察協會雜誌》上連載的系列文章而成。山根勇藏何許人也？根據其喪禮上的生平介紹等資訊，山根勇藏是日本鳥取縣人，生於一八七一（明治四）年，一八九六（明治二九）年自東京高等師範學校國語科漢文專修科畢業後，進入文部省成為視學官，在日本領臺之初的一八九七年就來到臺灣從事教育工作，在臺灣總督府國語學校任助教授和舍監，一九〇一（明治三四）年再度回到文部省。其後於一九一八（大正七）年再度來臺，擔任臺北州立臺北第一高等女學校、臺北高等商業學校等校的教諭、囑託，也兼任警務局保安課和警察官及司獄官練習所囑託之職，一九二九（昭和四）年因胃癌逝世。❶

本書出版時，在臺灣史料編纂室任職的尾崎秀真，在序中寫道山根曾說：

> 倘若是在本島從事島民的教化事業者，不管是一般的官僚公吏、教育者或是警察，首要之務就是要理解本島人的民族心理。然而，自本島改隸三十五年以來，卻從未聽過任何一位相關的研究者，也沒有看見任何一篇相關的著述。這就是我之所以僭越本分，提筆撰寫本篇的緣故。（頁三四）

不過，其實這本書並非日本統治時代第一本有關臺灣人民族性的著作。早在日本領臺前後，日本人就開啟了對於臺灣人民族性的發現之旅。這裡所說的「民族性」，簡言之，指的是民族性格，也就是一個民族在文化、風俗習慣以及世界觀、人生觀等感知層面上表現出來的特有性質。當時日本國內對於臺灣這塊新領土的「人文地理」學問知識需求升高，而有《臺灣誌》（足立栗園，一八九四）、《臺灣誌》（參謀本部，一八九五）、《臺灣諸島誌》（小川琢治，一八九六）、《臺灣實況》（權藤震二，一八九六）、《臺灣事情》（松島剛、佐藤宏，一八九七）、《臺灣紀要》（村上玉吉，一八九九）等許多以臺灣為主題的地誌出版。在沒有臺灣經驗，或是閱歷尚淺的從軍記者與地理學者筆下成書的地誌類文獻裡，就可以看到對於臺灣人口構成以及民族習性的片段描述。在對於臺灣島全面且詳細之調查尚未展開的階段，這些資訊難免悖離現實，亦有日本自身關懷，西洋傳教士觀點、清朝方志知識，甚而領臺當時對於治安狀況理解的交錯樣貌，惟仍可謂是日後在臺日人「臺人民族性論」的起點。

毋庸贅言，原屬中華帝國「邊境」的臺灣，在馬關條約簽訂後成為日本帝國的「內在支那」[2]，是日本統治者或文人等階層得以貼近觀察或浸淫於「支那社會」的環境。「支那民族性」這樣一個訴諸本質的認識方法，亦是日本人觀看臺灣人時經常使用的濾鏡。日本領有臺灣後，很快地就碰到了「土匪」這個「治安問題」。在《風俗畫報》於同一時期的臨時增刊特集《臺灣征討圖繪》（一八九五）和《臺灣土匪掃攘圖繪》（一八九六）等在內地流傳的戰事相關圖像、文字或報導裡，「土匪」與「生蕃」的形象經常和動盪不安的臺灣意象相交，一併地傳遞了「野蠻」的印象。即使在治安平定後，這種「野蠻」的印象也經常與臺灣人原出身中國大陸福、廣兩省的「支那民族性」作連結，在《臺灣匪亂小史》（臺灣總督府法務部／秋澤次郎，一九二〇）、《臺灣匪誌》（秋澤次郎，一九二三／本書為前著的再出版）這樣的回顧文獻、文字中被喚醒。

日治時期，臺灣人的「民族性」經常與日本要在臺推廣、扎根的「國民性」處在相以對立、互為妨害的緊張關係。這是因為日本統治臺灣最重要的意識型態就是「同化主義」，既然要將異民族打造成日本人，最重要的就是作為日本人的「國民性」之涵養。在臺灣推動「國民性」涵養之際，應該改善、撲滅的對象就是臺灣人作為「支那民族」的「民族性」。例如，日本治臺初期公學校「修身科」的日人教師，在思考修身教育該如何進行時，就曾在《臺灣教育會雜誌》上熱烈地討論他們在教育現場中經常目擊到的臺人民族性。在這些言論裡，我們可以發現「利己主義」、「社會、宗族凝聚力強」與「缺乏國家觀念」是日人所見臺人民族性的核心觀念，這也正是日本帝國時期「支那民族性」認識論的核心。

當然，這裡所謂改善、撲滅的力道，因時代、政策、場域而異，並非絕對。而且，誠然並非所有日本人皆以這樣的眼光看待臺灣人，也有以人權、平等等普世價值來相待者，實際上有不同的視角交錯。但是依「支那民族性」視角所建構的認識空間，的確存在於日本殖民統治下的臺灣，不少在臺日人就是在這樣的前提下，去觀察、析出臺灣人的民族性。況且，弔詭的是，民族性差異的存在，正是殖民統治的前提，因此，為了維持殖民階層的優越性，不斷地發現、傳承日臺人群間彼劣我優的民族性差異，自然有其需要。這樣一個本質性的民族性認識，也是合理化臺灣人僅需實業教育，無需政治、經濟等普通教育的邏輯之一。

另一方面，為了適應新的時代，不少求知若渴、盼能立身處世的臺灣人前往較無教育差別待遇的日本內地留學，甚至在一九一〇年代末激發了民族意識，要以政治運動、文化啟蒙等新方法來爭取發言權、參政權。不過，眾所周知，臺灣知識菁英的新動態，除少數同情者外，大體上遭到日本統治體制和在臺日人社會冷眼對待。戰前知名的自由主義日人學者矢內原忠雄，在為臺人政治運動家蔡培火於一九二八年出版的《與日本國國民——殖民地問題解決的基調》（日本國國民に與ふ：殖民地問題解決の基調）一書為序時寫道：

……面對臺灣人解放運動、自由要求，日本人總立即脫口而出者為「民族性」。曰：彼等民族性有如斯各般缺點。「民族性」誠為壓迫殖民地自由者最後的逃匿之處。如自我反省，試問臺灣人被指為民族缺點者，是否不存在於吾國國民間？讀者將能發現，重點可單純歸於內地人是支配者，臺灣人是被支配者的一個事實。[3]

臺人菁英在一九二〇年代追求殖民地自治和文化、社會啟蒙而展開的種種運動，為我們這座島嶼留下了臺灣人意識萌芽的歷史。不過，正如矢內原忠雄這位良心學者所言，他們追求民族權益的行動，經常暴露在日本人以統治民族之姿，觀察臺灣人民族性的目光之下。臺人政治主張和臺灣人意識的萌芽，以及在臺日人「臺灣人觀」間，可謂存在著緊張關係。面對著一九二〇年代這個臺人菁英趁著「大正民主」之勢而起的狂飆年代，日人方面就出現了一些著作嘗試予以理解、分析。這些著作有《臺灣之社會觀》（今村義夫，一九二二）、《臺灣同化策論——臺灣島民の民族心理學的研究》（柴田廉，一九二三）、《年中行事臺灣議會運動》（宮川次郎，一九二八）、《臺灣の民族運動》（泉風浪，一九二八）等等，從中可以看到他們觀察這波臺人菁英的新運動（為適應新時代，採取「民族自決」、合法路線等新理論與新方法），加以辯證是否為「支那民族」陳舊的、本質的「民族心理」之反映的軌跡。

臺灣人受到殖民統治的經驗，是面臨「日本化」的過程，也是民族性這個容易流於本質主義詮釋的特質，不斷為日本人發現與認識的過程。因此，閱讀民族性論述，也就是為了瞭解日本殖民統治下的臺灣人置身於何種認識空間。在臺日人雖然對臺灣人這個外貌相似但思維、心性明顯不同的「異己」留下了許多民族性的觀察言論；不過，或許由於民族性的觀察畢竟比較露骨帶刺，因此我們很難在統治官員的政策性發言，或是學者的研究文獻中看到。[4]其實，日本統治臺灣時期的民族性論述，比較多是出自在臺日人教師、警界人士、記者這三個社群。三個社群都較統治官員在日常上有更多機會貼近觀察臺灣社會，也相對地更有記錄、著述的動機。他們作為中間階層，在第一線上直接接觸、交流，言論可能受到上層的影響，未若官員或學者般具有明確方針或體系，但也會有帶著一些批判觀點等不受制約的部分；同時，其觀察又不同於社會大眾的漠然、淺薄認知，能夠一定程度反映出某種認識結構。[5]

行筆至此，我們必須將焦點拉回來這本書的作者與內容上了。如前文所提，出版於一九三〇年的本書，書中篇章成於二〇年代末，而作者山根勇藏就是一名跨足教育界和警界的在臺日人。《臺灣之社會觀》等在臺日人記者的著作裡，針對臺灣議會運動和「支那民族性」的關聯有許多觀察討論；其實在二〇年代後半以降，警界相關人士也出於社會教化的目的，而有類似書籍問世，對於臺灣人的「支那民族性」再行「本質」之確認，《臺灣的民族性與指導教化》（志波吉太郎，一九二七）和本書皆屬之。一九二三年到一九二七年間，臺灣文化協會透過在臺灣各地舉辦演講活動，積極地對群眾展開文化啟蒙活動。文協的意圖上除了文化啟蒙外，也在於啟發臺灣人的意識。為了因應這個情勢，臺灣總督府也在一九二六年將既有的文教課升格為文教局，並在其下設置社會課，臺人民族運動最活絡的臺中地區則是社會教化事業的先行實驗地區。[6]這個時期的民族性論述，也留意到了殖民者所謂的「社會教化」，而其背景正是臺灣人的主體性運動。

《臺灣民族性百談》裡的一百則短文，在選題編排上恣意又跳躍，龐雜的呈現方式，看似沒有一貫性的邏輯體系，不過在各篇行文間，仍可讀出由「支那民族性」視角出發的基本立場。首先，關於理解臺灣人「支那民族性」的方法，有題為〈支那民族〉的一篇。他認為臺灣人所來自的「支那這一個國家，只不過是幾百、幾千、幾萬種各式種族混融在一起的集合體。（頁一三〇）」談到支那的現狀，他說：「至於中華民國的狀態如何，事到如今應該也不需多言。簡單來說，即使是在一時之間使用強大的力量，達成表面上的統一局面，但是各個種族在檯面下流動的隱形力量卻還是非常猛烈，當時機來臨時這些種族意識便會迸發，發揮影響力。同樣地在國內，面對不同種族之際，種族意識也經常會發生顯著的威力，這就是漢民族可以面不改色地做出殘忍兇暴舉止的原因，同時也是支那不容易達到統一局面的原因。（頁一三一）」〈臺灣住民〉一文裡，他指出「不知為何，漢民族似乎是看到人就忍不住要開口消遣一番的民族（頁一二九）」；〈話母〉一篇裡，他寫道「支那古代雖然能夠認同社會組織，卻無法認同國家組織。在臺灣的漢民族，也就是臺灣人，往往會做出無視國家組織的行動，也是因為其背後存在著這個歷史因素。（頁一〇九）」此外，如〈臺灣女性的殘忍行徑〉、〈吃人肉的漢民族〉等誇張描寫的文字裡，亦將他所認知的臺人習性與中國大陸上的歷代王朝聯想在一起。這些敘述都可清楚地看到「支那民族性」這個核心視角。

他欲傳達「支那民族」的特質，是「種族」、「社會」的凝聚力更甚於「國家」，這些觀察背後，又經常存在著與日本人民族性「忠君愛國」、「家職國家」、「萬世一系」的文化比較觀點。井上哲次郎是近代日本「國民性」論述建構的代表性人物，其著作《增訂敕語衍義》（一八九九）認為日本「國民性」的核心就是「忠君愛國」的思想，日本是一個以「家業聯合共同體」為基礎的「家職國家」，明治時期的日本就是以皇室為頂點的虛擬血緣「家族國家」，[7]與漢土歷代王朝重視宗族血緣和父兄繼承觀念不同。再者，〈讀書人〉一篇直言支那民族的「讀書人」階層好讀書並非是為了追求知識，而是為了透過科舉制度求取功名，背後也有與明治維新前日本罕有階層流動的家職國家制度不同的認知；〈分頭相續（齊頭式繼承）〉、〈分頭相續的弊病〉各篇冷眼批判臺灣的「男子家產均分制」，相對於日本是「長男繼承制」，許多鬩牆紛爭便由此而生。這些論述背後都有與日本社會民情比較的觀點。

在本書描述裡，山根不僅由「支那民族」和傳統臺灣社會的歷史立論，他也意識到同一時代文協等政治團體的動向，這裡頭無疑懷抱著輕蔑與競爭意識。在〈粗話〉一篇，他謂：「自古以來臺灣就存在著無數的粗話，並非是在改隸之後才突然出現這樣的現象，但是我們不能只是悠閒地說臺灣在這一點上是世界第一的紀錄保持者；也不能只是作壁上觀，將撲滅粗話的責任丟給臺灣的有識之士和先知先覺。即便是那些血氣方剛，說著『臺灣是我們的臺灣』的小毛頭們，如果他們願意協助撲滅粗話，拯救會因妄語而墮入地獄的人們，我們當然不會認為他們是在多管閒事，面對這個問題，我們必須團結起來，協力合作才行。（頁一〇五）」

在前文觸及的〈讀書人〉裡，他寫道：「我們不能否認臺灣也存在讀書人的事實，實際上，在臺灣這塊土地上，讀書人像是許多蠕動的蟲蟻聚集在一起。」接著繼續嘲諷：

現在臺灣的讀書人，大部分是被學校放逐出來的族類，而且大多是初等教育的學校，實在是讓人捧腹大笑。這一類讀書人的領袖也十分荒誕滑稽。其中許多人勉勉強強從學校畢業，雖然暫時找到了工作，卻用一些愚蠢至極、荒誕無稽的觀點強詞奪理，而被開除，或是想要被開除。其中當然也有人是學以致用，想要經世濟民，出來開設醫院或是藥局，即便世界如此地廣大，但是願意將寶貴的生命託付給這些半吊子的冒險家，應該也是寥若晨星。據說因為如此門可羅雀的狀況而不得不成為領袖的人並不少見，這實在是令人感到不安，實際上也不是什麼可以拿來說笑的事。這些有財產也有恆心的人們，與身無分文的人們一同，在一夜之間便成立起某某協會、某某黨、某某組合等，擷取抄襲在報紙上看到日本內地方面的黨規、會規等，捏造為綱領或是主張，自以為是地運用見識淺薄的小聰明，蠢蠢欲動，試圖興風作浪，時時刻刻埋首於煽動和教唆，看著他們這副模樣，內心的感情已經超越了厭惡的程度，反而認為他們十分地可悲。為了臺灣、為了人類，不，就算是為了自己，這些人難道不能再機靈敏銳一些嗎？這些臺灣的讀書人究竟什麼時候才會真正的去讀書，從噩夢當中覺醒過來呢？（頁二一一—二一二）

在同篇文字裡，山根好似站在一個制高點，提醒臺灣的讀書人，科舉制度已是「過往雲煙」，應該要「真正的去讀書」。矛盾的是，明治維新以後的日本，在一八九〇年代實施文官普通考試、文官高等考試等考試，建立以公開競爭考試為基礎的官僚任用制度。這個仿效自西方的新時代「科舉制度」，開啟了日本本國的仕途階級流動；反觀在殖民統治下的臺灣，卻長年推遲新時代「科舉」所需的義務教育、普通教育。就山根的標準而言，日本的讀書人透過文官考試出身立世，是否就能肯定說是毫無功名考量的「真正的去讀書」呢？

說到這裡，我們多少可以感覺到民族性論述雖非純然虛構的文學作品，但在主張「發現本質」的同時，其題材選擇、調查與分析方法其實充滿恣意性，難免失之偏頗。更重要的是，在日本統治臺灣已經超過三十年的這個時間點，這本書仍戮力討論日本統治前臺灣社會生成的歷史、文化、風俗、習慣。固然許多文化的變遷是緩慢、固著的，不過也有諸如分類械鬥等不少已不存在於當下臺灣社會的成分。也就是說，臺灣在日本統治以後並非沒有改變。實際上，為了適應異族的近代化統治，臺灣菁英與社會付出不少成本與苦心來調適。就算略去所謂日本灌輸「國民性」的這些改變或近代化的部分不談，一九二〇年代部分臺人菁英追求政治權益、建構民族文化等主動性動向，除冷言熱語之外，又如何映照在山根勇藏的意識裡呢？

這本書捨新取舊的立場，仍讓人聯想到民族性差異的發現與傳述，本身就是殖民統治的核心所在。這也難怪，因為民族性差異的不斷發現，正是殖民統治的正當性所在。一九三〇年出版的本書，若放入在臺日人發現、敘述臺人民族性的歷史脈絡裡定位，正是大正民主時期過渡到皇民化時期的民族性論述。在臺日人對於臺人民族性的觀察，從由上而下、保持距離的旁觀視線，進而在臺灣人主體性動向下，過渡到帶有更明確的「指導教化」目標，其後進入到一九三〇年代後半展開的皇民化時期，就更顯介入、改造的急迫性。因為臺灣人「民族性」中「利己」的諸因素皆有礙於「奉公」。然而，由於操之過急和臺灣人領導階層的反彈等因素，皇民化政策在實施層面上許多都半途而廢或執行有限。不過，「支那民族性」在「皇民化」前期雖是應該被「排除」的對象，但在日本帝國的中國大陸占領政策中，也時常必須借助與中國人間有許多「類似性」的臺灣人積極效力。而臺灣人也透過種種「奉公」，「證明」了縱使不改變「人心」即民族性，自身的「人力」與「人命」也可以被動員。[8]當一九四一年大東亞戰爭爆發造成情勢轉變，這樣的認識結構更加明顯，藉由長谷川清總督所推出的「皇民奉公運動」，在「內臺一如」這個更大的「整合」口號下，使得臺灣人的「支那民族性」雖不至於被積極肯定，也留下了得以被容許的空間。

寫在最後，民族性的論述既然企圖描述一個民族的本質特徵，自然也經常成為區別我群和異己的重點。這樣的思考模式，或許有助於迅速地掌握某些民族的特質；不過，流於本質主義式的論述也容易導致偏見和誤解，反而有礙深入理解或是尊重該民族。更不用說，民族性的發現、記錄與傳遞的過程中，為何有特質被特別用放大鏡檢視，有些特質卻被略而不談；觀察主體在發現被觀察的民族性時，是否也留意到自身民族的缺陷，而抱持寬容或尊重，這種種過程背後經常帶有權力關係等政治性因素。並且，過度僵固的民族性認知，也容易讓人忽略共同體的特質，存在著因時空環境的變遷而變化的可能性。

已經有許多研究讓我們更深入瞭解到民族或國族等這些看似本質性的概念，其實多是建構性的產物，例如班納迪克・安德森（Benedict Anderson，一九三六—二〇一五）的《想像的共同體》（*Imagined Communities: Reflections on the Origin and Spread of Nationalism*，一九八三）、艾瑞克・霍布斯邦（Eric John Ernest Hobsbawm，一九一七—二〇一二）《被發明的傳統》（*The Invention of Tradition*，一九八三）、小坂井敏晶（一九五六年—）的《名為民族之虛構》（民族という虚構，二〇〇二）等著。只是，人們經常傾向於透過定義我群或異己來強化歸屬感，或是與他者的區別，所以即使民族性論述深究起來有時客觀根據薄弱，但一針見血或渲染力強的文字，有時仍魅惑人心。乃至於縱使某些領域將民族性視為已廢棄的研究，人類社會迄今仍不停歇地產出文本，在不同世代間傳遞、消費。

不過，難道民族性論述就不值得一讀嗎？當然不是。面對潛藏偏頗疑慮的民族性論述，以如獲至寶的興奮心情捧讀在手固然不妥，但亦無需當作垃圾不屑一顧。我們不妨在閱讀時用上檢驗的放大鏡，反思這些內容是由何種背景的寫手，在怎樣的時代脈絡或是意圖下生成。透過這樣的沉浸、比較和剖析過程，我們可以把這些文字訊息還原成可資利用的線索，進而更瞭解、認識我們所屬，或是所來自的時代。

## 注釋

❶〈山根勇藏氏逝去〉，《臺灣日日新報》一九二九年五月二十日，版7、〈山根勇藏君〉，《臺灣日日新報》一九三〇年二月一日，版5。亦參照中央研究院臺灣史研究所「臺灣總督府職員錄系統」（https://who.ith.sinica.edu.tw/）。

❷日本語境下的「支那」一詞，相對於「中國」是中國大陸上歷代王朝、國度的自稱之一；「支那」則源自古代印度語，意

同China，屬於日本對於中國大陸的他稱之一，惟在帝國主義擴張時期，加深了藐視的意涵。「支那」與「中國」、「中華」、「漢土」等語之間雖有重疊，但意指、意涵不完全相同，本文為分析日人視角，故維持日本觀點的「他稱」立場，採「支那」之語。參見馬場公彥著，林暉鈞譯，〈近代日本對中國認識中脈絡的轉換——從「支那」這個稱呼談起〉，收入張崑將編，《東亞視域中的「中華」意識》（臺北市：國立臺灣大學出版中心，二〇一七），頁二七一—二九七。

❸ 矢內原忠雄〈序〉，蔡培火，《日本々國民に與ふ：植民地問題解決の基調》（東京市：臺灣問題研究會，一九二八），頁十八—一九。

❹ 例如，過去長年被認定是後藤新平所言的「怕死、貪財、重面子」「治臺三策」，其實在後藤新平的公開言論找不到直接證據，而是黃旺成發表在《臺灣民報》中對於後藤新平治臺態度的個人觀察、認知。參考：菊仙，〈後藤新平氏的「治臺三策」〉，《臺灣民報》第一四五號，一九二七年二月二十日，版14。

❺ 相關研究請見：周俊宇，〈「移住支那人」の再認識——日本の台湾領有初期における地誌的文献に見る台湾漢人〉，《マテシス・ウニウェルサリス》21巻2号，二〇二〇年三月，頁一六九—二一〇。周俊宇，〈日本統治下對於臺灣「土匪」的民族性認識〉，《臺灣風物》70卷3期，二〇二〇年九月，頁二一—六五。周俊宇，〈日本統治初期台湾における公学校日本人教員の台湾人認識——『台湾教育会雑誌』における修身教育論を手がかりとして——〉，《植民地教育史研究年報》23号，二〇二一年三月，頁七六—九八。周俊宇，〈日治時期在臺日人記者的「臺灣議會運動觀」（1920年代—1930年代初）——聚焦於「支那民族性」論辯〉，《臺灣風物》72卷1期，二〇二二年三月，頁七一—一二二。周俊宇，〈「支那通」後藤朝太郎的臺灣人觀——以1920年《現在的臺灣》為中心〉，《國史館館刊》74期，二〇二二年十二月，頁三九—九〇。

◆6 近藤正己，《総力戦と台湾——日本植民地崩壊の研究》（東京都：刀水書房，一九九六），頁一四六—一四七。

◆7 藍弘岳，〈「明治知識」與殖民地臺灣政治——「國民性」論述與1920年代前的同化政策〉，《中央研究院近代史研究所集刊》88期，二〇一五年六月，頁一六〇—一六九。

◆8 「人心」、「人力」、「人命」的說法，參考自：近藤正己，《総力戦と台湾——日本植民地崩壊の研究》（東京都：刀水書房，一九九六）。

# 翻譯說明

1 原書無注解。中譯本的注釋皆為譯者、編者所加。

2 方括號〔〕中的西元年份和文字，皆為譯者、編者所加。

3 原書無圖片。圖片和圖說文字皆中譯本新增。

4 資料出處縮寫說明

**HT**：HathiTrust

**LDR**：Lafayette Digital Repository

**LOC**：美國國會圖書館

**NDL**：日本國會圖書館

**OM**：開放博物館

Wiki：維基百科

《臺灣日日新報》：臺灣圖書館藏。

5 原書行文時於部分用詞附帶假名拼音，注出臺灣人的發音。這類注音資訊於中譯本原則保留，並參照《教育部臺灣客家語常用詞辭典》、《教育部臺灣閩南語常用詞辭典》，以括號（）注出羅馬拼音。

6 原書部分用詞如「支那」、「蕃」、「土匪」等，有其蘊含的價值判斷，未必符合今日標準。這類詞彙中譯時原則皆逕予沿用，以保留原書之時代框架，不代表同意其觀點，請讀者留意。

7 作者關於中國古代歷史、語言學和人類學（如臺灣原住民族群類別）的部分見解，囿於其時代，已不符合後世的研究成果。這類內容除非嚴重影響理解，否則中譯本皆不額外改正或注解，請讀者留意。

8 當時貨幣的單位及價值：

一日圓＝一百錢。

一九二九年臺北市的物價：

雞蛋十個　五二・一錢

蓬萊米一升（約一・五公斤）　二八・四錢

甘藷（赤）一斤（六百公克）　三・七錢

綠茶一斤　一・四圓

（資料來源：《臺灣總督府第三十三統計書》，頁四七〇—二。）

# 序

原是警務局囑託的山根勇藏，其遺著《臺灣民族性百談》此次付梓出版，在山內（繼喜）保安課長的號召之下，廣徵序文。我原與山根君並無交集，然而因有前後任職同局的因緣，特別是聽聞山根君在警務局任職五年多，於公務繁忙之餘還抽空撰寫文章之事，讓我不得不向山根君的努力表達深切的敬意。

遺憾的是，因目前職務繁忙之故，而無法讀完這部著作。不過，據聞這部著作是山根君傾盡多年於本島所積累的經驗知識，展現其特有的博學長才而完成的犀利作品，相信必定能為世人帶來不少裨益。

所謂的融合或是親善，其基調是彼此不管在優點或是缺點上，都能夠坦誠以對，相互理解和體諒。無論是政治、教育還是商賈，除了融合與親善之外，充分理解對方，是施行萬事的真諦。因此我們在支那或是本島做事，首先要理解對方的風俗習慣，又或者是將檢討、熟悉民族性格視為必要的工作。在這一點上，山根君的著作實已滿足這項需求，我相信擁有充分推廣給世人的價值。上京之際，匆忙以此短文代序。

昭和五年（一九三〇）四月二十一日

臺灣總督府警務局長　石井保

# 前言

山根勇藏君將心思花費在本島的教化上，絕非是一朝一夕之事。這本著作是你多年來心中之期許，也是多年刻苦鑽研的結果，著實為直抒胸臆的表現。你在晚年執筆著述，前後耗費三年多的時日，將滿腹熱血傾注於此，就在最後見證完成的同時，你竟與世長辭，成為不歸之人。此書確實是你畢生的事業。以《臺灣民族性百談》為題，毫無遺漏地展現出你內蘊的知識，滿腹經綸的實力鏗鏘寄託於文字之間，為字字皆熱血，句句展誠意之結晶。其實，是在你晚年將本文發表在《警察協會雜誌》上之後，我才得知你的存在。雖然並不熟知你的生平事蹟，但是在你仙逝之後，我重新仔細翻讀這本著作，越發折服於你的才識，並且感受到你的熱誠。想到今後再也沒有機會與你交流接觸，內心不禁感到深切的遺憾與惋惜。儘管如此，你留下了畢生事業的這部著作，實為真實偉大的功績，即使你的形骸已死，但你的生命將永恆不滅。雖然本書題為《臺灣民族性百談》，但是內容絕非僅限於本島民族之層面，在廣大支那民族的研究上，是不可或缺的唯一資料。特別是對於就任統治本島職務之人員，抑或是關心支那民族心理研究的當政者而言，是一部值得參考的珍貴寶典。你在生前經常對我說道：「倘若是在本島從事島民的教化事業者，不管是一般的官僚公吏、教育者或是警察，首要之務就是要理解本島人的民族心理。然而，自本島改隸三十五年以來，卻從未聽過任何一位相關的研究者，也沒有看見任何一篇相關的著述。這就是我之所以僭越本分，提筆撰寫本篇的緣故」，而你也在本書完成的同時，撒手人寰。我們深受你生前的知遇之恩，尊重你的意志，因而提供大部分的書稿，付梓出版。

感謝刊行本書的杉田書店老闆，以及木村謙吉、平澤丁東、篠原哲次郎、草壁龜雄等諸君熱情的鼎力相助。

於臺灣總督府史料編纂室　尾崎秀真[1]

[1] 編注：木村謙吉，在臺北經營再製鹽工場，同時是桂商會的支配人、星製藥株式會社臺灣辦事處監督。平澤丁東，編有《臺灣俚諺集覽》（臺灣總督府，一九一四），著有《臺灣の歌謠と名著物語》（臺北晃文館，一九一七），其中收童謠、俗謠二百多首，在中文歌詞旁以日文拼出讀音，並附有翻譯。篠原哲次郎（一八九三－？）：一九二一年至臺灣為警務局雇員。草壁龜雄：一九二三－四為警務局保安課囑託，一九二八－九為營林所雇員。尾崎秀真（一八七四－一九五二）：一九〇一來臺後擔任《臺灣日日新報》漢文版主筆。一九二二年離任，為總督府聘任為臺灣總督府史料編纂委員會工作，一九三二年被命為史蹟名勝天然紀念物調查委員。在臺期間編纂、撰寫許多臺灣文化歷史相關著作，為知名文化人士。二戰後離臺。

# 作者引言

山根勇藏

雖然屢屢浮現想要試寫出一些關於臺灣民族性文章的念頭，卻總是覺得自己調查未詳、研究未盡、材料薄弱，而缺乏足夠的自信發表，就這麼懷抱著上述的思緒，走過光陰荏苒。然而，在先前的演講概要刊載於《警察協會雜誌》上之後，受人慫恿：「後續就嘗試著再寫些什麼吧」，便也在不知不覺中提起筆，洋洋灑灑地書寫了起來。即便如此，這些內容並非是在完成詳盡的調查研究後所得出的結果，我對此甚感遺憾。雖然華麗地題為「百談」，不過究竟是否能夠持續下去，內心實在是惴惴不安，期盼最後至少能夠達到有始有終的程度。除此之外，必須預先表明的是，這是以漢民族為主體所書寫的內容，自然有不少地方會出現漢民族的源頭——支那之事，尚請諒解。

昭和二年（一九二七）十二月一日

# 一 臺灣人喜愛音樂和戲劇

在臺灣若是有祭典或慶典之際，無論是由官方或是私人舉辦，必定會出現戲劇表演、音樂演奏，場面熱鬧非凡。戲劇和音樂就是伴隨著祭典和慶典而來的附屬品，正因為有戲劇和音樂的表演，才替祭典和慶典賦予了意義。換個角度來看，戲劇和音樂或許也是一種宣傳戰略，是變相的聲明，鼓吹要使用戲劇和音樂舉辦祭典和慶典，才能夠不留遺憾地達成目的。昔日的江戶人，要花費一番功夫才能買到初夏時期的鰹魚，他們會說著：「那也給小黑（狗名）品嚐一番吧」，而特地將鰹魚的魚頭和魚骨丟出門外[1]，如此的狀況或許

◆1 譯注：藉由把魚頭和魚骨丟出門外的動作，等於是變相對外宣稱自己買到了初夏鰹魚。

也算是有著異曲同工之妙。祭典和慶典的主事家族，不需要主動提出上演戲劇和音樂的打算，其他家族會以贈禮的名義安排戲劇和音樂表演，向主事家族表達慶賀之意，如此的狀況並不罕見。且若是能夠獲得警察許可，慶賀活動甚至還會徹夜通宵。倘若承辦典禮的一方滿懷熱誠地策劃，那麼觀眾當然也會十分投入，無論看到何時也不會感到厭煩。臺灣人實在是非常喜愛音樂和戲劇的民族。那些戲劇和音樂是否低級、不高尚，是閱聽人的主觀問題，在此筆者不會論述，就先把這個話題放置在一旁。本國的落魄者千里迢迢地移居到這塊土地，祖先辛勤經營的勞苦終於在子孫的時代獲得回報，不也常聽到「哎呀，總算是安定下來了」的心聲嗎。出外打拚人的性格就是有愛好虛榮的成分，丟出大筆錢財，搜刮讓人懷疑是否真正具有價值的書畫古董，就只是為了要讓人看見自己意氣風發的模樣。最完美的範本，就是海洋另一端的美國人，什麼都要說是世界第一的口頭禪，像個孩子般跳來跳去。

臺灣的戲劇有一般戲劇和人偶劇，以此為職業的人會各自在四處掛上「某某大戲班」，或是「某某掌中班」等招牌，等待雇主上門。戲劇表演就是雇用這些戲班或是掌中班前來表演。市場價格當然會因時間、地點或是景氣高低而有所變動。過去的人偶劇，一場約是五圓，普通戲劇一場約是十圓左右；現在的人偶劇一場十圓、十五圓，普通戲劇一場則是要價二十圓、二十五圓。農曆七月的中元時節，由各家分別訂定日期舉辦中元普度，也就是（日本的）盂蘭盆節祭典。在中元普度❷的祭典期間，大部分家族會安排人偶劇或是一般戲劇的活動。在七月中連續好幾個晚上舉辦祭典的家族當然就另當別論，總而言之，中元祭典期間可說是咚咚鏘鏘的聲響長時間在街庄上此起彼落，震耳欲聾。祭典不只限於中元普度，自正月至十二月期間，有著各式各樣的祭典，慶典也是同樣的狀況。以上屬於私人舉辦慶、祭典的場合，其他由官方主辦的公開場合，即為一般性的祭典與慶典。一般而言，既有地方性的典禮，各行各業也會各自舉辦典禮。臺灣人一年究

❷ 譯注：關於此處提到中元普度的部分，作者在日文原文中使用盂蘭盆節「お盆」的詞語，但是考慮到作者說明的是臺灣的中元普度，因此譯者在此不使用盂蘭盆節，而統一譯為中元普度。

竟要花費多少天數在舉辦祭典和慶典上呢？

接受過新式教育的臺灣人某氏，注意到年間眾多慶、祭典的狀況，認為在經濟上不符合成本效益，因而熱切地鼓吹以下方式：在中元普度祭典時期，即便家家戶戶想要在不同的日子舉辦祭典，至少還是以一街或是一庄為單位來訂定日期，戲劇表演也不要各自安排，可以共同聘請二、三個戲班表演，再加上像是電影放映的活動，就經濟效益而言較為划算。其結果，那一年在該庄採用了某氏的方法，但是往後的幾年則是不得而知。單純膚淺地從經濟面思考，而沒有顧慮到流淌在內部的強大力量，即便是辛苦企劃出的新方案，也無法永遠存續下去，這是想要提出改善社會方策的人，最該考慮的要點。幸好這是由臺灣人所提倡的方法，若換成是日本內地人的提案，不知道會引起什麼樣的風暴呢。千萬不要忘記，流淌在內層的舊慣之力，擁有多麼強大的能量。

# 二 子弟戲

臺灣的青年秉持著一股幹勁，認為戲班人員能做的，沒道理自己做不到，因此在繁忙家業之餘，還會聚集在一起熱衷地排演。若是有需要，他們會在黝黑的臉蛋上塗抹紅、白色的妝容，模仿纏足女子搖搖晃晃走路的模樣，用毛茸茸的小腿邁開步伐，踏出威風的腳步等，成為不害臊、厚臉皮的舞臺人。這就是所謂的子弟戲（tsú-tē-hì），也就是日文中的「素人」[1]戲劇。日本內地的素人戲劇經常會出現糾紛，大家各自提出想要扮演的角色，或是譴責別人的演技差強人意等。在演《忠臣藏[2]》第五段之際，志願擔任勘平[3]角色的人多達二、三十人，各自從家裡扛著獵槍而來，站在舞臺後方爭先恐後地推擠，表示無論如何都要拿到勘平這個角色，不然是不會善罷甘休的。落語家在落語[4]的開場白中說：這簡直就是真正的「觀兵式[5]」，逗得聽眾哈哈大笑。可惜我忘了問，臺灣的子弟戲是否也有如此內行人才知道的行話。經常可以看到臺灣青年在路上揮舞雙手或是睜大眼睛，像是自言自語地在講著臺詞一般地走過，這些人大多不是瘋子，而是熱衷於子弟戲的群體，昨晚應該也做了好幾次自己是未來梅蘭芳的夢吧。青年組織團體，滿懷熱誠地預先練習音樂，只要出現任何像是城隍爺祭或是媽祖祭等的祭典，便會組隊出團，即為所謂的子弟班、子弟團，或是簡單略稱為子弟。在這些音樂團的背後，大多會有贊助者。倘若沒有贊助者，這些沒有財產、收入又少的青年，不可能組織出盛大的音樂團。在大稻埕內數一數二的音樂團中，近年來展露頭角的是「共樂團」[6]。共樂團是以大稻埕某茶商的三男為首所組織而成的團體，恰當地來說，應該說是他的私有物，又或者可以更乾脆地說是他父親的所有物[7]。當共樂團越來越強大，說不定在如此的刺激和煽動之下，便會出現能夠與之抗衡的團體。不，似乎已經出現

[1] 譯注：日文中的「素人」，指的是外行人，未經過正規訓練的人。

[2] 譯注：《忠臣藏》：根據日本江戶時代一七〇一年至一七〇三年期間發生的元祿赤穗事件所改編之戲劇。

[3] 譯注：勘平：《忠臣藏》第五段的主角早野勘平，角色設定是一名獵戶。

[4] 譯注：落語為日本傳統表演藝術之一，近似於中國的單口相聲，由一個人在舞臺上說故事。

[5] 譯注：「觀兵式」：舊日本陸軍會於天長節、「陸軍始」之際，整列軍隊供天皇觀閱的儀式。

[6] 編注：原書用字如此，但應為共樂「軒」。

[7] 編注：指陳天來三子陳清波。陳天來即此篇後段提及之錦茂行經營者。

扛著槍的獵戶戡平。市川白猿作，歌川國貞畫，《裏表忠臣藏 二編》（和泉屋市兵衛，一八三六），頁四。（NDL）

了。一手包辦臺灣包種茶二分之一出口量的某茶商，絕不可能會袖手旁觀。若是誤以為這個傾向只是單純因為喜愛音樂而致，而被評論為是完全不理解臺灣人、不明事理的人，那也是無可奈何之事。毋庸贅言，今日名不見經傳的音樂團，並非是從一開始就沒沒無聞，而是贊助者勢力衰退的結果。勢力鬥爭是跟隨著人類的附屬物，更何況是在遺傳上或許帶有些出外打拚人性格的人，愛出風頭爭口氣，也是可以理解的狀況。認為任何事都可以用金錢來解決的思維，不也很天真可愛嗎？在移居地生活，認為祖先過去在原本居住的地方從事縫製鞋子、編織草蓆這種事，根本沒有人會知道，擁有金錢的力量後開始囂張跋扈，即便是不需要反對的事情，也會有性情怪僻彆扭的人跳出來，大肆推行反對運動。擁有盲從大份的人們，就像是要說「我們等你好久了！」一般，不問任何理由，大概完全是在丈二金剛摸不著頭腦的狀況下，就人云亦云地隨之起舞，叫囂喧鬧，可以說是為了迎合民眾運動專家需求而生的民族。你若問他們，為什麼要如此喧囂吵鬧，他們會用一副事不關己的模樣回答你：「我唔知影」，真是十足地展露出有趣的民族性。

在此我想記錄一部分臺灣人經常掛在嘴邊的事情。在漢民族之間，自古以來流傳著一種不可侵犯的嚴肅風俗，對於這些風俗的實踐，他們不需言語並了然於心，在臺灣也從很早的時候就開始出現這些風俗——那就是在婚喪喜慶，特別是葬禮之際，盡可能地花費大量金錢。無論當家主人是極為吝嗇的鐵公雞，還是受過新式教育的時髦紳士，即使想出些歪理而不想出錢，親族和近親者等周圍的人也會異口同聲地對他說，如此一來祖先將會無法善終云云，套上道德義理的枷鎖，想盡辦法讓他花費大筆金錢。雖然我們無從得知當事人的內心是怎麼想，但是光看表面，身為向來將東洋道德精髓——遵守孝道視為第一要務的漢民族，面對「祖先無法善終」這句話，想必無論是誰，都不得不舉手投降，無論你願不願意，最後都要花去一大筆金錢。這可以看作是一種社會政策，也可以說是試圖達到權力均分的一種手段。登上顯貴地位的人物，無時無刻都想緊抓著這個身份地位不放。累積大筆財產的人物，捨不得花費金錢，如此一來便會形成獨占權力的頂端，容易招致種種弊害。而讓此種老舊、不成文的風俗習慣發揮十足的威力，打破權力結構，就是一種均分權力的手段。這種手段可以透過五花八門的形式展現出來，像是煽動對音樂的熱愛，還有不得不住在超出社經地位的宅院建築，單純認為那是他們要充分展現出外打拚人氣度的看法，或許有些過分，又或許是正確的也說不定。厚葬的理論是自古代的孔子以來便提倡的觀點，站在反對的立場，墨子提出薄葬論。在漢民族之間，厚葬和薄葬的論爭，是自古以來就很棘手的問題，也可以從中看出民族性格的動向。然而，假如厚葬論讓那些三餐不得溫飽、阮囊羞澀的人，也必須在祭典和慶典上付出與自己身份地位不相應的花費，那麼這究竟是不是值得鼓勵的良好風俗呢？我想這個問題應該不需要思考就可以回答吧。

子弟練習的音樂多屬支那音樂，大約都是北管派的音樂。練習南管派音樂的大多是老

城隍祭典的蜈蚣坪。《臺灣寫真帖》第一卷第十一集，臺灣寫真會編纂（臺南新報社：一九一五）。（LDR）

成的紳士，其中的原因在於南管派音樂本身的性質，很少聽聞子弟會練習南管派的音樂，但或許也是因為筆者的孤陋寡聞所致。最近，學習西洋音樂的子弟似乎增加了很多，他們將音樂團體稱為某某社、某某軒、某某園、某某團、某某堂或是某某群。這些音樂團體不只會參加自己當地的祭典，也會加入其他地方祭典的行列。如此相互競爭下的結果，發生紛爭往往也不足為奇。雖然這是非常難以處理的事情，但若把紛爭想成是音樂的附屬品，一

京都祇園祭禮的山鉾。《國史大圖鑑 第六卷》，國史大圖鑑編輯所編（吉川弘文館，一九三三），第三六圖。（NDL）

般來說就不會傾向過於咎責。當子弟加入其他地方祭典的行列，慣例上不會收取任何物質性的謝禮，只要舉辦祭典的當地準備酒餚招待即可，而且大部分只有招待幹部。雙方應該都以此為傲，也可以說是一種美麗的風俗。但是請不要忘記，這也很容易成為敵對抗爭的原因。

今年（昭和二年〔一九二七〕）十月十七日，大稻埕茶商主辦盛大的媽祖祭典，由茶商錦茂行擔任總幹事。祭典當天，不只是大稻埕當地的各個音樂團體，近從萬華、古亭庄、中和庄、和尚洲〔今蘆洲〕、士林；遠從板橋、樹林、三峽、淡水、基隆，組成數十人、數百人的團體加入祭典的行列，其隊伍之壯觀，勝過每年農曆五月十三日為霞海城隍廟所舉辦的祭典。其中，約有兩組團體掛上以純金打造將近一萬圓的旗幟，趾高氣揚地誇耀排場之豪華。背地裡似乎流傳著不好的謠言，究竟是否為事實，不得而知。不過，有勇氣否定謠言的人並不多。他們的炫耀方式，是日本內地人難以想像的程度。即使是在日本內地，以前像是在京都祇園祭禮、江戶山王和神田明神祭禮的藝閣[8]上，雖然也曾經聽過揮金如土的事例，但是和臺灣的狀況可說是相去甚遠，無法拿來相提並論。

祭典的附屬品是音樂團體，音樂的附屬品是紛爭。一般的風氣不會深究音樂團體的紛爭，但是過去發生的幾件事例，和以前到現今持續出現的幾個新例子，似乎無法容許如此樂觀的看待。對於民族心理學研究者而言，是不可輕忽的好問題。接下來就來看看發端於宜蘭地方的西皮福祿紛爭。

[8] 譯注：日文原文中，將京都祇園祭禮的藝閣稱為「山鉾」，江戶山王和神田明神的藝閣稱為「山車」，其實兩者皆是藝閣，意指拉行的花車，上頭會有人偶和花等裝飾。只不過京都方面已經將「山鉾」作為固定稱呼，因此在日文原文中分別使用「山鉾」和「山車」。

## 三

# 西皮福祿之紛爭

至今約八十五年前的清道光二十五年（日本弘化二年）（一八四五），有位音樂教師名為林文章，從頂雙溪——也就是基隆郡雙溪庄地方，前往宜蘭建設音樂館，開始教授音樂。在此之前的宜蘭地方，自乾隆五十一年（日本天明六年）（一七八六）左右起，原本是宣墾社的通事[1]，懂得運用手段籠絡蕃人的漳州人吳沙，有志於開發宜蘭平原，歷經多年與蕃族苦戰，終於得以達成開發蘭陽的目的。漢民族從對岸的福建省泉州、漳州以及廣東省地方移居而來，因為吳沙是漳州人，自然也就較為吸引漳州人前來。時光荏苒，漳州人逐漸在當地構築起一片和平天地。

仰賴父祖輩奮鬥努力的恩澤，迎來安定生活的蘭陽青年，在生活出現餘裕的同時，便容易有想要填補內心空虛的傾向，就在此時，偶然走向了林文章的音樂館。不久之後出現音樂大流行的趨勢，應該也是不難想像的狀況。其後，不知何時開始分流為兩大流派：一是西皮派，一是福祿派。

兩派意見相左。西皮派祭祀田都元帥，田都元帥是南管派演員和北管中的四評派（sù phîng phài）演員所尊崇的神祇，使用的樂器是吊規仔[2]，以竹管做成，是一種管弦樂樂器。福祿派祭祀西秦王爺，為北管派演員所信奉的神祇，使用的樂器是提絃，或稱為殼仔絃[3]，是以椰子殼製成的樂器。由於兩派各自成立，而後發展成為勢均力敵的對立狀態。甚至會出現以下的奇觀：在某個地方，有多庄的青年聯合為一派；又或者是在某庄，一庄的青年分裂為兩派。雖然在相互競爭之下，會熱鬧喧騰地合作演奏，但因某些遊手好閒的無賴份子加入樂團，讚美頌揚自家派系，嘲弄謾罵其他流派，漸漸地成為各家黨派林立的原因。在兩派激烈競爭的結果下，幾乎全為漳州人的蘭陽青年反目成仇，針鋒相對，原本應該是歡樂享受的音樂，完全脫離興趣、嗜好之範疇。隨著時間流逝，過度狂熱於派系的狀況愈見激烈，所到

[1] 編注：「宣壂社」為原文用字，不確定意思。若照柯培元於一八三〇年代寫成之《噶瑪蘭志略．卷十》，吳沙乃「寄寓三貂社……與番交易」（臺灣銀行經濟研究室，一九六一，頁八九）。

[2] 譯注：吊規仔（tiàu-kuí-á），又稱「吊鬼仔」，竹製琴杆，圓形蛇皮琴筒，以馬尾弓拉奏。詳細可參考薛宗明《臺灣音樂辭典》，臺灣商務，二〇〇三年，頁九六。

[3] 譯注：殼仔絃（khak-á-hiân）：琴筒由椰子殼對切製成，將軍柱材質則為黑檀木；以藤製作弓桿、馬尾毛做為弓毛。聲音高亢，在傳統戲曲中皆由頭手群負責演奏，在布袋戲中更是最常使用的弦樂器。詳細可參考國家文化記憶庫 https://memory.culture.tw/Home/Index。

之處便揮戈奮劍、打打殺殺，擾亂地方秩序安寧，對和平的生活造成威脅。至光緒年間，西皮派領袖——簡手根、林赤鹿、林海鶯、羅永順等人，以及福祿派領袖——陳寶永、江發、陳鐵牛等人，各自呼朋引伴，在各地聚眾滋事，其後漸漸擴大範圍，自宜蘭、頭圍地方，延伸過草嶺，更進一步越過三貂嶺，最遠甚至波及到基隆方面。當時宜蘭知縣林鳳章捉拿兩派的多位領袖人物，處以斬首之刑，才終於讓宜蘭地方恢復到小康社會。由此應該不難想像，激烈的音樂競爭究竟會造成多麼慘重的禍害。改隸之後，即便是窮山僻壤之處，政令亦能通達無礙，就連像是清朝歷代治臺領袖都無法根絕的分類械鬥等禍害，也都斬草除根，一網打盡。唯獨西皮福祿之紛爭，仍未見根絕。據說在基隆地方，至今仍可多見兩派滋事爭鬥，紊亂地方治安之事。

基隆市當時稱為基隆街。並不多麼久遠以前，在基隆街內外經常發生殺人、傷害事件。若是試著調查受害的狀況，雖然會發現和普通的傷害事件不同，但卻不知道究竟是何原因引起。一步步推動調查工作之後，才明白是基於快要被世人忘卻的西皮福祿紛爭所致。於是，郡役所派出警察課長，街庄役場推出街長和輔佐的吏人，與街庄上的有力人士——同時也被認為是西皮福祿兩派的領袖人物共同與會，討論各種善後之方策。我記得這件事刊載於當時的日刊報紙上。當時懇談的結果，是以不記名的方式，促使兩派關係者能夠毋庸諱言地闡述意見，印象中主要的善後意見為：（一）在同一場所祭祀兩派的神祇、（二）將兩派的祭祀日期訂於同一日、（三）統一使用一種樂器、（四）偶爾邀請名士前來進行精神修養上的演講等。那麼，在那之後，基隆地方又是如何呢？於大正十五年（一九二六）八月十七日的《臺南新報》上，刊載著基隆郡金山庄地方發生西皮福祿的暗鬥。昭和二年（一九二七）五月十七日的《臺灣日日新報》上，則有基隆市大武崙西皮福祿紛爭的報導。同年六月九日《臺灣日日新報》記錄道，基隆郡雙溪庄的平林與柑腳兩聚落民眾各百餘名，自六月七日起，對峙於基隆河支流的兩岸，為期二天，彷彿將要掀起一場腥風血雨的殺戮一般。隨後在六月十一日的《臺南新報》，針對《臺灣日日新報》的報導與該事件，刊載出一則有趣的評論文章。不得不說，那實在是件讓人憂心、不安的憾事。

《臺灣日日新報》，一九二七年六月八日，二版。

## 二百餘名の部落民

# 兇器を携へ出動

### 危く血の雨を降らさんとした基隆郡雙溪庄

近來本島人が互に團結して爭鬪を爲す悪例が隨所に行はれる傾向があるが最近のことである臺北州基隆郡雙溪庄管內平林部民と柑腳部民との間で些細なことから口論となつたがソレでは納まらず部民と部民との睨み合ひとなり五日の夜は形勢益々悪化し六日は部民百餘名が兇器を携へて出動し殆んど生蕃の出草したやうな不穩の狀態になつたが急を聞いた郡警察課では直ちに非常警戒を爲す一方保正有力者を召集して鎮壓に努めた結果一時小康を得たので七日更に保甲會議を開いて善後策を攻究中だが州保安課よりは山下警部が現場に急行した

# 四

# 軒園之紛爭

如果你認為音樂團體的紛爭是北部的特產，而且只存在西皮福祿兩派的紛爭，那麼不就是僅限於北部的名產嗎？其實不然，中部絕不遜於北部，又或者應該說是更勝一籌。因為在中部地方，有所謂軒園之紛爭。在臺中的兩大音樂團體，分別是集興軒和新春園，前者即為軒派，後者為園派。軒派與園派互立黨派，每當有競爭機會時，必會引起騷動，最後甚至發展為爭鬥事件，即便出現許多犧牲者也在所不惜，其慘重程度實在是超出意料之外。雖然那並不是出自筆者內心期盼才付諸行動的調查，但在調查後發現，南部其他地方也隱藏著其他音樂團體的紛爭。大正十三年（一九二四）五月二十八日的《臺南新報》上，有兩處刊載位於臺中軒園紛爭的報導。翌年大正十四年八月十三日的《臺灣新聞》上，也刊登大甲郡清水街軒園紛爭的文章。其後雖然經常看見類似報導出現在日刊新聞報紙的社會版面，不過筆者並沒有清楚地記錄下來，也沒有必要一一書寫出來。另外，如果閱讀日刊新聞漢文版的投書欄，屢屢可見漢文投書，對於地方上演歌仔戲（kua-á-hì）之事感到憤慨。其中可見像是批評當局容許上演如此敗壞社會風俗、違反倫常的歌仔戲，是極為不恰當的做法之敘述，甚至可以看見有人質問為何不斷然禁止歌仔戲等猛烈抨擊的意見。上個月臺中某班在大稻埕永樂座上演歌仔戲，由於歌仔戲的佳評如潮，筆者出門前往觀賞。筆者尚未能充分理解臺灣話，因而與深諳其道的日本內地人一同前行。觀賞舞臺上的表演內容，並未有極度不愉快的感受。試著詢問專家關於言語方面的問題，對方表示並沒有什麼不合適之處。唯獨演奏的音樂，彷彿有些地方會讓人感受到挑撥、教唆的意味。即便到了今日，還是有人會厲聲批判歌仔戲將良風美俗破壞殆盡，筆者對此甚感疑惑，因而詢問三、四位本島人士。他們幾乎異口同聲地說，與臺北相較，在地方上演的歌仔戲或許有些肆無忌憚的部分，但是大致上來說是相同的，沒有到投書人所說的那種程度。他們還稀鬆平常地回答道，那或許是地方的青年因為感受到某種不安或是威脅，而心生嫉妒所致。但是說不定在地方上演的，真的有過分之處。無論如何，被稱為是臺灣先知的這群人，他們不認為歌仔戲是應該被獎勵的文化，若是有改良的餘地，便應該要有所改變；若是沒有辦法改良，那麼就斷然地葬送這項文化也不需要覺得可惜，並且對於投書人的意見，高舉雙手贊成。那麼，為什麼他們不願意努力去消弭音樂團體的紛爭呢？倘若真的像投書人所言，又為何不藉由報紙的版面，大聲疾呼關於音樂團體紛爭的禍害呢？關於歌仔戲，他們所說的，絕非惡事，但是他們卻忘記了，關於歌仔戲以上的事情，有一些是不得不說出來的。這實在是非常地遺憾。認為祭典的附屬品是音樂，音樂的附屬品是紛爭，筆者不明白為什麼能夠將如此巨大的問題視為過眼之雲煙呢。這可以說是不管怎麼思考也難以解釋的心理狀態。

五

# 田都元帥與西秦王爺

在移民社會中，不太會去認同所謂家世或是身份的權威，不，應該說是能夠被認同的家世或是身份還沒有成形，畢竟若是追溯源頭，各自的祖先大多是本國的落伍人士。有人是經過長年累月的時間，幸運地積累了財富；有人是刻苦耐勞，專注於人格修養而取得成功；有人則是在科舉制度上取得功名。理所當然地，這些人會在任何事情上取得領導地位，但是人的壽命有限。無論是有錢人家、名門望族，還是舉人或進士，勢力大多只會維持一個世代，無法留存到孫輩。因此，如果能夠找出擁有永恆壽命的人物，將之作為一致團結的中心，便能達到鞏固團體的效果。這雖然不是只有在移民社會中才會出現的狀況，不過在其中似乎有特別強烈的傾向。舉例來說，臺灣大部分團體會以祭祀神佛作為團結一致的中心，像是西皮派信奉田都元帥，福祿派祭祀西秦王爺，皆是出自於同樣的目的。田都元帥究竟是何方神聖？若是調查戶籍資料，可以知道田都元帥又被稱呼為田元帥、相公爺，祂原是唐代的樂工——雷海青。雷海青是在唐代天寶年間（七四二－五六），也就是玄宗皇帝的時代，獲得「供奉[1]」的稱號，由於是管理「梨園」，亦即訓練演員的處所，而被奉為音樂之神祇。在唐代擁有一才一藝者，得以「供奉」內廷。雷海青成為供奉，管理演員訓練所，在音樂上的高度造詣當然是毋庸置疑。不過，據傳在福建省興化地區有一座廟宇，不知為何將姓氏「雷」字的雨部除去，只保留「田」字，並且在碑文上記載受到唐肅宗追封「太常侍卿」，後來宋高宗加封為大元帥，因而被稱呼為「田都元帥」。若是稱呼為田大元帥，就像是要跟張作霖對抗一般[2]，恐怕不是什麼有趣的事情，幸好古人都稱呼為田都元帥，不會有叫錯的問題，在此可以先放心。田都元帥的生日是農曆八月二十三日，以這一天為祭典之日，由南管派的演員和北管派的四評派演員舉辦祭典。

至於西秦王爺，則是唐玄宗皇帝以音樂之神身份受到祭祀時所使用的名稱。雖然不清楚唐玄宗為何會被奉為音樂之神，可能是因為祂特別保護音樂

[1] 譯注：「供奉」：唐代有「供奉局」之官署名。有才藝之人，可以「供奉」在局內，以才藝侍奉帝王。

[2] 譯注：張作霖曾任北洋政府陸海軍大元帥，又被稱呼為「張大帥」。

的關係，又或者可以說，這是音樂派系對立所招致的結果也說不定。換句話說，因為南管派祭祀雷海青田都元帥，北管派站在敵對的立場上，因而必須選擇比雷海青擁有更高地位，並且不能與雷海青關係太過疏遠的人物。那麼，選擇臣子雷海青侍奉的玄宗皇帝，不正好是最為合適的對象嗎？西秦王爺的生日是農曆六月二十四日，北管派的演員會在這一天祭祀西秦王爺。說到唐玄宗，他是高祖以來第六任的天子，因寵幸絕世美人楊貴妃而招致大亂——安祿山謀反、國都長安陷落、尊貴的天子最後只能出奔西蜀，以悲劇收場，令人不勝唏噓。唐朝詩人白樂天曾寫下〈長恨歌〉的長篇詩文，表面上是描述漢武帝及李夫人之事，實際上則是充分道出玄宗與楊貴妃的情愛關係，想必這應該是無人不知、無人不曉的事情吧。不知九泉之下的李夫人是否會柳眉倒豎地表示，這一切實在是太不講道理了，我們當然無法追究到那裡去。在支那歷代天子當中，唐玄宗也算是屈指可數的「緣投人[3]（iân tâu lâng）」，音樂之神的稱號，或許也是唾手可得。

[3] 譯注：緣投人：原書以漢字標記為「鉛頭人」，旁邊以假名注記臺語發音，意為英俊帥氣的男性。

# 六

# 北管與南管

臺灣人演奏的音樂是支那音樂。說到支那，其人種大致可以分為漢、滿、蒙、回、藏的五大種族。在此五大種族中，幾乎占有支那總人口五分之四的人種是漢民族，臺灣人也是其中的一部分。因此在這裡所說的支那音樂，毋庸贅言，指稱的就是漢民族的音樂。支那原本就是一個廣大的國家，光是漢民族分布的地區——支那本部，範圍也十分遼闊。支那本部內漢民族所使用的語言，在發音上也是因地而異，即便是同一個國家內部的語言，聽起來卻像是外語一般的不同。由此可知，各地在音樂上的差異，應該也不需要多作說明。同樣是在福建省，福州與泉州雖然接壤，但是不管是在發音或是音樂上，卻大不相同。在語言方面，北京的方言被視為標準語，為支那的共通語言，也就是所謂的官話。然而，即便是官話，經過很長一段時間後，出現地方性的口音，便有北方官話和南方官話的差異。音樂方面也大致可以區分為北曲和南曲。北曲亦即北管，南曲亦即南管。若是要完全用地方截然劃分北曲和南曲，或許有些困難，不過大致上來說，北曲是長江以北的音樂，南曲是長江以南的音樂。在臺灣演奏的音樂大多是北曲，也就是北管派子弟的演奏和藝妲的演奏，大多是北管派的音樂。在同樣的北管派中，還有細分各種派別，於臺灣演奏的是北方的京調，與在北京地方盛行演奏的音樂相同。和南曲相較，北曲較新，所使用的樂器，在性質上具有喧囂、帶有強烈刺激的特徵。臺灣老成的紳士則是演奏南曲，亦即南管派的音樂。至於藝妲，雖說不是沒有人會演奏南曲，但是其數量可說是少之又少。臺灣演奏的南曲是在福建省泉州地方所盛行的音樂。南曲中有一種稱為御前清曲。御前清曲並非藝人演奏的音樂，而是由紳士演奏的音樂。據傳「御前清曲」這一個名稱，是清朝康熙皇帝將全國樂師召集到北京演奏之際，讚賞泉州音樂而特賜題字匾額。其後，當乾隆皇帝出巡福建省時，再次賜予題字「御前清曲」之匾額。清朝隆盛時期，在掛有題為「御前清曲」的匾額前，無論是巡撫還是其他大官，都不能無視匾額地搭乘轎子通過，必須要走出座轎，向匾額行敬拜之禮。

# 七

# 臺灣人與喜愛蘭花的嗜好

若是向販賣蘭花的臺灣人詢問「那是什麼蘭花？」，大多會得到「kuann-lân」的回答。倘若更進一步追問，對方會一一說出鐵骨素心、觀音素心、白花報歲、十三太保、馬耳、金華山、蕉尾、本山報歲、金邊、班紅、墨蘭、白玉素、人參蘭等各式各樣不同的名稱。如果觀看葉子，的確會發現各自的相異之處，但是在一開始聽到的「kuann-lân」又是什麼呢，還是摸不著頭緒。詢問蘭商也是抓不到要領，便試著去詢問愛好蘭花的臺灣人專家。在清朝的某一時期，因為一盆盆的蘭花可以標上價格，而將蘭花認可為租稅的代納品，上繳官廳。蘭花是足以作為租稅代納品的貴重花種，因而稱呼為「kuann-lân」，亦即「官蘭」。這並非專有名詞，而是普通的名詞。究竟是否屬實，雖然筆者內心還是稍稍懷抱著疑問，但如果是事實的話，臺灣人對於蘭花的愛好，就並非單純將之視為一種盆栽，而是珍視為財產的一部分。由此看來，不就可以理解臺灣人喜愛蘭花的原因嗎。從這個角度來思考的話，各地的愛蘭者，不只擁有幾十盆、幾百盆、幾千盆的蘭花，他們還會自己栽種蘭花的行為，也算是合情合理吧。在臺灣人之間流傳著一個有趣的傳說：若是將蘭花贈與他人，財富也會移轉給他人。因此在社會上存在著近乎迷信的風潮：不喜歡將蘭花贈送給他人。仔細思考的話，會發現這是千真萬確的道理，並不是所謂的迷信。因為蘭花本身就是財產的一部分，若是將蘭花贈與他人，財產當然也會隨之減少，所以珍視蘭花是理所當然的事情。「送給我吧！送給我吧！」這種說法是無理的要求，如果你說出「只不過是某盆蘭花而已嘛」，那你可能也會被反駁說「只不過是錢而已嘛」。除了恐嚇的慣犯以外，應該沒有太多人有勇氣說出如此放肆的話。今日與過往不同，蘭花當然已經不是繳納租稅的代納品，說出「給我盆蘭花」的意旨也不再是「給我錢」，但是切勿忘卻，至今還是存在著迷信的民間傳說。臺灣的愛蘭者經常提到，在日本人的大人物中，有很多人讓他們感到困擾，每當看見蘭花，必定會要求他們分讓，而且不會顧慮時節的問題，實在是讓人傷透腦筋。倘若是真正的愛蘭者，明白換盆、分株的時節，即便再怎麼想要，也不會在

蝴蝶蘭盆栽。《臺灣寫真帖》第一卷第八集（一九一五）。（LDR）

看見蘭花的當下就要求分讓，所以有時候面對這些恣意妄為的大人物，真的感到十分困擾。因為他們不會管是什麼時候便要求分讓，即使愛蘭者認為當下的時節不宜，但是考慮到對方是大人物，也只能拔起數十株蘭花上呈。不久，渡船場的船長拿著一把蘭花前來，表示這把蘭花被遺忘在船上，是不是此處人家的遺失物？仔細一看，發現是方才上呈的蘭花。

想必大人物並不是需要蘭花，而是在看見的當下，一時興起而想要擁有，進而開口要求分讓。愛蘭者苦笑地述說著，表示大人物恣意妄為的行徑雖然讓人瞠目結舌，其無慾無貪的作為卻也令人佩服[1]。這段話並沒有完全屬實的保證，但是筆者認為，應該是有可能會發生的事情。臺灣人果真是喜愛蘭花，喜愛到出現迷信的程度嗎？還是為了拒絕他人要求割愛時的藉口，才創造出迷信的傳說呢？時至今日，已無從得知，實為遺憾。在大稻埕附近住著一位陳秀才的寡婦，家中有數十盆十三太保，是陳秀才的遺愛，堪稱是蘭花中的頂級逸品。所有觀賞過十三太保的人，幾乎都想要擁有，然而寡婦表示，不管是任何的稀世珍寶他都不會交換。寡婦和稀世珍寶，這是非常嚴肅、真實存在的故事。

[1] 譯注：意思是大人物看到蘭花漂亮，就任性地想要擁有，並且開口要求分讓，沒有體會到蘭花本身所具有的價值，得到後也並不珍惜，遺忘在船上。

# 八

# 玉皇上帝

臺灣人最敬畏的神明是玉皇上帝。玉皇上帝是象徵天的神祇，又稱為天公、太上皇、昊天上帝，也會略稱為上帝。造訪臺灣人的家庭時，首先大多會在入口的房屋處，也就是稱為正寢（tsiànn tshím，正廳）房屋的正面牆壁上看見一張高腳桌，高腳桌上安置著祖先牌位和信奉的神像等，前方擺設著香爐等物。這個香爐是共用的功能，既是祭祀祖先，又是敬奉神佛。接著，在正寢大約中央處的頭上，應該可以看到從天花板上吊掛下來的另一個香爐。這個香爐是專為玉皇上帝所設置，稱為天公爐。只有玉皇上帝是專門獨立出來，和其他神祇分開看待，由此可以想像漢民族是多麼地敬畏玉皇上帝。玉皇上帝以偶像姿態現身，是讓人不勝惶恐之事，就連喜愛偶像的漢民族，也只有針對玉皇上帝此一神祇，特地不打造神像。然而，也不能說絕對沒有，在道教的廟宇中，或許偶爾會出現玉皇上帝的神像。現今在彰化的玉清觀，就安置著玉皇上帝的大尊神像。

玉皇上帝從道教的思想而出，被視為統一神。在道教中，人間有天子，天子以下有三公、九卿、二十七大夫、八十一士等，如同統治萬民一般，在天界是以玉皇上帝為主神，其下有各自分擔職責的眾神：文昌帝掌管學務、關帝負責商務、巧聖先師領導工務、五穀爺掌握農務、城隍爺控管司法以及警務等，有各式各樣的神祇，分別管理各自負責的事務。毋需多說，為了讓以上諸神順利掌管職務，諸神之下又有琳瑯滿目的部下神祇，就像城隍爺擁有眾多隨從的小神。玉皇上帝是象徵天的神祇，身為天界之主同時，也被認為是天的本身。各個家庭中的灶神，會監視家中人的善惡，在十二月二十三日的夜晚，前往天庭向玉皇上帝報告。有一說法，由於玉皇上帝會在十二月二十五日帶著眾神巡視諸天，訂定人們在未來一年間的禍福，所以一般而言會在這一天齋戒焚香，以示祈禱。

具體來說，漢民族必定會在神祇誕辰當天進行祭祀。象徵天的玉皇上帝也有誕辰，為一月九日。不過，誕辰並不是依照陽曆的曆法，即便慌忙地在現今的一月九日舉辦祭典，也毫無意義。希望可以獲得庇佑的人們，要記得在農曆的一月九日祭祀。至於會獲得什麼庇佑，筆者並未耳聞，就連究竟是否真的可以獲得庇佑，也無法保證。

在日本大多是以逝世的日期作為祭日，在西方則多是在誕生的日期舉辦紀念的祭典。漢民族在神佛的誕辰日舉辦祭典，應該是經過深思熟慮之後的結果吧。如果是將歷史人物視為神佛來祭祀的話，亦即所謂的靈魂崇拜，不管是伏羲、神農，還是黃帝，大部分的遠古歷史人物都無法得知其生卒日期。另外像是自然崇拜的對象：天地、日月、山川、水火，雖然不知道生日，但死亡的日期卻是永遠不會到來。或許是因為如此，既然要重新訂定一個日期的話，使用生日似乎較為合理。由漢民族所創始的道教，為大部分的神佛訂下生誕日期。甚至原本只存在於佛教經典中，非實際存在的觀世音、地藏菩薩、阿彌陀佛、彌勒佛也被道教導入，皆有各自的生誕日期，十分有趣。

## 九

# 狗上屋頂

臺灣人敬畏玉皇上帝之事，很難用常識來判斷。究竟是在有意識之下而感到敬畏，還是無意識地盲目敬畏，對此雖然還是感到些許的疑問，但是有時觀看報紙上的報導，還是會覺得臺灣人對於玉皇上帝的敬畏之心，並非是不徹底、不完全的程度。臺灣人被說是擁有各式迷信的民族，迷信的內容可說是五花八門、琳瑯滿目。然而，要區辨迷信或是非迷信實在非常困難，那並非是可以輕易說出 YES 或是 NO 的事情。如果採用擅自將自己想法強加在別人身上的論述方法，就像是歐美人，只將自身所相信的視為真實的信仰，自身以外的事物就全數歸為迷信，這當然是最方便的辨法，但是世事難料，並非所有事情都會如預期般發展。話雖如此，最近在日本內地人之中有不少輕浮人士，一方面嘲笑歐美人無理的態度，斥責他們的專橫獨斷，另一方面卻又東施效顰地仿效歐美人，鸚鵡學舌，並且毫不在意自己自相矛盾的行徑。更讓人覺得滑稽的是，在這些人當中，很多是教育專家或是宗教專家。接著要來看的報紙內容，究竟是迷信還是非迷信，交由觀者判斷，在此就當作是介紹臺灣人對玉皇上帝所展現出的民族性格事例之一。大正十四年（一九二五）一月二十六日的《臺灣新聞》中可以看見「不怨火源天公降災」的標題，筆者記得這篇報導內容是：「說到本島人的迷信，可說是數也數不清，雖然不是什麼讓人耳目一新的消息，但有一個與散播在日本內地各處的流言相似。在高雄州下岡山郡彌陀庄蚵子寮[1]的陳蔭方家中失火，火勢延燒十七戶，附近居民表示曾在火災發生的數日前，看見約兩隻狗爬上屋頂吠叫，所以才發生了火災。換句話說，大家都說這是天公降災，似乎完全不去怪罪火源」。另外，雖然不記得是在臺灣的哪一份報紙看到的，曾有報導在臺北附近的三峽或是鶯歌地方，有位農民剛從田地歸來，看見黑狗在屋頂吠叫，認為這是火災的前兆而驚慌失措。究竟在那之後是否真有火災發生，報導中並未提及，但是在臺灣，自古以

[1] 編注：約今高雄市梓官區蚵子寮。

來便流傳著這樣的說法。不過，這則報導也告訴我們一件有趣的事情。引起火災源頭的人物懊惱不已、自責地想要躲進地洞裡，甚至可能自殺的時候，就算拿出權利義務來爭論也沒辦法解決問題，現在刑法上的過失起火罪追究起來，與以前相較，可說是大異其趣。過往受害人即使被迫蒙受延燒[2]之顫慄經驗，在物質上和精神上都遭受莫大損失，卻能夠對火災的源頭抱持同情的態度，放棄追究難以咎責的部分，將之歸咎於天公的降災，藉以達到些許的自我滿足，不也可以從中看出一種難以言喻的美德嗎？話雖如此，筆者絕對不是要奉勸大家有必要同情那些想要騙取保險金的人。

[2] 譯注：日文原文使用「類燒」一詞。「類燒」指的是自己的家屋無辜受害，被波及燒毀，起火源是其他處所。

# 十 五月八日

明治三十年（一八九七）的五月八日，這一天是臺灣人永遠都不會忘懷的一天，與此同時，就算是日本內地人，相信也有不少人對這一天留下深刻的印象吧。在明治二十八年五月八日完成換約的《馬關條約》，其中約定臺灣人在明治三十年五月八日這一天得以完全取得相當於帝國臣民的國籍。希望成為日本臣民的人，只要繼續留在臺灣島內，便有幸能夠獲得帝國臣民的名譽身份。倘若有特殊的事由而無法如願的不幸者，只要在規定的兩年猶豫期間之內，處理動產及不動產等事宜，再移居支那即可。在此期間內，絕對沒有任何強制或是被強制等不自然的事態。然而近來某些思慮不周的青年們，不曉得他們究竟是知道還是不知道，誤以為自己是被迫成為帝國臣民，而說出謬誤的言論。如果仔細思考，會發現這些青年在當時尚未出生，又或者是已經出生，卻還是個東西南北也分不清楚的小毛頭，當然不會知道詳情。這也是可以理解的事情，就只能說是無知愚昧所導致的結果。光是想到這些一無所知的傢伙，竟然也全都是陛下的子民，實在是讓人覺得可悲，要輔助他們在將來成為能幹有為的國民，又是誰應該擔起的責任呢？

在清朝時代，於艋舺外圍創設了名為學海書院的學校建築，鄰近淡水河，遠眺觀音山，占盡景觀之美。在此處設置了總督府學務部的編修課，並將一部分挪用為宿舍，讓許多教育相關人士居住在此。其中有一、兩位是剛從內地前來的人士。然而，早在五月八日之前，先不論是從何人的口中傳出，有消息表示在臺灣人確定國籍的五月八日，可能會有土匪來襲擊臺北城。去年一月一日曾有北山土匪隊伍襲擊芝山巖，導致六位教育人士壯烈犧牲，對土匪之害記憶猶新。除此之外，此處為艋舺外圍，距離城內頗遠，周圍盡是臺灣人的村落，加上建築物以前是學校，並沒有任何足以防禦的設備。因此當謠言一出，可謂風聲鶴唳，當中甚至有人表示可以選擇逃進城內的安全方策。大家表面上雖然裝作若無其事，其實內心卻是戰戰兢兢、忐忑不安，最後眾人決議死守（？❶）宿舍。到了夜晚，要決定部署、實行點名之際，發現少了一個人，因而開始搜索各個房間。在這場騷動之中，有一個從日本內地來的新人正躺在床上呼呼大睡。新人被找了出來，他拿著眾人交付給他的一把槍，內有數十發子彈，揉著惺忪睡眼前往被分配的部署就定位。當中還有勇士，在腰間佩戴著不知道是正宗還是村正❷，總之是把看起來有點可疑的名刀，大概是從日本內地出發時眾人為他餞別的禮物，展露出萬夫莫敵的氣概。從東京來負責宿舍伙食的炊夫，彷彿是要去救火一般的氣勢，在廚房大展身手。宿舍中沒有人帶著妻小，沒有後顧之憂，大家也安心不少。事後，詢問那位呼呼大睡的新人，為何在當晚能夠如此臨危不懼？新人率直地表示，是大家過獎了，自己並不是什麼臨危不懼之人，而是因為剛從日本內地前來，不像諸君一般，深知土匪襲擊的傷害是多麼地駭人。這是根據這位新人本人的自白，大致上應該不會有錯❸。那麼，最後土匪究竟有沒有前來襲擊臺北城呢？果不其然，消息並非謠傳，深坑的土匪領袖陳秋菊大老遠地迂迴前來，現身在大橋頭的對岸，渡過淡水河上的鐵橋（據說有文書記錄表示，橋是木造的開閉橋，當時陳秋菊所騎的白馬奮力一躍

❶譯注：遵照日文原文。

❷譯注：日本伊勢桑名地區的村正一族為刀匠，其所打造的武器名聞遐邇。不過後來德川家康下令禁止使用村正打造的武器，認為會對德川家帶來不幸，所以有人將自己所持有的村正刀改稱為正宗或是正宏而繼續使用。

❸編注：山根於一八九七年四月三十日才至臺任職國語學校，此處不無自況的可能。

而越過木橋，如此的說法就像是從《三國志》這類書中所擷取的虛構記事一般，應該不需要多作說明），襲擊大稻埕一帶。錫口地區的某土匪首領（詹振）也在同時起事。正當大家戰戰兢兢地在宿舍學海書院保持警戒之時，突然傳來陣陣槍響，聲聲劃破夜晚的寂靜。一部分的土匪抵達距離此處不遠的新起街（約今漢中街、長沙街二段）後方，不過尚未來到學海書院的附近。其他的詳細內容就讓給《臺灣匪誌》去記錄吧❹。因為發生了這些事情，也難怪這一天成為部分日本內地人印象深刻的日子。

也正因為如此，附近的臺灣人與學海書院內的人士，在關係上較從前更為親近。附近的臺灣人家庭，若是有什麼事情必定會前來邀請，如果前去拜訪，他們也很歡迎。其中的陳家，在艋舺似乎是富裕的資產家，可憐的是陳家上一代的主人早登極樂，當家主人也只留下兩位約十一、二歲和九、十歲的兒子而英年早逝。現在陳家的掌權者是上一代主人的遺孀，每當有慶典活動之際，必定會邀請宿舍的人們前去。

❹編注：秋澤次郎（烏川），《臺灣匪誌》（杉田書店：一九二三）。

右　陳秋菊。鷹取田一郎編，《臺灣列紳傳》（臺灣總督府，一九一六），頁四一。

下　一八九六年詹振襲擊錫口後，在房屋留下的彈痕。《臺灣寫真帖》第一卷第六集，（一九一五）。（LDR）

當家主人的年輕寡婦（雖說如此，推測大約也是近四十歲左右），則是一次也沒有露過臉，這在家世顯赫的家庭中，是理所當然的事情。曾經聽過這類的悲劇，有一次，陳家的長男被土匪抓去，土匪留下字條，表示要陳家帶著三千圓去交換人質，若是去找警察或是憲兵，便會殺人滅口。諸如此類的事件在當時並不稀奇。陳家雖然有些驚慌，但還是默默地籌備金錢去贖回長男。

附近臺灣人少婦和輕佻的少女，一看到日本內地人，必定會口無遮攔地詢問今年幾歲？有沒有老婆？等問題。顧慮到自己是日本內地人，一不小心想得太多，將自己的年齡少算了幾歲，又或者是回答還沒有老婆，便會看到對方目瞪口呆的驚訝表情。倘若再一次遇見，又會被詢問相同的問題。這次想說乾脆回答「有老婆但是在日本內地」，對方的笑容似乎是在說正如我所料一般，接著便會詢問，那你有幾個妾？這一次，換成是日本內地人被嚇得目瞪口呆。如果回答沒有妾，那麼對方的反應則是超越驚嚇的層次，大多是顯露出輕視侮蔑的態度。關於這件事，讓我想到邱先生這號人物（邱龍圖），他是在芝山巖最早師事學務部長伊澤修二老師，接受日本教育的數名學生之一。邱先生是清朝時代的秀才，因為接受新式教育，而能夠在當時臺灣最高等的國語學校擔任臺灣話的教師。他總是面有菜色，拖著孱弱身軀搖搖晃晃地從士林通勤，詢問他是否生病了，其他臺灣人教師便會搶著調侃般的接話，表示邱先生除了老婆之外還有兩位小妾。邱先生面露嫌惡之情，看著別的方向苦笑。後來聽聞，像是秀才這般優秀的人，不管需不需要，至少要擁有二、三位小妾才行。家境並不富裕的邱先生，也不能責怪他將家庭經濟的煩惱全寫在臉上，實際上是完全笑不出來的事情。臺灣人在面子上，就算是不喜歡也一定要納妾；日本內地人則是在面子上，就算再怎麼想納妾，也不能付諸實行。從這裡也可以看出民族性上有趣的差異。身為日本內地人，而且是官僚人員如此優秀的人物，沒有老婆，抑或是有老婆而沒有小妾，臺灣婦女會以輕侮蔑視的態度看待，也不是什麼不可思議之事。臺灣婦女之所以會對日本內地人發出如此公式性的詢問，出發點也是相同的。然而，如今的臺灣，不管是外在還是內在的層面都有實際上的進步。現在，不管是優良家庭中的婦女還是女兒，都不會厭惡在日本內地人出席的場合上露面，會像過去那樣提出奇怪問題的女性也幾乎不存在了，臺灣的女性也有了很大的變化。所謂今昔之感動，所指的應該就是這樣的事情吧。

關於艋舺陳家的後日談，容我在此一提。大正六年〔一九一七〕的某日，前往睽違近二十年不見的老地方——學海書院，沒想到該地居然已經賣給民間，成為高氏家廟。接著去拜訪陳家，有一位不在我記憶中的老婦人，帶著狐疑的心情前來迎接我這個拜訪者。正當我不知所措的時候，恰巧有一位似曾相識的女傭走了出來。她是以前在陳家工作的媠媒嫺（tsa bóo kán）〔參見本書第三九篇〕，因為長年忠誠服務的緣故，陳家替她選定了夫婿，現在夫妻一同在陳家工作。久別重逢的歡喜，女傭向我述說陳家的種種現況。陳家在現在的樹林地區，當時稱呼為龍津，經營釀酒廠，大老婦人現在移住到那裡，將此處的家務交由當時的年輕寡婦，也就是訪問者在義學（不只是學海書院，過去用來稱呼使用義款建造的學校）期間的當家主人遺孀掌管，亦即方才的那位老婦人。後來，看見一位年約十一、二歲的男子從學校歸來，英姿煥發，總覺得似乎在哪裡見過面。就在閒話家常之際，提到當時陳家男子被土匪綁架，後來用三千圓贖回的往事，只見那位女傭點著頭說，這個孩子就是那時候被綁架的當家長男所留下的獨子。可惜的是，我所知道的當家長男，已在幾年前留下妻子與兒子，駕鶴西歸。難怪我會覺得似乎有看過這個孩子，那當然是不可能的事情，只是他長得很像他的父親，加上年齡正好是我當時看到他父親的時候，才會覺得似曾相識。筆者還提到印象中當家長男似乎有位弟弟，女傭表示現在就可以去叫他過來。似乎有人跑去叫喚，一位年輕男性一邊打著哈欠，有點心不甘情不願地走出來。那雖然不是存在於記憶中的臉龐，但也是理所當然的，畢竟都經過了二十年，雖然長成了一位有為的青年，但是因為曾經吸食鴉片上癮的關係，臉龐和身型都已經看不見過去的影子。在不可思議的因緣之下，陳家現在也還是重複著二十年前的家庭樣貌。唯獨與以前不同的是，在老婦人的上頭還有一位大老婦人的有能者，以及這次所留下的只有獨子一位。當家長男的遺孀，這一次也未能見到面。雖然無法見到較為親切的先代老婦人，但是他們拿出為了葬禮所準備的大照片給我看，那臉龐彷彿是二十年前所看到的一般，百看不厭。不只是照片，就連準備好的棺材都讓我觀看。臺灣人的準備工作真是周全完善。老婦人表示：如果有去樹林，請務必去拜訪大老婦人，她一定會又驚又喜地歡迎你。聽完老婦人的話語，我告辭了陳家。那一年的年底筆者去了樹林地區，在車站月臺上，出乎意料地有一位少年跟我打招呼，是陳家的少年。少年表示，曾祖母先前在樹林逝世，葬禮已順利結束，現在正好要和叔父一同返回臺北。原來在少年的身後，站著那位可憐的鴉片癮君子。筆者心想再也沒有機會可以見到陳老婦人，不禁眼頭一熱，也沒有辦法再看著陳姓少年的臉龐，那一天夜晚在桃園的住宿處，內心感慨萬千，草草吃完晚飯便倒頭睡去。

# 十一

# 臺灣女性的殘忍行徑

漢高祖寵幸戚夫人，打算廢黜呂后所生的太子盈，而將戚夫人所生下的如意立為太子。呂后震驚不已，與張良商量，採用張良的計策，最後如呂后所願，化解了高祖想廢黜太子盈，改立如意為太子的危機。高祖逝世後，盈理所當然地成為漢朝的第二任天子，也就是孝惠皇帝。呂后見時機成熟，想要處置讓她恨之入骨的戚夫人，首先以鴆毒殺害如意，接著切斷戚夫人的手腳，挖去雙眼，潰聾雙耳，逼她喝下啞藥使之無法言語，並把她丟進放有豬隻的茅房之內，命名為「人彘」。後來讓孝惠帝去觀看人彘，性格柔弱的孝惠帝，當然不會覺得大快人心，反而是目睹母后慘無人道的殘忍行徑後，身患疾病，一年多都無法起身。如此的記載，明明白白地留存在支那的史書當中。

這雖然已是古老的歷史，但是一般認為在臺灣女性體內，至今仍然流著與漢高祖皇后呂氏相同的血液。接下來要列舉的幾段新聞報導，應該就是明確的佐證。在大正十三年（一九二四）七月六日的《臺灣新聞》中可以看見「互掐陰部」的大標題，其後有「正如文字所述，兩位女子在警官面前捲起衣物展示」的小標題。在七月四日的白天，約四十歲和二十五、六歲的本島人女性，在高雄郡警察課司法室的官吏面前，展露出私密部位。詳細詢問事情緣由，兩位女性分別是高雄郡楠梓庄後勁地區林甘的妻子楊氏奄矼（四十四歲），以及同地區曾木的妻子馬氏美（二十七歲）。於三十日上午發生爭執而扭打，馬美用力攻擊楊奄矼的胯下，雙方互掐私密部位，造成局部性的嚴重傷害。兩位當事人不顧羞恥地要求官吏觀看傷勢，以求定奪。雙方皆請醫師開立診斷書，表示要提出告訴，原因是楊奄矼散播謠言，表示馬美最近有了情夫，才導致這場紛爭。

在同一日的《臺南新報》中，則是以「露出私密處的爭執」為題，「四日，在高雄郡警察課司法室內，四十多歲和二十多歲的本島人女性在官吏面前露出私密部位，娓娓道來。右側是楠梓庄後勁，林甘的妻子楊氏奄矼（四十四歲），另一人則是曾木的妻子馬氏美（二十七歲）。兩人為鄰居，在三十日上午因細瑣小事而發生爭執，互掐肚臍下方，因而負傷，要請官吏檢視傷勢。兩人皆拿取醫師的診斷書，互提告訴。楊奄矼表示，當時是馬美脫下了她重要的和服摺裙。原因是關於馬美的貞操，楊奄矼四處向庄人說三道四」。關於上述事件，筆者記得在兩份報紙的漢文欄內都沒有任何記述。

在大正十五年（一九二六）五月二十四日的《臺灣日日新報》中，有「女士們痛下毒手塗抹毒草」的標題。在嘉義郡番路庄番路字古路[1]，梁盧氏治（二十九歲）於五月三日下午兩點，在大庭廣眾下被林氏梅以及其他兩位女士撲倒在街道上，手腳被壓制，在眾人面前被粗暴地脫下和服摺裙。林梅要為女兒討回公道，而將人稱「咬人狗」的毒草葉塗抹在受害女性最重要的部位，也就是胯下和下腹處，造成受害部位紅腫以及難忍的痛癢。梁盧治接受了醫生的治療，並前往嘉義郡警察課提出告訴。二十七日，召喚所有關係人士前來接受調查，釐清案情。原因是受害者妨礙林梅女兒的媒妁婚事，說林梅女兒與男性有不當關係，在山中幽會等壞話，林梅為了替女兒報仇而犯下罪行。

在同一天的《臺灣新聞》中則是題為「眾蛇蠍女以毒草執行猥

[1] 編注：今嘉義縣番路鄉番路村。

褻的復仇」，內容是「在嘉義郡番路庄古路的四十歲中年婦女林氏梅，因鄰居梁盧氏治（二十九歲）針對她的女兒散播謠言，說林梅女兒像個娼婦、已經不是純潔的處女等閒話，林梅怒不可抑，向未來親家族內的三位女士傾訴。四名粗暴的女性壓制住梁盧治一人，不顧梁盧治大聲哭喊，強行脫下她的和服摺裙，用準備好的咬人狗毒草來回摩擦她的陰部，並且紛紛以猥褻的言詞羞辱她，以蔑視的眼神看著正在忍受苦楚的梁盧治，最後哼著歌凱旋而歸。遭受如此罕見的私刑凌辱，梁盧治無法忍氣吞聲，因而提出告訴。二十七日，所有相關人士被一同召喚到嘉義郡，接受畑山〔丑藏〕司法主任的偵訊，作為證據被提出的咬人狗，就小心翼翼地被擺在司法主任的桌上，面對這些蛇蠍女的怨念，不僅讓人感到戰慄，也引來了苦笑。」關於上述事件，在同日的《臺灣新聞》漢文欄中也有類似的記述。在此試著翻譯闡述。題為「毒刑」，大標題是「用咬人狗咬人陰戶」，小標題是「愛女遭受辱罵，而下此毒手」，內容為「嘉義郡番路庄古路的林氏梅，年四十，因其愛女受到鄰婦梁盧氏治（二十九歲）辱罵，說行為像是賣笑婦一般，林梅聞此，勃然大怒，隨即召集相識的娘子軍三名，前往梁盧治家興師問罪，帶著毒草咬人狗，摩擦她的陰戶並口出穢言羞辱，隨後凱旋而歸。據說這種毒草只要一碰觸到人的身體，就會讓人感受到像是被嚙咬的疼痛，所以才會想用這種毒草去摩擦被害人的陰戶，其痛楚可想而知。梁盧治遭到如此稀世毒刑，可說是痛不欲生，因而向當局提出告訴。二十七日，嘉義郡召喚雙方，交由畑山司法主任審問。梁盧治將當時用來蹂躪她下體，讓她嚐盡苦頭的咬人狗作為證據提出，小心翼翼地放在司法主任的桌上。至今還不知道案件如何了結。」

在此之前，同年的四月二十三日《臺灣日日新報》晚報的漢文欄中，有酷似上述事件的報導。在此試著翻譯出來。大標題為「何家惡婦行兇」，小標題為「母女侵入盧家擒婦毒刑」。內容為「大屯郡南屯庄溝子墘地方[2]盧水木的妻子與同處何水發的妻子，日前因事爭吵。盧妻認為何妻不知廉恥地與自己丈夫通姦，因而怒罵何妻、何妻婆婆以及當時正好來遊玩的何妻母親。後來這三人連袂入侵盧家，捉住盧妻，將其壓倒在地，脫去下身衣物，何妻的婆婆與母親各壓制住盧妻的一手一腳，何妻用手指和鐵錐粗暴地戳刺盧妻陰部。盧妻的大小陰唇、子宮內部皆受到嚴重損傷，劇烈腫脹，加上陰毛也被拔除，盧妻

[2] 編注：今臺中市南屯區溝墘里一帶。

痛不欲生，最後不省人事。盧水木返家後緊急通報，大屯郡司法當局伴隨著警醫趕往現場查驗，並拘捕加害的諸位惡毒婦人。受害者被送進臺中醫院接受治療。所幸傷勢並未惡化，沒有生命危險。據傳盧何雙方的姦情，恐怕是事實。現由南屯庄長〔黃清江〕以及庄內的有力人士們充當魯仲連（仲裁者），表示加害者願意誠心支付醫藥費一百六十圓。不過目前為止，尚未決定是否和解」。這些例子不就呈現出臺灣女性的民族性格是多麼的猛烈嗎？要是膽小懦弱的人，應該就連男性也會感到膽戰心驚吧。漢民族女性的殘忍行徑，自古以來就眾人皆知，並不只有漢高祖的呂后是特別殘忍的人，歷史上留存的事例可說是不知凡幾。話雖如此，呂后的行徑雖說是殘忍，但總讓人覺得其中帶有一點直率和死心眼的成分。而同為漢民族的臺灣女性，其殘忍行徑卻顯露出醜陋、猥褻的一面，手段過於骯髒，不禁讓人嗤之以鼻。或許前文提到「出外打拚人性格」的氣質也在此處發揮了影響力。

# 十二 臺灣婦女的早起與喜愛洗衣

在世界各地，不管你如何找尋，也不可能會找到一個十全十美的民族，當然也不會找到一個完全大奸大惡的民族。臺灣女性當然也是如此，既有令人不寒而慄的一面，同時也有讓人欣賞讚嘆的一面，這個部分不能避而不談。從負面的角度來看，臺灣婦女實在是讓人無法招架，拿她們無可奈何。但是從正面的角度來看，則是不禁讓人讚嘆，神的創造實在是無懈可擊。

在此首先必定要列舉出來的美德之一，就是臺灣婦女早起的習慣。聽見雞鳴，在尚未破曉的時分便起床，在灰煙濛濛的手提燈前洗淨臉蛋，梳整盤髮，精巧熟練地畫上淡妝，整理衣裝，靜靜地等待雙親與丈夫起床，更不用說每日炊爨的忙碌。無論是颳風還是下雨，在這些習慣上絕不怠惰。小學的「雞鳴初啼，眾人洗手、漱口和更衣，疊整被枕，灑掃庭院，各司其事」的教誨❶，對漢民族女性而言，是在長年累月的生活之下所培養出的習慣，甚至讓人懷疑，他們是不是幾乎沒有意識到自己的作為，已經成為反射性的行為一般，恪守不渝。不管是無意識的行動，還是已經成為了習慣的動作，良好的行為就是美德。在三十年前，無論是誰都能耳聞目睹這樣的現象。筆者很想要相信到了現在仍舊可以遵循舊有習慣，但是在現今稱為「新婦女」的群體當中，卻將這些舊慣視為古老的陋習，認為比丈夫早起是見識淺薄、單方義務，而自詡為走在時代先端的丈夫、愛好女色的男性也做出共鳴。如此流傳了幾千年的良風美俗，竟然日漸式微，筆者實在是深感遺憾，並且覺得十分可惜。特別的是，聽說那些「新婦女」之中，很多是從女學校畢業，而且是體驗過宿舍、寄宿生活的女性，會讓人對於現今所謂的學校教育感到怨懟。倘若真的是如此，不禁讓筆者深思，難道可以將之視為只是過渡期的現象之一並放任不管嗎？還是這只是出自筆者陳腐老舊的思想所致呢。

❶編注：應出於《禮記・內則》。

臺灣婦女清洗衣服的情形，約一九一五—二〇年。（LOC）

其次，臺灣婦女對於洗衣的喜愛，也是不得不列舉出來的美德之一。甚至可以說，臺灣婦女只要看見水，就會想要去洗衣服；又或者是在吵架吵輸的時候，就會去洗衣服，用捶打衣服來分散注意力。這似乎已經變成一種習性，只要看見水，不管是可以飲用的生活用水、下水道的污水、流動的活水，還是聚積的死水，她們絲毫不會在意，只是一心一意地敲打搓洗著衣服。即便是水面上浮著一大片青苔，還是上游的人正在清洗糞桶，也完全不會動搖，正在清洗衣服的雙手也

「浣衣」。《臺灣寫真帖》（臺灣總督府總督官房文書課，一九〇八），頁九四。（NDL）

絕對不會停止動作。看起來所謂的清潔或是污穢觀念，和臺灣婦女的洗衣行為毫不相干。所謂洗衣的工作，和用水之間有何關係，似乎完全沒有考慮過。難得有如此喜愛洗衣的習慣，我並不想用現今新式教育的力量去中止或廢除，唯獨在選擇用水方面，還是必須要採取行動去宣導和教育。希望能讓臺灣婦女意識到要用乾淨的水去洗衣，而不是只要看到水就去洗衣。如果教育家不朝這個方面努力，那麼這項教導的任務，又該交給誰呢？

十三

# 支那婦女服裝的流行

支那婦女服裝在東京掀起潮流，不只是一味追求時尚流行的摩登女性，就連有一定數量的家庭婦女，也認為支那婦女服裝別有一番風味，而屢屢著裝出席某些場合。因此一流的百貨公司會隨時備妥時下流行的支那婦女服裝，絕對不會讓顧客空手而回。或許可以說他們有生意頭腦，思慮周全。聽說在臺灣似乎也曾經有同樣的潮流，但是卻從未在路上看過這樣的婦女，讓人認為這只不過是謠傳的流言蜚語。然而，聽見支那婦女服裝流行的消息，臺灣人卻顯露出前所未有的喜悅，就像是獲得了絕對不可能擁有的東西一般。就連自詡是新時代人的群體，也展露出雀躍之情，甚至在相關的雜誌上，特地重複放進穿著支那婦女服裝的日本內地人照片印刷，像是要宣告「我們是多麼地意氣相投」一般，十分有趣。在東京歡蹦亂跳的那些活潑姑娘穿著支那婦女服裝，對臺灣人來說真的是那麼值得開心的事情嗎？設身處地去想像他們的心境，內心不禁動起憐惜之情。在美國的婦女社會中流行日本的「法披[1]（はっぴ）」，據說某位知名的夫人，不曉得她自己知不知情，曾穿著染印吉原[2]某妓樓名稱的法披，得意洋洋地四處打轉。流行無國界。那麼，下一次的流行，又是什麼呢？

一九二〇年代百老匯演員Galina Kopernak穿著和服入鏡。（LOC）

[1] 譯注：法披是日本傳統服飾的一種，通常會在祭典的時候穿著。

[2] 編注：吉原為江戶／東京著名的風化區。

# 十四 臺灣紳士的長外衣

臺灣的紳士大多備有長外衣[1]。在新年的走春活動中，比起臺灣原本長袍馬褂的禮服，更經常能夠看到的是紳士們穿著長外衣的樣貌。說到臺灣人長外衣的長度，到小腿左右也不算罕見。張君的長外衣很長，李君的長外衣也很長，甚至讓人不禁想開口消遣，是要成為牧師的實習生嗎？毋庸贅言，這當然因為是受到長袍的影響。曾經從一位臺灣紳士口中得知，長大衣的流行，完全是基於經濟實惠的因素。過去臺灣的禮服，必須依據各個季節分別訂做數套，實在是非常地麻煩且浪費。但是只要訂做一件長大衣，無論是夏天還是冬天，四季都能穿。而且不管是單純臺灣人的聚會，還是摻有日本內地人的集會，甚至是婚禮和葬禮，

[1] 譯注：長外衣：英文為 Frock Coat，為十九世紀中葉至二十世紀初期流行的男士禮服款式之一。

彰化銀行創立十周年紀念照（一九一五），可見傳統以及西式禮服。第一排左起：楊吉臣、坂本素魯哉、吳汝祥、吳德功、蔡蓮舫。第二排左起：施來、林獻堂、辜顯榮、李崇禮、陳質芬。典藏者：臺中市政府文化局。（OM）

只要穿著長大衣，便絕對不會有失禮節。除了長大衣之外，難道還有其他如此便利又實用的東西嗎？雖然說所謂的風俗習慣並不容易受到動搖，但是這一例子便很明顯地告訴我們，只要有其道理存在，便絕對不會有不可能實現的事情。如果是婚禮，慣例是女方的衣服由男方贈送，男方的衣服由女方贈送，近來在上層階級當中，由女方贈送長大衣，似乎已經成為新的風俗。由贈送者向西服店傳達製作方法、金額，讓西服店的人員前去測量尺寸。接受贈禮的男方，由於希望訂做的長大衣可以符合自己的喜好，也會不惜自掏腰包增加費用，在製作時提出各式條件和要求。實在是非常地方便。若是按照這個狀況繼續下去的話，或許在接下

◆2 譯注：灰殼紳士：一八九八年《東京每日新聞》的記者石川半山所創造出的語彙，從英文的high collar一詞而來，意指模仿西洋風格穿著、生活樣式的人、事、物，後來也有人帶有諷刺意味的以日文漢字「灰殼」表記。由於本書作者多處採諷刺語氣書寫，因此在此使用日文的漢字表記，將之翻譯為灰殼紳士。

來數年內，除了戲劇的舞臺之外，在臺灣就再也看不見穿著長袍馬褂那種閒適自得的姿態了。不過，先前提及的那些自詡為新世代人類的「灰殼（high collar）紳士◆2」們，率先去訂做西洋服裝，不分晝夜地穿著西裝，表示若不是以這種裝扮風格就無法從事社會運動，對他們而言，又是如何看待長外衣呢？他們彷彿是約定好了一般，紛紛以長衫的模樣現身，掀起了流行的風潮。臺灣人穿著臺灣服，雖然不會構成什麼大問題，但是按照這樣的趨勢，在這群自詡為新世代人類的群體中，說不定會出現這樣的時代：辮髮（thâu tsang bué）重新復活，旭日旗不見蹤跡，眼睛看到的盡是肩挑著雕刻過的紅旗竿、裝物品的箱子和板凳的剃頭匠在街頭遊走的模樣。話雖如此，筆者認為臺灣人心裡明白，辮髮畢竟是滿洲統治下所強制推行的裝扮，照理來說應該不會做出如此愚蠢無知的舉動，但如果是那些除了反抗精神以外，什麼也沒有的貧困人們的話，筆者就無法保證了。這群人就連統一國語是推進國民生活重大要素之一這種事情都不明白，在國語普及的議題上，輕率地提出愚蠢至極的不同意見，甚至想要一步登天地提出「世界語[3]」的主張，根本不去考慮是否有實現的可能性。在這個社會中，漢字的不便，就連使用漢字的大本營——支那本身都傷透了腦筋，有識之士設法創造出標音注韻的字母，希望多多少少能減輕其弊害。假名文字即使存在著一些缺點，在學習上卻非常簡便。但是這群人，不知道是因為以灰殼紳士自居，還是覺得自己是新世代人類，竟然要規避大多數國民正在使用且便利的假名文字，而想要推行較具有世界性的，只有少數國民在使用的羅馬字的普及運動。我們不能確保，在不久的將來，不會從這些人當中出現留長辮髮，散發出反抗精神的氣息，高聲叫喊的新人類。有識之士用心良苦地為了要提升臺灣人的人格，努力地想要讓臺灣人放棄說出姦[4]恁老母（kàn lín lāu bú）、臭窒屄[5]（tshàu tsi bai）等不堪入耳的粗話。可以想像那些自詡為新世代人類的人，必定會忿忿不平說，這簡直就是要從臺灣人身上奪去言語一般，實在是一群讓人無話可說的傢伙。

[3] 譯注：世界語：Esperanto，又譯為萬國新語，意即世界通用語。

[4] 譯注：此處的「姦」可通「幹」，意指性交。

[5] 譯注：窒屄：指女子的外生殖器官。

# 十五

# 粗話

在臺灣，將污言穢語稱之為「粗話」。臺灣人在怒罵他人的時候，可以脫口而出的粗話數量非常多。在這一點上，臺灣說不定是世界第一，即便美國人再怎麼不服氣，還是不得不讓出冠軍的寶座，臺灣人是世界第一的紀錄保持者。首先，光是形容粗話的語詞，就有十五、六種。會拿來作為粗話使用的語詞，大致上應該想像得到。筆者以臺北為中心，詢問並蒐集在臺北四周所使用的粗話，竟然就多達五百四十一個語詞。筆者相信並沒有蒐集完全，倘若更仔細地探問，應該還有許多漏網之魚。而且這些還只是福建泉州語的粗話，完全沒有包含廣東客家語的粗話。筆者試著將上述蒐集到的五百四十一個語詞做出分類：（一）男性對男性、（二）女性對女性、（三）男性對女性、（四）女性對男性、（五）針對一般人、（六）針對特殊的臺灣人、（七）針對內地人。

其中，以男性對男性的粗話數量居冠，有三百三十四個語詞。女性對女性為二十六個、男性對女性為三十九個、女性對男性為六十五個，屈居第二、針對一般人的有三十五個、針對特殊的臺灣人有二十個、針對內地人的粗話則是有二十二個語詞。要將這五百四十一個粗話語詞全數列舉出來並非難事，不過因為筆者有些自己的想法，便不打算列舉，單純地介紹大致上的狀況。（一）關於男性對男性的三百三十四句粗話，針對內容進行調查，全數都與性有關。原本，粗話的精髓就是要用簡短的一句話攻擊對方，使之遍體鱗傷、體無完膚。對於把孝道視為首要道德的漢民族，與性相關，並且要讓對方受到打擊的粗話，最有威力的當然是設法褻瀆對方親族，也因此誕生出「姦恁老母」如此極度醜陋怪誕的粗話。同時，也因為最被廣泛使用詆毀親族的首要對象是父母，與「老母」相關的詞語便有六個。其中，當然也會使用與老母同義的娘、娘奶❶（niû-lé）等，因而形成姦恁娘、姦恁娘奶等。更有趣的是，當單純說「姦恁娘」也無法挫減對方的銳

❶ 譯注：「娘奶」使用原書的用法，《教育部閩南語常用辭典》則是表記為「娘嬭」，發音相同。

氣，那就會說「姦恁娘窒屄（kàn lín niâ tsi bai）」，倘若這樣對方還是無動於衷，甚至會說「姦恁娘窒屄心（kàn lín niâ tsi bai sim）」。究竟是多麼的死纏爛打，多麼的尖酸毒辣，大家應該見識到了吧，實在是到了無懈可擊的地步。接著，有關叔姨伯母以及妯娌的有三個、祖父母世代以上的有九個，三個世代、十三個世代、甚至是一百多個世代，如此以世代上下垂直擴展的對象粗話有五個。以一家為起始，或是水平擴散至左鄰右舍的對象粗話有三個。假設光是咒罵親族還不夠，姻親、子孫輩的親族也會遭受池魚之殃，觸及妻、妾、姐妹、女兒、媳婦仔（sin pū á）〔參見第三十七篇〕等對象的粗話有八個。當這些言語攻擊的殺傷力不足，甚至會搬出漢民族最敬畏的太上帝，也就是玉皇上帝，祭出「姦恁太上皇（kàn lín thài siōng hông）」如此可能會遭天譴的粗話。有趣的是，這時候對於玉皇上帝果然還是心存敬畏，而會使用「你這傢伙的太上皇」這樣的詞語，實在是活生生地展露出臺灣民族的性格。至此，看見臺灣民族精力旺盛、豪邁英勇、輕舉妄動的模樣，讓人不禁想要捧腹大笑。就讓我們先把這個話題擱置在旁。我們應該都同意，這是一個不知道會說出什麼話、不知道會做出什麼事的民族。如果思考粗話的演進狀況，內心不時會出現驚嘆：「原來也可以這樣說啊！」以上從「姦恁老母」到「姦恁太上皇」之間共有三十五句粗話。而使用與「姦」這個動詞同義的語詞，可說是琳瑯滿目，像是「駛（sái）」、「箍（khoo）」、「操（tshò）」、「戳（tshù）」、「騎（khiâ）」、「扑（phok）」、「偏（phinn）」、「掠（lia̍h）」等多達八個。將上述以「姦」之動詞為起始的三十五句粗話，分別置換成這八個可替換的動詞，配合對象的受詞，便可以組合出三百零五句粗話。從男性對男性的三百三十四個粗話中扣除，剩下十九個，但是其中仍然有八句粗話是帶有姦淫老母的意思、一句是姦淫姊姊、八句是姦淫對方後庭、一句是相反意義的不願姦淫、一句是不管姦淫多少人也不會滿足的好色之徒。換句話說，這三百三十四句粗話，全數皆是極為醜惡怪誕、受人唾棄、與性相關的內容。在臺灣人當中，有些人也會覺得像是「姦恁老母」之類的粗話太過難聽和丟人現眼，轉而使用在家畜或是其他對象，又或者是在自己失敗的時候等場合上。也就是說，時至今日，這些粗話已經失去其原本嚴厲辱罵、挑釁對方的含意，使用上就像是日語中的「ちくしょう（畜生）」、「クソ（大便）」、「しまった（糟糕）」等這類較為通俗的詞，看起來就像是想要努力地沖淡粗話的惡意成分，藉以達到自我滿足。對於這份心意，筆者雖然不吝於寄予同情之意，但可惜的是，女性絕對不能使用這一類的粗話。

在濫用粗話這一方面，臺灣女性絕對不會遜色於男性。然而，不管臺灣女性的情緒再怎麼高昂、心情再怎麼憤慨，也絕對不會使用這一類的粗話。事實上也是因為她們不可能會說出這些詞語。即便這些粗話已經失去了原本的意義，但是如果輕易地使用這些詞語，簡直就像是掩耳盜鈴一般，自己騙自己而已。

（二）女性對女性所罵的粗話，在這個世界上應該沒有比此更為醜惡、怪誕的事情了。即使只有區區的二十六個粗話，其中大部分都是與女性局部器官有關的語詞：破、臭、紅、癢等形容，不禁讓人驚訝，女性居然可以面不改色地說出這些語詞。當然還有更加不堪入耳的說法，在此就交由各位想像，讓筆者手中的筆減少一些污穢。諸如此類的粗話，女性都能面不改色地脫口而出。如果只是動口不動手的糾紛，倒是沒有什麼大問題，不過一旦動起手來，像是前文敘述「臺灣女性的殘忍行徑」之類的事件發生，也是不足為奇。或許有人會說，粗話只不過是惡毒的言語而已，不需要如此小題大作。會這麼說的人，就是一群見識短淺之輩。古有聖言，「言行君子之樞機」，勿忘一言一句皆要深思謹慎，才是人格向上的最佳手段。

（三）在男性對女性辱罵的粗話中，有十六句與女性對女性的粗話重複，毋庸贅言，多是與女性局部器官有關的內容。此類粗話極為難聽，簡直是不堪入耳的污言穢語。譬如緊扒著人不放、狗也懶得搭理妳、狗連要找小便的地方也不會選妳、外國人的酒瓶等，言外之意多帶有淫穢猥瑣的意涵。

（四）女性向男性辱罵的粗話雖然有六十六句，但是聽到這一類的粗話時，才會發現原來臺灣婦女終究也不過是女性。正如前文所述，女性之間罵粗話時雖然會用猥褻、惡毒的話語互相攻擊，但是面對男性，卻連一句難聽的猥瑣語詞也說不出來，簡直可以說是奇蹟。六十六句粗話的大部分，性質幾乎都是詛咒男性的命運，也可以說是性別使然的結果。舉例來說，像是半路死、死路旁[2]、落水死去、早死[3]等。這些看起來不就像是女性會說出來的話嗎？早死、短命[4]等成為基本的用語，搭配其他各種形容詞，組合為二十八個粗話語詞，是女性向男性辱罵粗話中最多的一部分。其他還有不知死[5]、老了也不知道、無恥[6]、不得好死[7]、死了沒人哭[8]、屍體被狗拖去、被狗啃[9]、

[2] 譯注：此處諸詞原書皆已意譯為日文，以下將可對應於臺灣閩南語常用詞辭典的詞彙注出用字和發音。死路旁（sí lōo pông）。

[3] 譯注：早死（phòng tōo té miā）。

[4] 譯注：短命（té miā）。

[5] 譯注：不知死（m̄ tsai sí）。

[6] 譯注：無恥（bû thí、m̄ tsai kiàn siàu）。

[7] 譯注：不得好死（ē bô hó sí）。

[8] 譯注：死了沒人哭（sí bô lâng khàu）。

[9] 譯注：被狗啃（hōo káu pōo）。

被老鷹啄等。當女性怒罵男性的時候，會一面抽抽噎噎地哭泣，並且在還喘得過氣的範圍內，一股腦地像連珠炮一般，罵出腦袋中記得的粗話。這個時候，才首次發現臺灣婦女也有惹人憐愛的一面，不會因此感到驚嘆的人想必是非常地稀少。

（五）一般的粗話像是笨蛋、傻瓜、發瘋[10]、不知天高地厚、你去死、死了也沒有半個人會幫你燒香、去吃屎吧你、遲鈍等，大多是看不起人的程度。其中也包含提及對方親族的內容，像是「你老爸死也不會瞑目」等三句粗話。當然也有更奇特的粗話，但是再寫下去簡直沒完沒了，就此打住。

（六）所謂特殊的臺灣人，指的是擔任官吏的臺灣人、配戴臺灣紳章的仕紳、保甲人員、被日本內地人所雇用的人士、穿著日本內地服飾的人、以日本內地人為主要客源的賣笑婦。對於這些臺灣人，有各式各樣特別的粗話，至於對臺灣人官吏或是公務人員，則是有像是「腳踏馬屎傍官勢[11]（kha ta̍h bé sái pn̄g kuann sè）」這一類的粗話，

[10] 譯注：發瘋（khí-siáu）。

[11] 譯注：腳踏馬屎傍官勢：狐假虎威之意。

是沿用清代時期就存在的語詞，並非改隸後才創出的新語詞。換言之，就是出自前述的出外打拚人性格的嫉妒心所致，可以一笑置之，有時候也足以拿來作為窺視臺灣民族性格的資料之一。對特殊臺灣人的粗話，與對日本內地人所使用的粗話，似乎存在著因果上的關係。一般而言，臺灣人經常會用狗（káu）、臭狗（tshàu káu）來罵日本內地人。從這裡可以輕易地判斷臺灣民族性格究竟是高級還是低級。從擁有高級民族性格的人們口中，不太可能會說出如此低級的粗話。廣東語當中的客家話（kheh lâng uē），在兩種狀況下會把對方罵為「狗（gieu）」：一是怒罵日本內地人的時候，一是辱罵情夫、情婦。雖然不清楚為何會將日本內地人罵為狗，不過筆者有聽聞會將情夫和情婦罵為狗，是因為他們總是偷鑽縫隙而行苟合之事，就像是狗一樣。在福建所使用的泉州話和漳州話當中，似乎只有在針對日本內地人的時候，才會將對方罵做是狗。若是如此，那麼要辱罵配戴臺灣紳章的仕紳或是保甲人員的時候，應該會說他們是掛著狗牌，或是狗在替狗做事吧。另外，如果是日本內地人所雇用的臺灣人，會被說是吃狗飯的人、番仔狗（huan á káu）、走狗、狗屎等。雖然這些語詞大多是出自於嫉妒心，但是每每聽到這些粗話，還是會覺得非常膚淺粗俗。

（七）罵日本內地人的粗話只有二十二個語詞。其中像是倭奴（e lôo）、倭鬼（e kuí）、東洋鬼（Tang iûnn kuí）等，都是以前的用法，現在已經不再使用。而鴉片頭（a phiàn tâu）、高麗菜（ko lê tshài）這種是對「散髮頭（sàn huat tâu）」的形容，在今日臺灣男子幾乎都是散髮頭的狀況下，要是說出這些原本是對日本內地人所使用的粗話，無疑是所謂的「自殺」。至於像是「米田仔（bí tshân á）」，是部分的讀書人階級將「番仔（huan á）」的「番」字拆為上下兩字的文字遊戲，原本的使用就不普遍。今天對日本內地人所使用的粗話，主要有日本仔（ji̍t pún á）、死日本仔（sí ji̍t pún á）、臭日本仔（tshàu ji̍t pún á）、日本番（ji̍t pún huan）、日本婆（女，ji̍t pún pô）、生理番（sing lí huan）、乞食番（khit tsia̍h huan）、臭番仔（tshàu huan á）、臭苦力（tshàu ku lí）、臭狗（tshàu káu）、四腳仔（sì kha á）、臭的（tshàu ê）、死臭的（sí tshàu ê）、死番仔（sí huan á）、白帶魚（巡查，pe̍h tuà hî）、川豚仔（tshuan thûn á）這十六個語詞。對於喜歡罵粗話的臺灣人來說，罵日本內地人的粗話似乎比想像中的少，不過，這或許是因為改隸以來只過了短短三十幾年的關係。即使有人創造出新的粗話，要獲得一般大眾的共鳴，被認同並且廣泛使用，想必需要經過相當長的一段年月才是。如果這樣想的話，在目前這段期間，也就是所謂的潛伏期間，對日本內地人使用的粗話絕對不算是少數。總而言之，粗話既是弱者的武器，同時也是內心的悲鳴。弱者沒有辦法堂堂正正地用武力對抗敵人，至少可以藉由粗話的方式，勉強讓自己沉浸在享受快感的自我陶醉之中，他們貪求的就是剎那間的快感。這是多麼令人感到悲痛的武器，又是多麼可笑的悲鳴啊。自古以來臺灣就存在著無數的粗話，並非是在改隸之後才突然出現這樣的現象，但是我們不能只是悠閒地說臺灣在這一點上是世界第一的紀錄保持者，也不能只是作壁上觀，將撲滅粗話的責任丟給臺灣的有識之士和先知先覺。即便是那些血氣方剛，說著「臺灣是我們的臺灣」的小毛頭們，如果他們願意協助撲滅粗話，拯救會因妄語而墮入地獄的人們，我們當然不會認為他們是在多管閒事。面對這個問題，我們必須團結起來，協力合作才行。

提到臺灣的粗話，想順道一提的是「清國奴」的問題。將臺灣人稱為「清國奴」，是非常不恰當的說法。事實上，臺灣人絕對不是所謂的清國奴。把不是清國奴的人，罵為清國奴，如此不恰當的說法，想當然耳，過去被這樣罵過的臺灣人會因此而暴跳如雷。本來，所謂的清國奴，是以前支那人被問及出身之際，回答「我是清國兒」，被聽不習慣外國口音的人，訛傳為「清國奴」。臺灣人是優秀的日本帝國臣民。將優秀的帝國臣民稱呼為清國兒，究竟是多麼不合道理之事，想必不需再多做說明吧。況且，現今在世界各地，根本就不存在所謂「清國兒」這樣的種族。鄰近的四億人口民族，在十七年前就已經建國，現為中華民國的國民，絕對不是清國兒。清國兒的第一象徵，也就是在這個世界上堪稱是不可思議的辮髮，已被撤廢，早成為過眼雲煙，如今是出色的「中華兒」，絕非清國兒。身為滿懷抱負要教導他人的有識之士，有必要以身作則，不應該去使用那些荒謬錯誤且無意義的詞語。

# 十六

# 話母

臺灣人的惡毒粗話，在世界上可說是無與倫比，且數量眾多。就像是對飲食的慾望一般，臺灣人雖然是不眠不休地使用粗話、在不知不覺中損傷了自己與他人人格也毫不在意的民族，卻也是有富含幽默的另一個面向，我們不能忽略這有趣的一部分。在友人、同志聚會之時，即便雙方都沒有變老，還是會互稱「老先生（lāu sian sinn）」，面對對方的

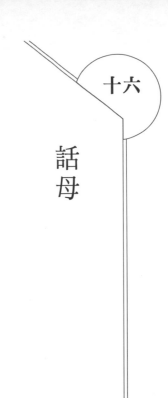

揶揄，並不會擺出半點不悅的神情，而是面帶微笑的回應。如果是多人的聚會，也常常會提出異想天開的言論，相互調侃戲弄，展露出天真無邪的一面。就算是臺灣人，也不可能會一年到頭都只是齜牙裂嘴地用粗話互相辱罵。臺灣人在對話的時候會使用「話母（uē-bó）」，亦即經常使用的語句，這當然也是因人而異。「話母」又稱為「口頭禪」。就像是日本內地的「え（嗯）」、「その（那個）」、「から（因為）」、「すなわち（也就是說）」等這一類語詞，也可以翻譯為經常掛在嘴邊的話語。有些與粗話相似，卻不同於粗話，是約略帶有戲謔意味的語詞。接收到戲謔語詞的對方，並不會因此動怒，而是微笑對答。這也可以看作是口頭禪的一種。或許有人會覺得，口頭禪是口頭禪，戲謔語詞是戲謔語詞，兩者不應該混為一談，不過筆者在此還是想將戲謔語詞歸類為口頭禪的一種。在這裡所說的口頭禪，原本就是在嬉鬧笑談中隨興所說出的話語，在性質上，絕非是什麼高尚的用語。就像是對男性說出「鹽漬茄子（iâm kiô á）」、「五腳馬（gōo kha bé）」、「雙管槍（siang kóng tshìng）」，對女性說「鹽漬柿子（iâm khī á）」這一類的詞語。日本內地會說「まつたけ（松茸）」或是「はまぐり（蛤）」，臺灣的說法居然還加上口味，實在是非常的奇特。從這裡也可以看見民族的性格。似乎也有非常奇異罕見的話母，但是筆者手邊並未蒐集這一類的資料，關於話母，無法深談，對此甚感遺憾。若是有機會，希望能夠蒐集話母的資料並進行研究。從話母的資料中，或許有機會可以找出臺灣民族性中有趣和幽默的一面。

話說回來，所謂的漢民族，其實是自古以來由幾千幾萬、多元多樣的民族所聚集起來的群體。基於這個緣故，支那古代雖然能夠認同社會組織，卻無法認同國家組織。在臺灣的漢民族，也就是臺灣人，往往會做出無視國家組織的行動，也是因為其背後存在著這個歷史因素。在古代有夏族（也稱為漢族）和苗族兩個最有勢力的種族，長期以來他們籠絡其他種族，持續鬥爭。在某個時代，苗族越過長江，抵達黃河南岸，擴張勢力範圍。但是後來隨著時代的遷移，夏族逐漸將苗族驅往南方和西方，不知從何時開始，支那本土已成為夏族的天下。簡單來說，古代的支那歷史，不過就是夏族與苗族兩方的鬥爭史。支那歷史上與塞外民族的鬥爭漸趨激烈，與古代相較，已是在較為後期的階段。在臺灣的漢民族，不管是閩族還是粵族，雖然已經不知道究竟是承繼夏族還是苗族的血統較多，但是在臺灣民族的血液中，一方面含有多數漢民族祖先中某一民族的殘忍兇暴性格，藉由粗話等語言展現出來；另一方面卻也含有幽默恬淡的性格，透過話母表現出來。

## 十七

# 臺灣人的好客

筆者經常會收到來自臺灣人家庭的邀請函和舉辦活動的通知。就連朋友少、不善交際的人都會如此，那麼那些朋友多、交遊廣闊的人想必會收到更多邀請。像是邀請你參加某某祭典、祖父母的大壽、父母的壽誕，或是迎娶媳婦入門，希望你能夠列席參加等，無論是什麼時候，宴客方都會極盡所能地招待，讓眾人賓至如歸。有時候是古風的大紅信封配上大紅邀請函，有時候是現在流行的四角信封配上金邊活版印裝的邀請函。有些邀請函甚至還會附上從臺北出發前往目的地的火車時刻表、下火車後搭乘交通工具的方式等所有詳細的資訊。一開始會猶豫該不該參加，但是有時候主人或是代理人會特地前來，送上邀請函等文件，表示非常期望賓客當天能夠賞臉參加，如此一而再再而三地釋出善意，反倒讓人有些不好意思，諸如此類的狀況並不少見。有時候甚至會說歡迎帶著朋友一同前來，這就像是在說請你排除萬難，必定要賞臉參加一般。即便賓客接受主人家的善意，真的厚著臉皮帶著友人一同前行，主人家也不會顯露出任何嫌惡之情，反而是盛情款待，展露出全家人衷心期盼賓客到來的模樣，甚至還會抱怨為什麼賓客的妻子沒有一同前來。

臺灣人真的是非常的好客，會將賓客人數眾多、客層優秀引以為傲，且邀請對象絕非僅限於臺灣人。邀請遠在他方的賓客，也不是罕見的例子。桃園、新竹一帶還算是鄰近，筆者曾接收過來自臺南、高雄一帶的邀請，甚至也有收過從宜蘭、羅東這些交通不便地區所發送的邀請，大多是結婚典禮的場合。剛開始會覺得從這麼遠的地方也會寄送邀請函過來，實在是非常奇特，但是仔細想想，如果把邀請函解讀為報告結婚消息的通知，倒也就不那麼奇怪了。以下是作為佐證的實例：某位友人收到臺灣人在上海舉辦結婚典禮的邀請函，可說是大吃一驚。他自己做出解釋，認為千里迢迢地前去參加，當然是符合禮儀的做法，但是如果沒有辦法前往，應該也不算是無禮之舉。在這種狀況下，他決定拍發祝賀的電報。有些時候，邀請函或是通知的書信會在典禮的當天才送達，也有在典禮結束後才收到通知的例子。也可能會出現原本是想要讓自己的祝賀電報在典禮當天送達，而計算好時間拍發，卻因為電報延遲的關係而趕不上典禮當天。

關於延遲這件事，筆者想到的是，有一次被邀請去參加結婚典禮，原本打算帶著祝賀的禮物出席，沒想到卻忘記攜帶禮物，打算之後再拿去對方家中補送，正好遇到平時就有交流的臺灣人前來，他勸誡我最好不要事後補送，因為祝賀的禮品，原本就應該在事前贈送，在慶典後才送禮，在臺灣不算是有禮貌的做法。不僅如此，根據不同的場合，收禮的人甚至會因此感到不悅。也就是說，這就好像是會舉辦兩次結婚典禮一般，是不吉利的兆頭。友人是這麼告訴我的，但是究竟是否每個地方都是如此，我至今還是懷抱著疑問。這不禁讓我覺得，我只是享用了美食，卻什麼也沒有付出，實在是非常地不好意思。

傳統的習俗是，在結婚的宴席上，新郎和新娘不會出現。而在宴席結束後，賓客會蜂擁至新郎與新娘的新房，一一陳述自己的祝福和心情。新娘會準備甜茶，一一端給賓客，賓客則是將金錢放在茶杯中以示祝福。過去通常會放五十錢的銀幣，現在則是放一圓的紙鈔。對於出身名門的新娘而言，這樣的做法並不算失禮。對此，新娘會在之後贈送自己刺繡的手帕作為回禮，不知道這個習俗至今是否還留存。一面喝著甜茶的賓客們，會盡可能地說出有趣、突兀的話語逗弄新娘，新娘則是不能輕易地露出輕浮、不莊重的笑容。喜怒哀樂不形於色，是漢民族致力實踐的古訓，但是其壓抑情感的程度反而讓人覺得不太自然。而年輕一輩的人們，一半是出於有趣，一半是出於嫉妒，想要逗弄新娘露出笑容，說出一些沒有邏輯道理的話語，甚至做出奇特的動作想把新娘逗笑。如果只是讓新郎苦笑或是皺眉，還算是可以接受的程度，但如果賓客的舉止過當，也有可能會讓新郎大發雷霆。其實，新郎自己也曾經在別人的結婚典禮上展露過同樣的態度，但是換成自己的婚禮，就忘卻了自己過往的所作所為而氣憤填膺。人啊，究竟該說是膚淺，還是自私呢？據說也有不少人因為如此，而讓多年的好友情誼出現了隔閡。原來如此，如果是俗話說「睚眥之怨必報」的漢民族，那麼這種程度的事情，也是有可能會在彼此之間刻鑿出巨大的鴻溝。

關於結婚典禮，有件有趣的事情，在此有幸可以簡短介紹。忘了是什麼時候，有一次參加結婚典禮之時，新郎的父親娓娓述說以上的內容，他想要終止這個陋習，一直在思考是否有好的解決方式。在賓客就座，酒過一巡之後，父親帶著新郎與新娘露面，介紹結束後直接讓新郎與新娘回到新房，並且闡述個人對於賓客前往新房一事的意見。關於新郎父親的個人意見，起初家人似乎面有難色，但是最終還是全盤接受，在婚宴當日按照新郎父親的預想執行，沒有發生任何事端，順順利利、喜氣洋洋地完成了婚宴。

在臺灣的風俗習慣上，有關喜事的慶典，會廣發招待和通知，反之，若是舉辦喪事，便不會通知太多人。或許是基於體貼對方的心意，要和大家一起分享的是喜悅而不是悲傷的情緒，當然也有可能存在其他的理由。由此可以看出與日本內地的不同，在日本的風俗是喜慶不會大肆喧嚷，喪事則大多盡可能地通知所有親友。喪事通常是突發性質，喪家會將大部分的喪葬事宜委託他人處理，被委託的人士會去找出名冊、禮簿等，無論遠近親疏，一概發出通知。至於接收到通知的人，在喜慶上或許會有失禮的時候，但是喪事可以說是人生的訣別時刻，必定會前往喪家弔唁、出席喪葬儀式，不敢懈怠。由此也可以看出民族性的不同。

# 十八

# 邀請函的兩種時間

在收到臺灣人家庭的招待和邀請之際，必須要有心理準備，會在等待上花費許多時間。如果沒有這樣的認知，就沒有資格說自己是可以介紹臺灣的「臺灣通」。讓賓客等了又等，主辦方終於用一種慢條斯理、悠閒自適的態度現身，由此可以看出賓客的品格。如果你認為主辦方出現後便會趕緊動作，手腳俐落地準備，那就大錯特錯了。雖然不是真的

有計時，但是以前讓賓客等上三、四個小時左右也不是什麼罕見的事情，最常見的狀況是兩個小時左右。近來讓賓客等待的時間似乎有逐漸縮短的傾向，瞭解過去狀況的人，反倒會因此覺得到臺灣人家中作客的感覺變得較為淡薄，似乎有種意猶未盡之感。

記得那是幾年前的春天，筆者前往某個臺灣人的家中參加喪葬典禮。筆者並未忘記典禮會在上午八點開始，但是因為過往的經驗，加上當天從早上開始就下起傾盆大雨，便稍微衡量一下時間乘車，預計大約晚兩個小時，也就是在上午十點抵達喪家。沒想到那已經是喪葬隊伍正要出門的時刻。我內心大喊糟糕，只能偷偷摸摸地混入隊伍之中，表面上雖然裝作若無其事，心中卻感到十分羞愧，無地自容。隔天在《臺灣日日新報》的漢文欄中讀到喪家的葬儀報導，在喪葬隊伍步出門口之際趕到的來賓姓名，被顯眼地登載在當天出席者名單的前頭，筆者從未感到如此地羞慚愧疚。想來也是，喪家主人是接受文明教育的紳士，擁有正確時間觀念，乃真正的新世代人。筆者近來與喪家主人密切的往來，竟然沒有察覺到這一點，實在是大大的失態。然而，接下來要說的，並不是因為筆者不服輸的心情才提出的，像是上述這種遵守時間的主人，是非常罕見的例子，如今仍然有不少事例，可以讓人充分體會到南國的氛圍。

約在三、四年前，筆者曾經被距離臺北不算遙遠的臺灣人某氏邀請，前往參加嚴君的新年招待會。邀請函上注明時間是下午六點，便按照字面上的約定，於能夠準時抵達目的地的時間出發。在火車上遇見幾位熟識的面孔，大家都是同樣要前往參加新年招待會的賓客。抵達之後，發現已經有許多賓客聚集，其中有很多是從臺北前來的人士。陳氏青年是士林對岸的社子臺灣人，過去曾經關照過他，他也是這一天的賓客之一。他對我說「現在我帶你到社子走走吧」，我回答「應該沒有時間吧」，他說時間很充足，而且社子的家中有些蘭花，想讓我看看。我內心雖然覺得有些過意不去，但既然都被邀請了，還是決定動身前往社子。

陳家有許多蘭花，且全是超然逸品，令人垂涎三尺，捨不得離開。在這個時候也聽聞陳氏青年在大稻埕的親戚陳家，擁有數十盆優秀出眾的十三太保。因為對方既招待了茶點，也已經過了一段時間，我催促陳氏青年應當趕緊返回嚴君家中，但是他卻絲毫沒有著急的模樣，表示就算是慢慢來，也絕對不算晚。如果說開始的時間是六點，已經過了一個小時以上，而在給臺灣人的邀請狀上則是注明下午五點，那麼就已經過了兩個小時以上了，但是卻依然遲遲未開始，難怪會說不需要著急。或許會有人覺得，怎麼可能會有這麼荒唐的事情？但這是臺灣人自古以來的習慣，集合需要花費許多時間，所以特地把時間訂為五點。大致上來說，在臺灣人之間，若是較約定時間還要早抵達，恐怕會被懷疑人格，因為以前是在被邀請二次或三次之後，才會動身前往赴約。現在當然不會如同過去那麼誇張，但是在慣例上，即便是沒有特殊的安排，還是會盡量潔身自愛（？）❶，不慌不忙、悠閒自適的赴約。另一方面，由於內地的日本人會依照時間赴約的賓客較多，而會在邀請函上將開始的時間往後挪動一小時。據說太早到場也不好，反而會被說是貪吃鬼、貪得無厭。於是筆者發現了在臺灣人的邀請函上有兩種不同的時間，分別針對內地日本人與臺灣人兩類賓客。

果不其然，當我們回到邀請人嚴君家中，賓客尚未到齊。後來又經過了一個小時，終於在樓上、樓下的各個房間召開筵席。這一天到場的賓客，內臺人共約百位。主人家或許是希望賓客能夠盡量有賓至如歸的感覺，不過似乎還是會讓人覺得有些太過悠閒。這一天在外面的廣場處，嚴君為了慶賀而請來三班臺灣大戲，熱鬧非凡，並安排讓賓客能夠從樓上觀賞戲劇。為了不讓賓客感到無趣，竭盡所能、無微不至的招待，不僅陳列出書畫古董，還擺設各式的花卉盆栽。時至今日寫出這些，筆者並不是要抱怨或是發牢騷，只是想讓那些即將到臺灣人家庭作客的人，在事前有些心理準備罷了。

❶譯注：此處的問號是按照日文原文。換言之，筆者認為可能是臺灣人認為是「自愛」的思考模式，但是看在日本人眼中不一定可以感同身受，所以在文中使用問號。

# 十九

# 不見臺灣醉漢

「看著去拜年而喝醉酒的人們在大街上橫著走路，左搖右晃的酩酊模樣，就像是看到春天來了一樣」❶。這是蜀山人所詠頌的狂歌❷，不過在這首歌中所出現走路歪斜不穩的醉態，並不是德川時代才有的產物。即便是到了明治、昭和時代，仍舊可以看見同樣的光景。除此之外，這也不僅只於江戶，在江戶改稱為東京之後，以及在東京以外的地方，甚至在遠渡重洋過後的臺灣，只要是內地日本人所在之處，每當新年正月來臨，必定可以映入眼簾。搖搖晃晃、踉蹌歪斜的步伐還算是好的狀況，當興致逐漸高漲之後，甚至還會組隊駕車兜風，宛如臺灣有名的颱

❶ 譯注：意思是春天也像是那些喝醉酒的人一樣，左搖右晃地前來。

❷ 編注：蜀山人，大田南畝（一七四九－一八二三）之別號，為狂歌三大家之一。

❸譯注：堀部安兵衛，原名堀部武庸，是江戶時代前期的武士，以「高田馬場決鬥」一戰聞名，為赤穗浪士四十七劍客之一。

❹譯注：左義長火祭：為日本新年正月十五日左右的習俗，家家戶戶會將正月時的門松、注連繩、新年時寫的書法等裝飾品拿到神社焚燒，意指將新年時迎來的歲神送回天上，並祈求新的一年五穀豐收和無病無災。

風一般，席捲四處八方，掀起狂風暴雨。其中也有些麻煩人物，特地搭車去找人打架，就像是堀部安兵衛❸一般，即便是要費盡千辛萬苦，也是目光如炬地四處打探。有人開玩笑說這也算是值得慶賀的春趣之一。不過，找人打架本來就是有贏有輸，不有趣的是一旦輸了就惱羞成怒想要把事情鬧大，這當然就不是什麼值得讚賞之舉。這種行為，不管怎麼看都不是男子漢會做的事情，等於是自己玷污了自身的勇士之名。若是如此，當初根本不應該找人打架。一開始很有自信，以為自己會打贏；贏了就驕傲自負，輸了就想把事情鬧得眾人皆知，這只會讓對手更加地看輕你。不過，如果只是在新年正月發生的事情，就把它當作是左義長火祭❹時的煙霧，一笑置之便罷。要是有人硬要爭辯「這樣想要胡作非為的意圖就無法成立了」，那筆者也是無話可說了。以前經常有前輩訓誡，選擇打架的對象不可不慎，如果是贏了不會出名，輸了卻會惡名昭彰的狀況，前輩們應該會說，像是這一類非男子漢的傢伙，就別跟他們較真了。無論如何，如此的風潮在臺灣正逐年趨近淡薄之現象，的確是事實，難道這些功勞，全要讓專賣局獨占嗎⑤？真是讓人不得不懷疑。

不可思議的是，不管是在哪一年的正月期間，都不會看到臺灣人喝醉後搖搖晃晃走路的模樣。筆者相信，這一點應該不會有任何人提出異議。這並不是因為臺灣人討厭喝酒，要說喜歡喝酒的話，臺灣人應該也不會輸給內地的日本人才是，但是不會喝到醉後走路東倒西歪的程度。「酒鬼（tsiú kuí）」一詞的存在，也是充分地展現出臺灣人對喝酒的喜好。喜歡喝酒的叫酒鬼、喜歡賭博的叫賭鬼（puah kuí）、喜歡女色的叫色鬼（sí kuí），除此之外還有許多各式各樣的「鬼」。在二月四日的「節分」，應該要撒豆子來驅逐這些鬼⑥。孔子曾說「酒無量，不及亂」，自古以來漢民族便遵循教誨，銘記於心，在空腹熱酒下肚前，不管是自己喝還是勸人喝，都會斟酌酒量。這實在是非常好的習慣。儘管如此，這個「酒無量，不及亂」的古訓，遇到江戶男兒也是束手無策。川柳人⑦開玩笑地改成：「孔子曰，整天喝，隨你便」等，大意就是盡

⑤ 編注：應指一九二二年總督府開始實施酒專賣，禁止未經申請核准的私人釀造販售。

⑥ 譯注：日本將立春（二月四日）的前一日稱為「節分」。日本人認為，在冬日跨入立春的季節交替時期，容易會有惡鬼入侵，因而有撒豆驅鬼的習俗，撒豆時會說「鬼往外，福留內」。

⑦ 編注：川柳為一種定型詩，常使用諷喻的主題。

情地縱酒暢飲，所以可以看見不管到了哪裡，都會禮讚「在大街上橫著走路，左搖右晃的酩酊模樣，就像是看到春天來了一樣」，可說是愚蠢至極，勇氣驚人。在臺灣人當中，有些人會說我最喜歡的食物就是生魚片，就是這些傢伙會去模仿內地日本人不需要被仿效、不值得讓人欣賞的地方，而不惜傷害那些承繼而來的美德，實在是讓人感慨萬千。醫師說幾乎沒有臺灣人罹患斑疹傷寒，直至今日這個說法還沒有被徹底推翻，希望幾乎沒有喝醉的臺灣人這個說法，最後也不要被推翻才好。就算這不是因為對飲酒的節制或是道德上的信念，而是因為經濟上的考量所致，畢竟好的風俗就是良善的風俗，孔子以來的善美風俗，不管到哪個地方都應該被持續地推行下去。內地的日本人對於酒，大多囿於既有的成見，嘴巴上說著「正宗」才是好的，「劍菱」是不好的[8]，但是對於最重要的酒精含量卻毫不在意。反之，臺灣人則是非常地精打細算，火酒（hué tsiú）的酒精含量是幾%、米酒、紅酒的酒精濃度要達多少%以上，這些事情是不可能不知道的。只要酒精濃度有些許低於標準，便

[8] 譯注：正宗與劍菱皆為日本酒著名的品牌。

會氣沖沖地前往釀酒廠提出抗議。以酒精成分含有量的高低，甚至會展開價格的交涉。同樣都是喜歡喝酒的民族，臺灣人不管什麼時候都保有理智，且不忘顧慮經濟上的考量。既然花了錢，就絕對不會忍氣吞聲、自認倒楣地任人擺布，從這裡也可以看出民族性格的特質之一。

# 二十

# 臺北市內的私墾地

臺灣人似乎擁有一種不可思議的怪癖，只要一看到土地，就想要擅自去拓墾，即便那是一塊官有地或是他人的土地，也絕對不會放在心上，實在是讓人傷透腦筋。臺灣人的開墾癖好，就像是水往低處流一般地自然。在此並不是要論述擅自開墾的正當性與否，也沒有打算要批判任一方，只是想要舉出手邊一個實例，證明臺灣人確實有看見土地就想拓墾的怪癖，前文絕非虛妄的謊言。

在臺北市內有一條道路用地，右手邊是紅十字醫院和醫學校的用地，左手邊是研究所和商工學校的校地。將這條三線道路作為基準點，向東延長約五町（五四五公尺），靠東一帶的土地（約今徐州路和銅山街交界處），在大正十一、十二年（一九二二—二三）左右被開墾了一小部分，種植蔬菜。毋庸贅言，開墾者當然是臺灣人。翌年，令人驚訝的是，開墾範圍竟然已是前一年的四、五倍。於是，開墾區域逐年擴大，種滿各式各樣的蔬菜。開墾的區域已經廣達前述延長五町道路用地的二分之一，是在靠近東邊的方位，行人得以通行的寬度，只剩下狹窄的六、七尺寬（一．八到二．一公尺）。如此的狀況，不管怎麼想，都不會認為那是獲得許可後開墾的結果，因為不可能會允許這樣開墾道路用地。這些大膽的私墾者，在這幾年間沒有繳納半點租稅和使用費，完全就是盜墾。筆者曾經在《臺灣日日新報》的歡迎欄中看見讀者投書表示，「因為商工學校學生竊取學校後方田地的蕃薯而感到困擾，希望能夠嚴加取締」。在商工學校的周圍，並沒有所謂的耕地，一坪也沒有，只有道路用地上的非法私墾地。當筆者看到這篇投書時，想到了「惡人先告狀」這句俗諺，正好可以拿來形容。這篇投書是出自非法私墾者之手，想必沒有人會心存懷疑。那些農民組合群眾的口頭禪：「祖先用血汗開墾而來的土地」，應該也大多是經由私墾的途徑取得。就是因為有這種無恥、粗暴的傢伙，在政府官廳依循法規要將道路用地建造為道路之際，那些非法私墾者必定會提出各式五花八門的問題，試圖阻止。因為原本就是道路用地，沒辦法要求政府官廳拍賣土地給相關民眾，所以這些非法私墾者首先會提出的，是請求政府官廳等待作物收穫結束後再開始動工。不過，私墾者卻接二連三、毫不間斷地栽植新作物，所以不管經過多長的時間，也不可能會等到作物收穫結束，如此一來便無法修築成為道路。當政府官廳判定無法訂定期限之際，便會採取行動，強制拔除作物。這個時候，私墾者就會推出孩童和老人，實施非暴力性的抵抗，妨害拔除作物的作業程序。倘若這麼做還無法充分達到妨害的目的，便會訴請賠償。不要以為他們沒有藉口：假如未經許可擅自開墾的行為是錯誤的，為何在一開始的時候不立刻阻止呢？就因為政府官廳沒有出面阻止，才讓我們付出了莫大的努力（前文提到的「血汗」口頭禪）並投下資本，所以錯誤的是政府官廳默認的行為，既然默認了，那麼支付賠償金也是理所當然的。支持私墾者唯一的理由就是「我們擁有生存權」。在這個世界上，應該找不到比這套說詞更加蠻橫無理的內容了吧。諷刺的是，正是因為他們認知到自己是法治國家的國民，才會懂得搬出這套說詞。

# 二一 臺灣住民

要談論臺灣民族性，便不能不先說明所謂的臺灣民族究竟是什麼？至今都沒有說明的原因，當然不是因為單純的忘卻，也不是因為怠惰，而是希望盡可能使用新的統計數字為依據，在不得已的狀況下才延宕至今。雖說是新數據，這次所使用的只不過是昭和元年（一九二六）年底現今的數字，也就是總督府最近印刷出版的《臺灣第二十二統計摘要》之內容（頁二四、二六）。根據數據，臺灣住民的實際人數為：

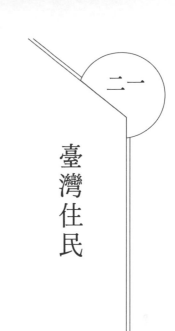

| 臺灣住民 | 四百二十四萬一千七百五十九人 |
|---|---|
| 明細 | |
| 內地人 | 十九萬五千七百六十九人 |
| 本島人 | 三百九十二萬三千七百五十二人 |
| 生蕃 | 八萬六千七百三十三人 |
| 外國人 | 三萬五千五百零五人 |

根據同項統計資料，山地與平地的蕃人總計有十三萬八千六百二十七人，扣除上表中八萬六千七百三十三人的生蕃，平地蕃人五萬一千八百九十四人，則是被列入本島人的數據之內。雖然不清楚實際的數字，但是幾萬人的熟蕃應該也是被合併在本島人的數據之中。如此一來，漢民族本島人的大略數目，應該是有三百八十萬人左右。前文所敘述的民族性，指稱的就是這約三百八十萬人的本島人，也就是漢民族。雖然沒有明確的數字，不過在這三百八十萬人之中，應該有三百一十萬人是福建人，也就是閩族；七十萬人是廣東人，也就是粵族。所謂的三百一十萬閩族，主要是從福建省的泉州、漳州地方，以及廣東省的潮州地方所移居而來。七十萬人的粵族，主要是從廣東省的惠州、嘉應州以及潮州部

分地方前來臺灣定居。在行政區劃上，潮州雖然被劃入廣東省，但是在管轄範圍的九縣之中，有八個縣為閩族。換句話說，九分之八是閩族，九分之一是粵族，而在這九分之一粵族中的一部分，移居到高雄州的一個地區，即為潮州郡。雖然與臺灣的關係淺薄，鄰近福建省漳州有一處名為汀州，在行政區劃上雖然屬於福建省，但是其住民大多是粵族。不知為何，漢民族似乎是看到人就忍不住要開口消遣一番的民族，閩族將從廣東省移居而來的粵族喚為「客人（kheh lâng）」。在臺灣的廣東人是來自廣東省惠州、嘉應州等鄉村，在支那廣東省城的居民將這些地方人士稱之為「客家（hak kâ）」。客人與客家同義，在許多場合皆會使用。這就像是在東京，會將鄉下來的人士稱為「お登りさん（上京人）」一般。原本雖然不是什麼惡毒的語詞，但是當閩族得知支那廣東省城居民對地方人士的稱呼，簡直是正中下懷，而將「客人」作為稱呼粵族的惡毒語詞。粵族知道後當然也不會善罷甘休，隨即反擊，將閩族罵為「福老（hok-ló）」。「福老」一詞原本也不是用來罵人的惡毒語詞。喜歡粗話的漢民族，光是將粵族罵為「客人」，將閩族罵為「福老」，還是意猶未盡，要更進一步地互罵「客人猴（kheh lâng kâu）」、「福老屎（hok-ló sái）」等，雙方這才露出報仇雪恨、心滿意足的表情。

# 二二 支那民族

正如前文所述，支那這一個國家，只不過是幾百、幾千、幾萬種各式種族混融在一起的集合體。根據史書記載，夏禹會諸侯之時，有萬國前來。所謂的諸侯國，聽起來似乎很宏大，但實際上，「國」就是所謂的蕃社，「諸侯」就是蕃社的頭目。雖說是「萬國」，應該也不是實際數目的一萬。人數眾多的種族會分為幾個部落、建造幾個蕃社；至於人數少的種族，會結合幾個鄰近的家庭，建造一個蕃社；除此之外，當時也一定有沒有前去和夏禹會面的種族。所以說支那可以看作是數以萬計的種族所集合在一起的群體。其後，夏亡商興，諸侯三千；商滅周起，初期有諸侯八百，到了春秋時代為諸侯三百，戰國時代則為七國。這是大國兼併小國，強國吞併弱國的結果。後來在這七國之中，征服六國，一統天下的是秦國。到了秦始皇，支那才開始首次的大一統局面。秦朝僅傳三代便滅亡，取而代之的是漢朝。如此經過改朝換代，接連出現統一天下的領導者。不過支那也有無法完全統一的時代，例如三國時代、五胡十六國時代、南北朝時代。綜觀前後，雖然也有無法完全統一的時候，不過維持大一統的時代較長，直至清朝時代。清朝持續了十二世代，共二百九十七年的歷史，於十七年前滅亡，現為中華民國。至於中華民國的狀態如何，事到如今應該也不需多言。簡單來說，即使是在一時之間使用強大的力量，達成表面上的統一局面，但是各個種族在檯面下流動的隱形力量卻還是非常猛烈，當時機來臨時這些種族意識便會迸發，發揮影響力。同樣地在國內，面對不同種族之際，種族意識也經常會發生顯著的威力，這就是漢民族可以面不改色地做出殘忍兇暴舉止的原因，同時也是支那不容易達到統一局面的原因。支那歷代的統治者們，最費心的就是該如何順利管理存在於統治圈內各式各樣的異族。有些統治者會採取強烈的鎮壓政策，有些統治者則是會巧妙地予以懷柔。從結果看來，不管是哪一種方式，即使能夠暫時成功，卻無法永久持續。有些統治者採取恩威並施的政策，有些則是老奸巨猾，設法讓不同種族之間互爭高下，又不至於造成紛爭殺戮，以利統治。在漢民族代代流淌的血液中，似乎存在著一種意識——會被歷代統治者的政治權術玩弄於手掌心之上，因而成為無論在何種政治狀況下都無法滿足的不幸民族，認為不管在什麼時代，不管身處何國，我們終其一生都要受苦受難，奮力掙扎。此外，即便支那完成統一，隨著時代不同，領土範圍的大小差異也十分顯著。在支那歷史上，宋代的領地最為狹小，而元代的天下則是史無前例的寬廣。因此，作為支那民族主體的漢民族，其範圍也隨著時代不同而有所變化伸縮。筆者深信，要講述臺灣的民族性，有必要先論述所謂支那民族本身，以下是極為簡要的說明。

即便同樣是支那民族，塞外（北方）和邊境（南方）也擁有各自不同的特色。在人種分類上，首先以毛髮為首，世界人種可分為三大類別，分別是直毛種、軟毛種、粗毛種；其次是膚色，可以細分為黃種、褐種、紅種、白種、黑種；接著是語言系統，可分為黏著語、孤立語和屈折語。直毛種的黃種人，語言屬於黏著語的阿爾泰語系，為通古斯族種。過去的肅慎、靺鞨、渤海、女真、金、兀良哈便是這一類。清代是滿洲族，如今居住在滿洲、西伯利亞東部。屬於同一系統的另一種族是蒙古族。過去的山戎、東胡、烏桓、鮮卑、契丹、遼、室韋便是此類。元代是蒙古部族，如今居住在內蒙古、外蒙古、青海以及新疆省。另外還有突厥族，夏代稱為葷鬻、殷代稱為葷粥、周代稱為玁狁（獫狁）、秦漢時代稱為匈奴，其後稱為突厥、畏兀兒、合兒魯。通古斯族、蒙古族、突厥族等為塞外民族。順帶一提，日本的日本種，朝鮮南部的韓種，朝鮮北部的北種，西伯利亞北部的薩摩耶種，歐洲芬蘭、勞蘭德[1]、匈牙利等的芬蘭—匈牙利種，印度土著達羅毗荼種等也是屬於黃種直毛的阿爾泰語系。支那族，又稱夏族、漢族則是屬於黃種直毛，孤立語系統的漢藏語系。這就是支那本土的居民，屬於同一系統的還有藏族，過去又稱為氐、羌、月氏、党項、吐蕃、西夏、西番，是如今居住在西藏、緬甸、安南、南詔、暹羅的種族。另外，同樣屬於這一個系統的還有苗越族，過去又稱為有苗、三苗、百越、大越、猺、獠、獞。如今居住在支那湖北省西南、湖南省西部、四川省南部、貴州省、雲南省以及廣東省、廣西省的山中。藏族、苗越族等是邊疆民族，邊疆民族又稱為印度支那種。從毛髮和膚色來看，塞外民族、支那本土民族與邊疆民族並無差別；從語言系統來看，只有塞外民族是黏著語系統的阿爾泰語系，支那本土民族和邊境民族則是屬於孤立語系統的漢藏語系。

[1] 譯注：勞蘭德：Rauland，位於現今的挪威。

# 二三 閩族與粵族

自古以來自稱中華、中國、華夏的支那民族，將獨善其身的精神發揮到極致，無緣無故就沾沾自喜，自我意識甚高，簡直是到了令人覺得可悲的程度。將其他民族胡亂稱呼為東夷、西戎、南蠻、北狄，看起來像是叱吒風雲、呼風喚雨的模樣，也只有傑出的支那民族才能完成此番偉業。話雖如此，奇怪的是，自稱「中華」的究竟是支那民族之中的哪一個種族，並無確切的答案。正因為如此，東夷、西戎、南蠻、北夷也沒有固定的位置範圍。夏族，也就是漢族，是自稱中華的種族，雖說這是最為適當的解釋，但是如果從支那歷代政權來看，也不能說是絕對正確。隨著中央政府統治範圍的變化，「中華」因此而擴張或是縮減，東夷、西戎、南蠻、北夷也會隨之推遠或是拉近。至黃帝時代為止，苗族越過長江前進到黃河南岸，顯示出此時夏族的勢力範圍，並不算廣大。即便如此，據說在黃帝時代，夏族與苗族對戰，使得苗族勢力銳減。其後到了帝舜時期，夏禹驅逐了當時苗族的領袖，對苗族造成重大的打擊，自此之後，苗族勢力每況愈下，反之，夏族勢力則是蒸蒸日上。黃帝之後，在支那被視為古代第一聖王的帝堯，在山西省平陽「茅茨不翦，采椽不斲」的宮殿，悠閒地說著：「不知天下治歟，不治歟？不知億兆之願戴己歟？不願戴己歟？顧問左右，左右不知。問外朝，外朝不知。問在野，在野不知」之時，於山東省歷山地方出現了一位偉人。帝堯雖然大吃一驚，但不愧是平穩順利在位五十年的天子，對於權力毫不戀棧。首先，堯不厭其煩地向大女兒娥皇、二女兒女英說明狀況，將姐妹同時許嫁給這位山東省的鄉下人，使之成為自己的女婿，循序漸進地禪讓天下，使之即位天子。這就是支那第二聖王的帝舜。帝堯的做法可說是卓然超群。帝堯雖說是先發制人，但是帝舜似乎並未有任何不滿的情緒。此外，在史書上有「舜，東夷之人」的記載，因為當時的山東省，是被劃入東夷的範圍。順道一提，中華民國國歌[1]「卿雲爛兮，糺縵縵兮。日月光華，旦復旦兮。日月光華，旦復旦兮」是唱

[1] 譯注：此處按照日文原文譯為「中華民國國歌」，並非是現今中華民國的國歌，而是第二次的《卿雲歌》。《卿雲歌》曾經兩度被定為國歌，第一次是一九一三年由北洋政府定為臨時國歌，第二次是一九二一年正式作為中華民國北洋政府國歌。

和帝舜所做的歌，採用百官對帝舜歌功頌德的文辭。史書中記載，於殷代末年，周文王的伯父——泰伯和虞中兩人因為家中因素，而將繼位權讓給年紀最小的弟弟，也就是文王之父季歷，而前往荊蠻之地。過去稱為「荊」地的範圍廣大，泰伯前往的是荊地之中的「吳」。「吳」位於江蘇省，在殷末屬於南蠻的範圍。上文只不過是舉出一、二個例子，證明依據時代的不同，東夷、西戎、南蠻、北狄的位置範圍也會隨之有所異動。若是將中央政府直接命令所及範圍內的民族視為漢族，那麼在其周圍的民族就是泛稱為東夷、西戎、南蠻、北狄。在周代成書的《周禮》之中，還細分為四夷、八蠻、七閩、九貉、五戎、六狄。今日的福建省全省以及浙江省的溫州、台州，因為是過去的七閩，也就是有七種「閩」族，而將福建省的居民稱為閩族。正如前文所述，支那古代還有強大的苗族，曾與夏族角逐天下，經過時代的推移，苗族逐漸被夏族逼趕，而一步步退至南方和西方。與此苗族屬於同一系統的，是稱為百粵的種族。百粵又可寫為百越、大越。苗族與百越便稱為苗越族。昔日的百粵是在廣東和廣西方面，因此將這兩省的居民稱之為粵族。話說至此，應該已經察覺到，將閩族和粵族稱之為漢族，是非常廣義的說法。在狹義的漢族解釋中，並未包含閩族和粵族，這兩者應該是被歸類為印度支那種族的分類之中。

## 二四

# 三邑人與四縣人

閩族是從福建省的泉州、漳州地方以及廣東省的潮州地方移居來臺灣。在中華民國的新制度下，省下有道，道下有縣，在此為圖敘述上的方便，便依據清朝時代的舊有制度來稱呼。福建省的泉州府下，有晉江、南安、惠安、安溪、同安、廈門六縣。從此六縣移居到臺灣的閩族當中，晉江、南安、惠安三縣，因為在支那地理上位處鄰近，風俗習慣大致相同，加上信仰的神佛一致，移居到臺灣後，關係也非常緊密，有「三邑人」之稱。臺北萬華的大部分居民，便是三邑人以及出身安溪縣的閩族。福建省的漳州府下，有龍溪、漳浦、詔安、平和、南靖、長泰、海澄七縣；廣東省的潮州府下，有海陽、饒平、惠萊、揭揚、豐順、潮陽、大埔、澄海、普寧九縣。在此九縣之中，饒平縣為粵族，其餘八縣為閩族。在臺灣取詔安厝、南靖庄等地名，希望能夠將出身的縣名留存後世，便是出自於移民勿忘故鄉的美德。粵族的出身地是廣東省的惠州、嘉應地方。惠州府下，有歸善、博羅、長寧、永安、海豐、陸豐、龍川、連平、河源、和平十縣。嘉應州雖然成為直隸州，其下還是有長樂、興寧、平遠、鎮平四縣（在中華民國的新制度中，將此四縣稱為梅縣）。同樣都是使用客語，不同州之間多多少少還是存在著些許的差異，話雖如此，嘉應州的四縣人所使用的客語，幾乎難以找出差異，畢竟大家原本就是在同一州內。因此將出身嘉應州的粵族稱為四縣人，其用語稱為四縣語。新竹州下四十萬的粵族，幾乎就都是由四縣人所組成。

# 二五 三官大帝

農曆一月十五日為上元節，七月十五日為中元節，十月十五日為下元節。上元是天官賜福，也就是天官降下福運的日子，要祭祀天官紫微大帝。中元是地官赦罪，也就是地官赦免罪刑的日子，要祭祀地官清虛大帝。下元是水官解厄，也就是水官會解除意外的厄運與災難，要祭祀水官洞陰大帝。天官、地官、水官總稱為三官大帝，俗語稱三界公。在日本內地雖有中元的盂蘭盆節，但是在上元節和下元節的時候卻沒有特別的祭祀活動。此三元祭典在臺灣並沒有優劣之分。一月十五日的上元節又稱為元宵節，家家戶戶準備豐盛的供品，焚燒金紙，祭祀天官紫微大帝。各家各戶也會掛上美麗的鼓燈，或是在竹枝所製成的支架上糊上紙皮，製作成動物、果實等各式各樣、五花八門的紙燈籠，在紙燈籠內點上火燭，大家一同排列成隊，提著燈籠在街上遊走。有些講究的人，還會做出西遊記中的孫悟空、豬八戒、沙悟淨的紙燈籠，或是其他出現在各種神話傳說中的人物。另外也有耍龍燈、演舞獅，爆竹鞭炮的聲音更是響徹雲霄。這是在臺灣一整年的祭典當中，十分活潑喧鬧的活動。女子會前往最鄰近的廟宇參拜祈願，許下像是「今年只要朝著哪個方向就會獲得福運吧」等這種難以實現的內容。臺灣民族的神佛信仰，其目的全是關於福運等自我的慾望，可以很明顯地看出，並非是出自於什麼純真、虔誠的信念，令人喟嘆不已。不過，這說不定就是人類的本性。關於中元節和下元節，另待他日有機會時再行敘述（參本書第六三篇）。

# 二六 詩社之勃興

如果觀看臺灣每日發行的報紙，會頻繁看見許多紛擾的報導，像是臺灣民眾黨的黨員舉辦演講會，被命令解散後，引起聽眾一陣騷動；又或者是因為文化協會成員不願意答應中止並解散演講會，而有多數成員被取締拘留等。剛從日本內地前來的人，一看到這些報導，或許就會很自然地認為，臺灣這塊天地充斥著不平穩的氛圍；又或者是認為臺灣有一部分的人抱持著這般思維，而故意想要在平地掀起波瀾。不過，當他們仔細去探問，知道這大多數不過是一群缺乏深思熟慮、只看得到事物單一面向的人們所做出的輕舉妄動之事後，應該都會大吃一驚吧。這就像是臺南的蔣某因為癲癇而跌倒，或是臺北的蔡某發了狂而胡言亂語等，這些都是發生在社會上的事件，雖然是正確的事實，但是並不會因為如此就認為所有臺灣人都罹患了癲癇，或是所有臺灣人都發了狂。如此看來，像是閱讀了演講會騷動的報導，就慌慌張張地認為臺灣這塊天地充斥著不平穩氛圍的人，應該是不存在的。將能夠被輕易識破的沽名釣譽運動信以為真，簡直是比看見光線放大的老鼠影子，而驚慌失色地相信有老虎出沒這種事情還要可笑。

話雖如此，關於那些部分淺薄無知傢伙們的輕舉妄動，絕非是故意要用輕視、一笑置之的方式來看待。掩耳盜鈴這種行為，不是認真的人所應該有的態度。大多數的臺灣人如果擁有真正的自覺，各自有真正的意志，作為一位日本國民、作為一位社會人，為了國家、為了人類而認真地開展運動，那麼我們必須要致上十足的敬意，並且定要表示讚賞。倘若是如此的運動，那麼應該不會厭惡被推為先鋒，而跟隨在後仿效之事，也絕非毫無意義。至今，在臺灣各地所開展的運動當中，難道有任何一個運動，是不等同於那些沽名釣譽騷動，也就是由部分少數淺薄無知的傢伙們所賣弄的兒戲，而是與大多數真摯的臺灣人一同交涉，認真從事的運動嗎？

在臺灣人的社會中，作詩的熱潮似乎廣泛地盛行了起來。這並非是現在才開始的現象，而是到了最近，有更為顯著的傾向。加上舊有的詩社，近期新的詩社如雨後春筍一般，創設於各地，漢詩的創作活動大肆流行，在全島有多達八十間以上的詩社。從此現象看來，根本不需要去探問，臺灣人不管是在物質層面還是精神層面，是如何地獲得了滿足。這和那些一攫千金之後便得意忘形，不辨是非，不知道事成之後就要拱手讓人，而建築壯觀的宅邸、成為容易引人注目的音樂團體贊助者，揮霍大筆金錢的人不同。要能夠醉心於文藝此種形而上的高尚層面，沒有獲得一定程度的安定，是無法做到的。就算那只能算是臨時抱佛腳，就算那就像是猴子在模仿人類一般，我們還是不得不承認那是一個傑出的現象。改隸以來三十多年，臺灣人不管是在物質上還是精神上確實都獲得了滿足，這是一項不可掩蓋的重大事實。一部分淺薄無知的傢伙，頑固地不肯承認這項事實，但是不管他們如何放聲叫喊，都無法顛覆事實。事實勝於雄辯。話雖如此，當然不是說全數的臺灣人都突然變成了詩人，這當然只是臺灣人社會中一部分的狀況。但是，關於這個現象究竟是由什麼因素引起，我們不也有必要去深入研究探討嗎？

在臺灣的詩社當中，於存在感上最為大放異彩的是：臺北的瀛社、桃園的桃社、新竹的竹社、臺中的櫟社、嘉義的羅山吟社、臺南的南社。其他還有臺北的星社、櫻社和高山文社、基隆的復旦吟社和網珊吟社、宜蘭的蘭社、五堵的溪洲吟會、汐止的灘音吟社、中壢的以文吟社、龍潭的龍潭陶社、苗栗的栗社、梧棲的天籟吟社、布袋的岱江吟社、佳里的竹橋吟會、臺南的南瀛吟社、樂天吟社、西山吟社、桐侶吟社、留青吟社、高雄的旗津吟社、鼓山吟社、苓洲吟社、三友吟會、屏東的蠣社❶、澎湖島的西瀛吟社。另外還有霧社、螺峰吟社、大冶吟社、南陔吟社、南郎吟社等。在彰化則是有以文章為主的崇文社。全島詩社多達八十間以上，除上述之外還有許多詩社，就算在此不一一舉出，應該也能夠想像作詩的熱潮是多麼的興旺。據說在沒有創設詩社的地方，有不少人會邀請最鄰近的教師到家裡來，專心研究作詩。當這些人聚集到三人或是五人左右，不知不覺就會走向創設詩社的方向。在就業困難的時期，做出只有幾處合乎平仄的怪詩，那些社會上從來就沒有人尊敬過的假太白先生，以優秀詩人自居，飛快地踩著腳踏車去找人來當入門弟子，用這種方式來找工作。哎，這個世界上，究竟什麼成為了幸福呢？

❶編注：原書用字如此，可能為「礪社」之誤。

櫟社一九一九年於臺中瑾園的聚會（建築仍存，於今大智路一〇四號），林寫真館。（Wiki）

二七

# 雞隻的放養

筆者曾經前往郡役所所在地的公學校進行視察，該處距離臺北不遠。當時還不是郡役所，還是被置於支廳下的時期[1]。進入校長室之後，看見一隻圓滾滾、肥滋滋，看起來十分美味的公雞被綁縛在內。要視察學校真實的樣貌，最好是無預警地探訪，所以這一天選擇出其不意的前去。但我還是不禁說出「你竟然知道我要來」這句話。大概是我一抵達就說出奇怪的話，校長的臉色十分玄妙，直盯著我這邊看。我說：「哎呀！謝謝你如此費心。不過今天在看完這間學校後，我預定要搭火車到新竹去，雞肉大餐就讓我們留待下次吧！」原本一臉認真的校長聽完我的話，忍不住笑了出來，表示這並不是為了雞肉大餐所準備的雞。校長悠然地說，因為臺灣人放養的雞會毀壞校園內栽種的植物，所以才把牠綁起來放在這裡。到了傍晚飼主會四處找尋雞隻，一定會找到這裡來。雞當然是打算要還給飼主，到時候再跟他說放養時應該遵守的事項。先把大餐的問題放在一旁，我發表意見，認為放任雞隻毀壞他人庭院，已經構成犯罪行為，就算將雞隻處以絞首之刑，也是理所當然。然而，近二十年持續在同一間學校內工作，熟知當地風俗文化的校長卻猛烈地搖頭，表示若是這樣做的話，後果將不堪設想；剛從日本內地前來的年輕教師曾經照著您所說的方式執行，最後鬧起了軒然大波。校長總是要負責去道歉，經常被罵得啞口無言，甚至還被要求賠償。自古以來，臺灣在飼養家畜這件事情上面就有些不成文的規定，直至今日還是被嚴謹地尊奉。不管是雞還是豬，牠們都有腳，有自由走動、奔跑的權利（？）❷，假如自己的庭院不想因此受到破壞，那麼就應該自己想方設法，去防患未然才是。舉例來說，我們不可能會什麼事都不做，就眼睜睜等著狗來咬自己。我們會自己拔腿奔逃，或是設法把狗趕走。如果是植物，它們既沒有腳，無法自己逃走，也沒有手，沒辦法把對方趕走。如此一來，當然是栽種植物的主人要在周圍設置圍欄，保護自己的植物才

❶編注：臺灣西部於一九〇一—二〇期間設置支廳，後改為郡。

❷譯注：此處問號遵照日文原文，表示臺灣人認為家畜有自由移動的權利，但是筆者本身卻心存疑問。

《臺灣日日新報》一九二七年十二月一日，漢文夕刊。

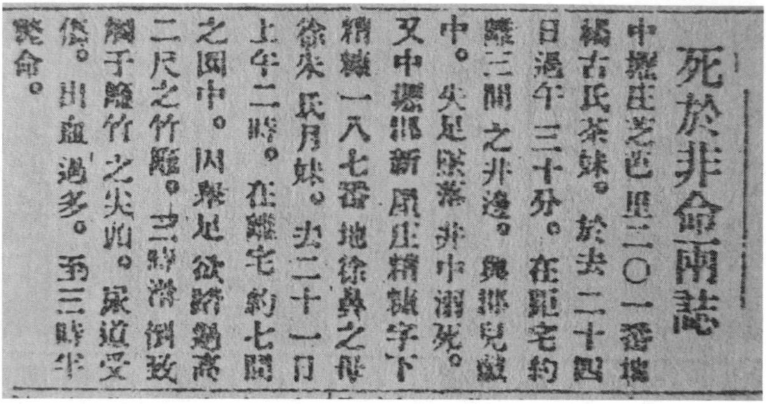

死於非命兩誌

中壢庄芝芭里二〇一番地。稿古氏茶妹。於去二十四日過午三十分。在距宅約離三間之井邊。與孫兒戲中。失足墜落井中溺死。

又中壢郡新屋庄槺榔字下槺榔一八七番地徐彝之母徐宋氏月妹。去二十一日上午二時。在離宅約七間之園中。因舉足欲跨過高二尺之竹籬。忽時滑倒致胸子觸竹之尖頭。致遂受傷。出血過多。至三時半斃命。

是。因此，就算是有腳的雞或豬在外頭自由地奔跑，非飼主的他人也無法恣意施予制裁。這就是不成文的規定，看起來似乎非常地詭異且不合邏輯，但是因為大家都是彼此彼此，在臺灣人之間似乎並不會感受到特別地不可思議。也就是說，可以好言相勸，給予忠告，但是萬萬不能做出處分等行為。原來如此，這麼說來，在村落附近的菜園和稻田等處，可以看見有低矮的圍欄將寬廣的地區圍繞起來，就是為了防止雞和豬隻闖入。既然是不成文的規定，那也只能照辦。在去年（一九二七）十一月三十日的《臺灣日日新報》和《臺南新報》當中刊載了一則可悲的新聞：地方上有一位五十一歲的臺灣婦女正打算跨過這種低矮圍欄之際，不慎腳滑，竹枝圍欄的尖端正好深深刺進尿道下方，導致出血過多死亡。這是放養家畜所間接產生的副產物。雞和豬當然不會知道，但是飼主卻不能再抱持事不關己的態度。關於放養家畜的不成文規定，不也是到了應該謀求改善的時機了嗎？根據某養雞人家的說法，放養所需的飼料，比起將雞隻限制在一定範圍內飼養的方式節省一半左右。據說有部分激進人士認為如此一來，放養的惡習將難以革除，甚至想出對策並付諸行動——在庭院內撒上浸泡過醬油的米粒，讓闖入庭院的雞隻啄食，使其自生自滅。放養雞隻的人家要多加注意。

# 二八
# 牛的使用方式

大部分臺灣人都富含愛護家畜的觀念，這是不爭的事實，也確實是應該列舉出的民族美德之一。從雞、鴨、鵝、水牛、赭牛[1]、羊、豬，以致於貓、狗，都可以在各種不甚寬廣的土地內巧妙地飼養。而且這些家畜雖然是被雜亂地豢養，但是卻幾乎不會看見牠們相互追逐、啄咬的景象。貓狗不會去追趕雞鴨，貓狗雙方不會互咬，這應該是因為無邪的家畜也能體會到飼主全心全意愛護的心意所致。這是在日本內地所無法見到的光景。不管是多麼溫馴的家畜，假如飼主的性情粗暴急躁，在耳濡目染之下自然地會影響性格，家畜中特別是像馬這一類的動物，一旦變得狂野焦躁，簡直如同猛獸一般。來看看多年飼養狗的例子，不愧是人類祖先從眾多的野生動物中，特別選來馴養成功的動物之一，狗能夠理解飼主的感情，忠誠且溫馴。常言道：「狗像主人」，只要看狗，就很容易能夠知道飼主的性格。至於其他像是牛或馬，想必也是一樣。像是日本俗諺的「被自己養的狗咬傷手」❷，只不過是經常虐待動物的人，在偶爾自我反省的時候所幻想出來的可怕場景。不只是狗，所有的動物，只要飼主用心地愛護，很少會出現背叛飼主的行為。反而是在自稱為萬物之靈的人類之間，反咬飼主一口的狀況，在每天的新聞報紙中可說是層出不窮。只丟出些許的剩菜剩飯，而且還是有剩餘食物時才會給予，還敢擺出一副高高在上的模樣，要對方擔任夜間警備的重責大任，彷彿是要「看見人影就當作是小偷」一般，那最後就算那位如同狗一般的同伴對著自己吠叫，也是無可奈何的事情呀！大家覺得如何呢？臺灣人之所以會愛護家畜，是因為把家畜看作是財產的一部分，等同於貨幣一般，完全是出自於功利主義，而不是因為高尚的愛護動物之情。將之視為愛護動物精神的真情流露，或許也是很好的想法，但是不管動機和理由究竟是什麼，站在家畜的立場來看，或許會說只要有人愛護就好，那些輿論和贅言根本就沒有必要去聽，而不屑一顧。

❶ 譯注：赭牛即為今日所稱的黃牛。

❷ 譯注：意思近似於中文的「養老鼠咬布袋」。

看臺灣人對待牛的模樣，總是深深地讓人感動。最主要是在耕作的時候。在中南部地方的田園，臺灣農民使用牛來耕作時，大多會帶著兩頭以上的牛——水牛或是赭牛。首先，先讓一頭牛耕鋤，另一頭牛則是放養在田畔。正在耕鋤的牛隻要是停止不動，也幾乎不會出現在日本內地會看到，隨即用力鞭打牛隻的光景。牛隻主人似乎是帶著「啊，原來如此，那我也來休息一下好了」的心情，自己也停下手來，抽根菸稍事休息。抽完菸後，才緩慢地試圖讓牛繼續耕鋤。假如牛隻還是不願意動，就再抽一根菸等待，實在是非常地閒適自得。倘若看牛沒有繼續耕鋤的意願，就會慢慢地把牛犁解開，讓牛自由地在田畔休養。接著將先前放養的另一頭牛拉過來，重新開始耕鋤工作。如此的程序在一天當中不斷地重複實行，直到日落時分，完成預計的耕鋤工作之後，不管是人還是牛，沒有任何執著、不平和不安的情緒，彷彿是體現了人牛一體的極致，享受了天地悠長的樂趣一般，慢慢地，一步一腳印地踏上歸途。在這樣的世界，似乎是絕對不會聽見那些曾經叫喊著搾取勢力、蠻橫的資本家等這一類討人厭的叫喊聲，實在是讓人覺得非常羨慕。回到家之後，居住在農村的飼主一家會用豬油煎一片鹹鮭魚，這是家中晚餐唯一的配菜，大家一同圍坐分食，享受晚餐。牛的晚餐雖然不會是什麼豪華的美食，但是在農家充滿愛護之情的細心照料之

使用水牛耕作的情形。西田繁造編，《日本名勝舊蹟產業寫真集　臺灣・北海道・樺太・朝鮮・滿洲及關東州地方之部　新訂》（富田屋書店，一九一八），無頁數。（NDL）

下，填飽了肚子，已是十分地滿足，忘卻一日勞苦，閒適地躺下休息，翻身之際，聽著家人熟悉的說話聲，安心進入夢鄉。如此的一日作息，在農忙期間日復一日地重複著，沒有任何怨言。

不過，用來搬運物品的牛，就不一定可以和負責農耕的牛隻享受相同的待遇了。經常可以看見瘦骨嶙峋的牛隻拖著沉重的臺車搬運物品，一面被怒罵著姦佬老母，一面氣喘吁吁地前行。農夫與趕牛人，前者是定居在洋溢著和平氣息的農村中，帶著靜態

拉車的水牛。（Michael Lewis Taiwan Postcard Collection, LDR）

平和的心情；後者是往返於充滿刺激的街道上，懷抱著動態起伏的心境，或許是因為在心態上的不同，結果也就自然而然地在對待牛隻的方式上出現了差異。聽說在這個時期，農民組合、文化運動者等這種來歷不明、魚肉農民的新興搾取機構正將魔爪伸向農村內部。原本平和寧靜的農村步調就這樣一天天地被打亂，最後那些平和化為昔日幻夢的日子應該也不遠了。對牛和家畜們來說，即便說這是世界的趨勢，也沒辦法就此接受吧。至今為止，

只有被趕牛人所使用的牛隻，是一路受到差別待遇而來。在和平的步調被打亂之後，農村的農夫們想必在心態上也會受到或多或少的衝擊和變化。如此一來，農夫對待牛的方式會漸漸趨近於趕牛人對待牛的方式，這樣的日子應該也不遠了吧。無法再像過往一般享受太平無事、悠閒自適的生活了。今日農村的牛隻，應該有所謂「驚弓之鳥[3]」的感受吧。

[3] 譯注：作者引用內藤丈草的俳句「我事と鯲のにげし根芹哉」，意思是我原本要摘取河邊的芹草，卻驚動了附近的泥鰍，在我的腳邊激起了水花，原來泥鰍以為要被捉起而驚慌地逃走了。

## 二九

# 踏青

在臺灣人的年節慶典中，並沒有太多像是春日踏青（taht shenn）和秋日登高（ting ko）如此富有詩意又飽含意義的節日。踏青是在農曆三月上旬，舉家前往郊外，踩踏新綠的青草。也可以看作是野餐活動的一種。在寒暖適中、氣候宜人的絕佳季節，全家出外逍遙遊玩，是多麼歡樂的習俗啊。然而，漢民族似乎習慣了室內的遊玩活動，漸漸對踏青失去興致，出外踏青的人數與家庭年年減少。為了未來子孫著想，關心後代健康的漢民族祖先，對此狀況應該感到十分地憂心。為此，不知從何時開始，將春日踏青和掃墓祭拜祖先的活動結合在一起。如此一來，踏青便不再是單純的野外郊遊，而被賦予了掃墓祭拜祖先的新使命。無論是再怎麼不明事理的人，還是剛嫁進家中的媳婦，面對掃墓祭拜祖先這件事，也無法編造藉口推託。每到春天，踏青已成為家家戶戶不可或缺的家族活動，這真應

前往參拜的臺灣人家庭。（Michael Lewis Taiwan Postcard Collection, LDR）

該感謝祖先的深謀遠慮。掃墓祭拜祖先，實踐孝道的同時，在不知不覺中也呼吸到野外的新鮮空氣，得到延年享壽的福報。

雖說是三月上旬，但也不是哪一天都可以。因為是年節慶典的一種，日期也有確切的規定。從泉州的晉江、南安、惠安三縣移居而來的閩族三邑人以及泉州安溪縣的閩族，會選在清明節這一天踏青。清明節是在立春後的第六十天，約是陽曆的四月五日或六日左右，以農曆來說則是在三月十日前後。若是遇到閏年，則是將閏二月十五日定為清明節。同樣從泉州移居而來的閩族，以及從同安縣來的子孫們，會在農曆三月三日的上巳節進行踏青活動。說到野餐，是將各種食品裝進野餐籃中帶出家門，在藍天白雲之下，青草綠茵之上，開心簡便地用餐。不過，踏青活動是要將食物供奉在祖先墓前，會把像是鴨肉、雞肉、豬肉、羊肉等各式山珍海味、可以帶出家門的佳餚裝進大型餐籃之中，擺放在墓前，等到祭祀結束之後，再全數裝進籃中帶回家，眾人一起在家中享用。只有這一點，是和野餐大異其趣之處。

從語言的差異可以很明顯地區別閩族和粵族，閩族當中的泉州人與漳州人，在語言上也多少有些差異，現在在區別上也還不覺得困難，至於泉州人內部，應該已經快要無法藉由語言來區分不同縣了。這並不僅限於出身泉州的閩族人，出身其他州的閩族或粵族也面臨相同狀況。倘若今天詢問青年出身哪一個縣，應該有很多人無法明確回答。如果有必要知道一個人所出身的省、府、縣，雖然可以使用許多調查方法，但是最簡便的捷徑，就是詢問他奉行的年節慶典和信仰的神佛。因為不管多麼懶散的臺灣人，也不會忘記自己年節慶典的日子和信仰神佛的名稱才是。畢竟臺灣人是喜好祭祀的民族，同時在迷信這一點上，與其他民族相較，也是不遑多讓。

# 三十 信仰的神佛

在移民社會中，經常會上溯同縣、同鄉的關係而團結合作，共同追求各自的幸福與利益。團結需要中心人物的存在，但是不管是哪一位英雄豪傑，只要是人，壽命都是有限的，因此會推崇擁有無限壽命的神佛作為團結的中心，藉以鞏固團體的凝聚力。最有效的方式，就是將團體加以宗教化。這並不僅限於同鄉關係的團結，同時也適用於職業關係，倘若是擁有共同祖先的同姓關係，更是無庸贅言。觀看臺北附近，出身泉州的閩族三邑人，信仰萬華龍山寺的觀音佛祖。出身泉州安溪縣的子弟，信仰萬華祖師廟的清水祖師。泉州同安縣出身的子孫，則是信仰大龍峒保安宮的保生大帝。至於出身漳州的閩族群體，不管去到哪裡，一定會有開漳聖王的廟宇，作為信仰的中心。粵族會搭建三山國王廟，在信仰上也毫不怠惰。鄰接臺北市的村落，像是基隆、淡水等的閩族，根據其出身的不同，有人信仰龍山寺的觀音佛祖，有人是祖師廟的清水祖師信徒，也有人信奉保安宮的保生大帝。對於這些依照縣別而成為不同信仰中心的神佛，各個聚落會各自訂定每年負責主祭的聚落，按照順序輪流主辦，舉行盛大的祭典。也有許多神佛信仰超越了鄉里、職業、同姓的關係，像媽祖就是一個典型的代表，另外，還有城隍爺也是一樣。根據行政區劃的關係，也會出現必須劃分信仰所屬區塊的狀況。例如，在支那每一個行政管轄區域內，自古一定會建有一座城隍廟。像是大稻埕的霞海城隍廟，就是清朝時代淡水縣（亦即臺北縣）的城隍廟，管轄範圍內的人有義務要信仰該區內的城隍廟。向來與大稻埕居民同安縣人水火不容的萬華居民三邑人和安溪縣人，雖然對於要信仰霞海城隍廟的義務，在心理上並不認同，但是在表面上卻無法提出反對，特別是站在臺灣人崇尚迷信的立場上來看，不得不顧慮到城隍爺的詛咒，這實在是讓人非常地傷腦筋。但是，正所謂「山窮水盡疑無路，柳暗花明又一村」，仔細思考後發現，萬華有青山王廟，祭祀青山王。萬華居民體悟到「原來如此，這樣也是可行的方法」，因而信仰青山王，暗中與大稻埕方面對抗。不管是青山王還是城隍爺，同樣都是與地方廳有關的神祇，其神明所負責的業務也有許多共通點。因

大稻埕的祭典。《臺灣名所寫真帖》（石坂荘作，一九一七），無頁數。（HT）

此，可以讓上述的萬華居民感到安心，認為即使不去祭祀城隍爺，只要祭拜青山王的話，應該就不會受到詛咒。別忘了在大稻埕，同安縣人會於每年農曆五月十三日舉辦盛大的城隍爺祭典，而萬華的三邑人及安溪縣人則會在每年農曆十月二十二日舉行盛大的青山王祭典，與之對抗。就連在神祇的信仰上，也會飄散出競爭對抗的氣氛，有時相互合作，有時相互對峙，甚至會引起紛爭，充分展現出臺灣人的民族性格。

# 三一 分類械鬥

## 其一（遠因與近因）

在此，我們必須將話題暫時拉回到支那古代神話。在支那古代眾多的種族之中，強勢的苗族勢力位在長江流域，而今強大的夏族則是在黃河流域鞏固了根基。兩者都拉攏其他種族加入自己的陣營，長期以來持續彼此的爭鬥。在史書上可以看見，苗族初期前進到黃河南岸，甚至一度被認為即將跨越黃河，拓展勢力範圍。不過在涿鹿之戰中，被視為是夏族代表的黃帝，與苗族的代表蚩尤對戰，名震八方。涿鹿據說是今日直隸省涿鹿縣的東南地方，無論如何，其位置是在黃河以北的北方，約是北京西北方之處。倘若我們聽從蚩尤是苗族代表的說法，便能得知苗族曾經一度越過黃河。

黃帝之後，歷經少昊、顓頊、帝嚳，而至帝堯和帝舜。史書上記載舜是東夷，或許並不是純粹的夏族人，不過夏族的帝堯禪讓帝位給舜，舜即位天子，應當可以看作是夏族。史書上也記載，帝舜作為夏族的領袖，將在當時諸侯中勢力強大的苗族代表——三苗流放至三危。關於三危這塊土地，有一種說法是現今甘肅省敦煌縣的南方，另一種說法是西藏地區。至於「流放」，是將之驅逐並加以禁錮之意，換句話說，當時苗族領袖受到夏族領袖殘酷的對待。苗族所遭受到的打擊程度，可想而知。

接著，帝舜將天子之位禪讓給夏禹。禹原本是帝堯的臣子，與父親鯀皆奉仕於帝堯，到了帝舜時代，禹也成為帝舜的臣子。禹即位後將國名定為夏，其作為夏族正統之事，不言自明。夏禹時代，苗族還盤踞在長江以左、彭蠡以右的廣大區域，史書上記載，夏禹滅了苗族代表的三苗。此處所提到的洞庭湖又稱為太湖，位於江蘇省境內，而非湖南省的洞庭湖。彭蠡即為後來的鄱陽湖，位於江西省境內。曾經根結盤踞在長江流域的苗族，受到帝舜和夏禹的連續打擊之後，最後只能與陣營內的其他多種族一同往西南地區移動。反之，夏族與陣營內的其他眾多種族，則是將勢力範圍從原本的黃河流域擴大至長江流域。夏族雖然在與苗族的鬥爭中取得了最後的勝利，但後來與塞外民族的鬥爭仍舊頻繁發生。在往後的時代，甚至不得不建造萬里長城、不得不用和親的方式，將公主，或是假稱為公主的替身送往塞外民族內部、不得不每年贈與大量的金銀寶物換取暫緩攻擊。過去夏族對抗苗族的鬥爭，成為夏族對抗塞外民族的鬥爭。

今日的支那古代文獻，大部分都只有黃河流域文化紀錄，也就是夏族所留存下來的資料。長江流域應該也有相應的文化，卻因苗族的敗退與移動，幾乎沒有留下相關文化的紀錄，實在是非常地遺憾。不過，或許也存在著另一種看法，認為與黃河流域相較，長江流域的文化明顯地略遜一籌，自然不會留存到後世。夏族與苗族的關係，光是觀看黃河流域單方面的文獻紀錄，無法充分理解真實的樣貌，然而，至少到現在為止，即便是不完全，也找不到其他的辦法和依據。

正如上文所述，支那內外的各個種族，自古以來便是持續地相互鬥爭。藉由帝王的力量，在表面上達成了統一的局面，但是事實上，在檯面下暗濤洶湧的多元種族意識，則是十分地灼熱熾烈，無論走到哪一個時代，也無法將之完全滅絕。歷代創業的帝王以及致力於守成的後繼者，若是他們有治世的能耐，便能相安無事，持續政權百年、二百年或是三百年；倘若出現年幼軟弱的天子，容易讓異族有機可乘，沉潛多時的種族意識便會倏然勃興，見縫插針，像是陳勝或吳廣之類的人隨時都會出現。最後就是被當中深謀遠慮之士擊潰，取而代之，改朝換代。政權只有短短五年或是十年就走向滅亡的短命國家，並不少見。近來的狀況，在十七年前上演的事情，相信大家應該還是記憶猶新吧。十七年前沒落的是滿清，屬於塞外民族的一支。漢民族被僅僅六十萬人的滿洲族統治了三百多年，不只是服裝，就連頭髮都被剃成了牛尾巴。漢族好不容易從滿清手上奪回了政權，彼此應該同心協力，實踐和平且幸福的統治才是，否則不只有愧於一般民眾，也愧對了自己親手推翻的滿清政權。話雖如此，現今支那的現狀，又是如何呢？昨日是南北分裂，今日是東西分歧，一年到頭爭鬥不斷，四萬萬的人民可說是陷入生靈塗炭的慘況，卻沒有人憂慮掛念，這樣的狀況究竟該如何是好呢。這只能說是種族意識發揮到了極致之後所造成的災難。

但是，這並不單純只是現代支那會出現的狀況。自古以來，不管哪一個時代，都可以看見種族意識所留下的爪痕。而無論到了什麼時代，在世界的哪一個角落，支那民族都會將支那國內如此悲慘的狀態，持續並反覆地傳承下去，不知悔改。這三百年來，移居來臺灣的支那民族之所以會長期有分類械鬥的行為，其遠因便是上述的種族意識所導致。移居到臺灣的移民是從福建省的泉州、漳州，與廣東省的潮州、惠州、嘉應州地區前來，雖然不算是眾多種族雜處一處，但不可否定的是，在閩族和粵族之中，自古以來也是龍蛇混雜。

首先移居來臺灣的是福建泉州人。泉州人從臺灣原住民[1]，也就是蕃族的手中，巧取豪奪蕃族長年累月下來耗費血汗辛勤開墾、和平居住的土地，那是位於靠海地區，方便取得生活資源，條件最為優渥的土地。緊接著到來的福建漳州人，雖然學到泉州人狡詐的手法，但也只能取得條件屈居次等的土地。至於最後才前來的廣東人，便不得不居住在條件更為不利的地區。因為平地條件最優渥的土地以及次等的土地都已經落進福建人的口袋，廣東人除了靠近山地的傾斜地之外，找不到其他可以出手開墾的地方。這並非是因為奪取原住民開墾的土地，在事後分配上公平或不公平的問題，而是渡臺時間先後順序的關係[2]。

毋庸贅言的是，不管理由為何，廣東人對於土地分配不公平的現況，當然不會永遠默不吭聲地退讓。深藏在支那民族內部目無法度、無恥貪婪的性格，便也因此自由奔放地抬起頭來，這就是分類械鬥的近因。立處於不利條件的人們，對抗享受有利條件的人們，也就是漳州人對抗泉州人、廣東人對抗福建人，自清朝時代便困擾著歷代統治

[1] 譯注：「原住民」為原文用字。

[2] 編注：此說最先由伊能嘉矩提出，流傳甚廣。後世學者研究指出臺灣族群的地理分布情況並非皆如此，且原因也不能單純歸諸來臺時間先後。

臺灣官員的分類械鬥，頻繁地發生。換句話說，分類械鬥的遠因是支那民族將特有的種族意識發揮至極致，近因是極端的利弊觀念。

一部分的臺灣人，也就是農民組合的成員，宛如口頭禪一般地吶喊著「那是祖先揮灑血汗所得來的土地」，其實那並非是說以血汗開墾而來的土地，而應該是指在鬥爭當中流血流汗，從原住民或是支那民族的其他種族手上，用等同於掠奪的方式所得來的土地。實在是讓人笑掉了大牙。不知是誰所發起的標語，光是揭舉著「我們擁有生存的權利」的大旗，便毫不在意那是官有地還是民有地，一律在未經許可的狀態下便著手進行開墾；或是依照慣例簽訂契約，一面在別人的土地上耕種，一面胡亂找藉口，強詞奪理地表示自己已經繳納了土地的租金，像是這樣的民族會發起諸如分類械鬥的動亂，也不是什麼不可思議的事情。話說回來，雖然用分類械鬥一詞來概括，但絕不是所有的械鬥都相同，有省對省的械鬥、有府對府的械鬥，有縣對縣的械鬥，也有姓對姓的械鬥。

# 三二 分類械鬥

## 其二（省對省）

要大致區分分類械鬥，可以針對省對省、府對府、縣對縣、姓對姓的劃分來論述。不過，這原本就是因為種族意識發揮到極致，以及極端的利弊觀念所導致的紛爭，也有不少狀況無法用特定對象團體相互對抗的解釋來說明。種族意識往往會在出人意料之外的地方爆發出來，且支那民族談到利害關係可說是錙銖必較。合久必分，因為利益的聚散離合乃人生常事，更何況對於與生俱來就擁有附和他人、人云亦云性格的支那民族，很多時候無法用常識推測他們的行為。首先，讓我們先來看看省對省的分類械鬥中著名的例子。

康熙六十年（享保六年）（一七二一），閩族漳州人朱一貴在南部起事。順勢起身響應的民眾皆是閩族，席捲全島。當時已經在下淡水溪（今高屏溪）流域平原形成廣大聚落的粵族，以義民為名起兵，集聚十三大庄六十四小庄約一萬三千多位民眾，揭舉清朝旗幟，祭出清帝牌位，竭力討伐朱一貴。在征討亂賊的美名之下，行閩粵分類械鬥之實。乾隆五十二年（天明七年）〔一七八七〕發生閩族的分類械鬥。道光六年（文政九年）〔一八二六〕四月，彰化縣東螺保睦宜庄〔約今田尾鄉睦宜村〕的粵人李通，因偷盜閩人黃文潤一頭豬而起紛爭，閩粵兩族各自召集同族夥伴群起鬥爭，互燒家屋、殺害成員。完全不考慮是非對錯，隨聲附和，便是臺灣人的民族性。員林一帶的粵族為了避難而進入大埔心庄與關帝廳等處〔約今埔心鄉和永靖鄉〕，堅守防禦。當時若是看見閩族的聚落，粵族便放火燒毀；若是有粵族的人通行，閩族便將之擊殺，狀況令人慘不忍聞。紛爭的範圍北達大甲溪以北、淡水廳以南；南至虎尾溪南方的嘉義縣邊界處。這是閩粵分類械鬥的大事件。而後在道光十四年（天保五年）〔一八三四〕、咸豐四年（安政元年）〔一八五四〕也有閩粵的分類械鬥。

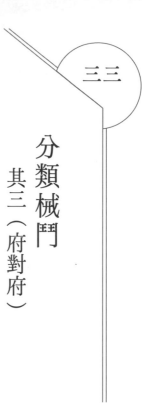

# 三三

## 分類械鬥

### 其三（府對府）

乾隆四十七年（天明二年）〔一七八二〕，彰化縣莿桐腳庄的大路上開設有一間賭場，泉州人與漳州人在該處賭博。當時收到的錢幣中混雜了劣幣，成為紛爭的開端。起初只不過是口角，其次演變為互毆，最後發展成為分類械鬥，位於泉州人和漳州人交界處，就連原本無冤無仇的人，也加入了燒毀家屋、互相砍殺的行列。這是泉州府對漳州府分類械鬥的例子之一。

乾隆五十一年（天明六年），林爽文之亂爆發之時，由於林爽文是漳州人，其部下也多是同鄉的漳州人。而當時前去響應官方軍隊的鄉勇兵，大家不是泉州人就是粵族，於是乎，漳州人不得不敵視泉州人與粵族。林爽文陣營的燒殺劫掠行徑十分猖狂，對於泉州人和粵人的村落更是殘忍。泉州人與粵人對漳州人恨之入骨，不少人起身響應官方軍隊。這是漳州府對泉州府（以及廣東省）的分類械鬥。

嘉慶十年（文化二年）〔一八〇五〕十一月，海盜蔡牽一開始進攻淡水，接著攻擊臺灣府城（當時位於臺南）。鹿港的理蕃同知黃嘉訓憂慮海盜也會前來鹿港，召募鄉勇兵與水師官兵協力合作，防守港口。當時的鄉勇兵皆為漳州人，而鹿港的居民有許多泉州人，所以當翌年二月鄉勇兵進入鹿港之時，當然會發生漳州府對泉州府的衝突。在此之前，南部土匪猖獗，其餘波甚至殃及北部。鄉勇兵假借討伐土匪之名，沿途只要看見泉州人，不管是有罪還是無辜，一律殺無赦。沙轆一帶的泉州人，若是想逃離土匪之亂，便會碰上漳州民兵；若是想避免撞上漳州民兵，就會身陷土匪之亂。據說在如此進退維谷、走投無路的狀況之下，無數民眾只能選擇投海自盡。

嘉慶十四年（文化六年）有泉州府對漳州府（以及廣東省）、道光二十四年（弘化元年）〔一八四四〕有漳州府對泉州府、咸豐三年（嘉永六年）〔一八五三〕有漳州府對泉州府的分類械鬥。咸豐初年，在淡水廳一帶發生泉州人與漳州人之間的分類械鬥。咸豐六年（安政三年）以及九年（安政六年），在臺北新庄地方，泉州人、漳州人與粵人相爭，許多泉州人當中的同安縣人為了避難而躲至今日大稻埕一帶。後來逃難到大稻埕的泉州人獲得鄰近同鄉人的援助，將漳州人與粵人驅逐出新庄，漳州人逃至新庄對岸的板橋、漳和方面，粵族則是逃到更遠的中壢地方。

# 三四

# 分類械鬥

## 其四（縣對縣）

咸豐三年（嘉永六年）（一八五三）八月，淡水廳八甲庄（約今萬華區廣州街、昆明街、三水街一帶）的泉州同安縣人與漳州人合作，攻擊西鄰艋舺的泉州安溪縣人以及晉江縣、南安縣、惠安縣的三邑人，想要將他們驅趕出當地，藉以獲得淡水河沿岸的重要土地，但是受到艋舺方面的反擊，八甲庄被燒毀。這是同安縣對安溪縣、晉江縣、南安縣以及惠安縣分類械鬥的例子之一。原居地八甲庄被燒毀的同安縣人前往北方避難，同年十月建立了新的聚落，也就是今日的大稻埕。當時的大稻埕有一片水田，處處皆有曬稻穀的空地，亦即稻埕。稻埕正好適合拿來作為建造家屋的用地，因此從八甲庄前來避難的同安縣人便在稻埕地區建造住居。雖然與艋舺相較位於較為下游處，但是鄰近淡水河，可享水運之便，算是不可多得的優良土地，因此便不再掛念要回到八甲庄之事，決定在此處定居。而後，也有同安縣人為了避開分類械鬥的混亂，而從新庄地方移居來大稻埕。咸豐末年，已經可以看見新建設的大稻埕市街。

早期從大嵙崁溪（大漢溪）來看，與艋舺相較，位於上游的新庄在臺北平原上是較早被開發的區域，為物資集散的腹地，包含從臺灣北部山地被搬運出來的物資，與從對岸經由淡水港、淡水河運送的物資。在新庄地區還留有「海山口」的地名，正好可以道出這段故事。一府（臺南）二鹿（鹿港）三新庄之形容就是在這個時期，那是新庄最為繁盛的時代。然而，河床因流沙堆積而年年隆起，船舶運輸的條件也就漸漸衰退，因此後來下游的艋舺取代了新庄，成為新的貨物集散地，而演變成所謂的一府二鹿三艋舺。居住在八甲庄的泉州同安縣人，對艋舺地區垂涎三尺，虎視眈眈地準備伺機而動，後來與漳州人合作，進行襲擊計畫，不料最後以失敗收場，可以說是自作自受，悔不當初。如果從艋舺方面的立場來看，在由對方掀起的鬥爭當中取得了勝利，應該會想要乘勝追擊，讓敵方無法再次捲土重來才是。但是八甲庄方面卻若無其事地在艋舺下游處建設起新市街，該處還有過去曾

艋舺的河岸。《臺灣寫真帖》第一卷第七集（一九一五）。(LDR)

經奪去他們的繁榮、讓他們飽嚐苦果的新庄同安縣人。不僅如此，近來還發現新庄地區民眾嚐過的河床隆起之苦難，如今也出現在艋舺地區。俗話說「詛咒他人，自己也逃不了報應」，物資的集散地將轉移到大稻埕的現象，艋舺地區民眾也是束手無策，想必他們應該也是後悔莫及吧。倘若臺灣的改隸晚個幾年發生，相信同安縣對安溪縣、晉江縣、南安縣以及惠安縣的分類械鬥，必定會反覆出現二至三次吧。改隸之後，當然不會允許分類械鬥的行為，因此大家在表面上裝作相安無事，但每當發生了事情，艋舺方面與大稻埕方面相互敵視的態度，就是出自於上述的原因。

改隸以來，省對省、府對府、縣對縣的分類械鬥幾乎絕跡，實在是為了臺灣人感到無比的歡喜。即便如此，雖說是不如以往，但種族意識仍舊會偶爾抬頭，極端的利弊觀念至今也還是盛行。還記得在大正十二年（一九二三）五月二十七日的《臺灣日日新報》當中，可以看見「起因為調戲美女，福建人與廣東人發生近期以來罕見的大亂鬥」之標題，是有關於分類械鬥的新聞報導。那是在高雄州鳳山街赤山地區（約今鳳山區、三民區之交界），二十四日午後，住在附近的兩名福建年輕女性正在從事農作，被路過的數名廣東人調戲，而起了口角。兩名女性逃回家中告知家人，邱振來（二十八歲）以及其他數十位民眾，手持棍棒等武器前往現場。聽聞消息的廣東人徐阿才（二十五歲）以及其他數十位民眾，也肩挑著武器蜂擁而至，從原本細瑣的口角爭論轉化為種族鬥爭，雙方拳打腳踢，相互鬥毆。郡警察課在接獲線報之後，隨即全員出動趕赴現場，但兩派人馬早已離去，只能從現場遺留沾染血漬的棍棒和其他物品，展開庄內大規模的搜查行動。後來發現傷者躲在耕作小屋

《臺灣日日新報》一九二七年五月二七日，七版。山根在內文中的年份應有誤。

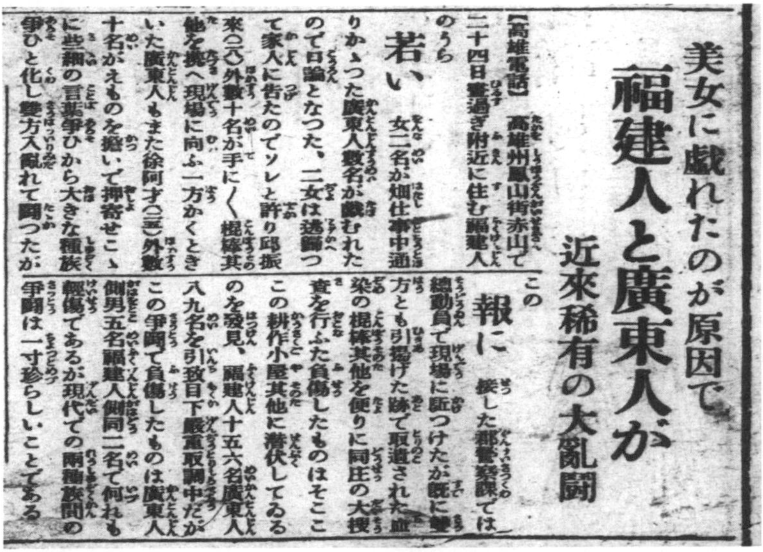

美女に戯れたのが原因で
福建人と廣東人が
近來稀有の大亂鬪

【高雄電話】高雄州鳳山街赤山で二十四日晝過ぎ附近に住む福建人のうら若い女二名が畑仕事中通りかゝつた廣東人數名が戯むれたので口論となつた、二女は逃歸つて家人に告たのでソレと許り邸振來(二八)外數十名が手に〳〵棍棒其他を携へ現場に向ふ一方かくときいた廣東人もまた徐阿才(三三)外數十名がえものを擔いで押寄せこゝに些細の言葉爭ひから大きな種族爭ひと化し雙方入亂れて鬪つたがこの報に接した郡警察課では總動員で現場に馳つけたが既に雙方とも引揚げた跡で取遺された血染の棍棒其他を便りに同庄の大捜査を行ふた負傷したものはそこここの耕作小屋其他に潜伏してゐるのを發見、福建人十五六名廣東人八九名を引致目下嚴重取調中だがこの爭鬪で負傷したものは廣東人側男五名福建人側同二名で何れも輕傷であるが現代での兩種族間の爭鬪は一寸珍らしいことである

以及其他地方，帶回十五、六位福建人以及八、九位廣東人進行偵訊調查。在這場爭鬥中有五位廣東男性、兩位福建人負傷，皆為輕傷。在現代發生兩種族之間的爭鬥，實屬罕見。

# 三五

## 分類械鬥
### 其五（姓對姓）

關於支那民族的好鬥性格，應該已經不需要再多加敘述，雖然有想過要在適當的篇幅內就此打住，不過即便是在同省內、同府內、同縣內，若是姓氏相異，發生械鬥之事也不算稀奇。一旦要講述分類械鬥，便絕對不能忽略這一個部分。一時之間的不和或是衝突，不管是哪裡的民族都有可能會出現，通常在經過時間的流逝之後，會自然地和解。至於支那民族的姓對姓鬥爭，則不是那種簡簡單單、一時之間就能夠化解的情緒。姓對姓的鬥爭是經過世世代代的積累，即便到了孫輩世代也絕對無法解決的問題，反而會將仇恨愈加深化。在對岸的廈門有鄭姓對施姓的鬥爭，表彰施琅的石門位於鎮上四方的入口處，據說鄭氏家族的子弟，無論如何都不會從石門出入，而是會走側邊的別門。這是因為鄭成功的部下施琅背叛鄭氏，投降清朝，並且在鄭成功孫子鄭克塽時代攻打臺灣，毀滅鄭氏王朝。這當然只是眾多因素當中的其中之一，並非所有的異姓鬥爭都是基於同樣的理由。在地方官員更迭之際，新上任的地方官尚未熟悉地方民情，兩造冤家的其中一方敏捷地行動，設法接近地方官，先發制人地誣告對方，讓情勢導向對自己家族有利的方向，諸如此類的事情也經常發生。至於讓對手先馳得點的另一方，在該地方官在任期間，通常無法扭轉情勢。聽說有人甚至會因為如此而過度憂慮、自尋煩惱，在過於悲觀的狀況下，不得已地投身土匪陣營。看到這裡，應該可以想像不同姓氏之間的鬥爭究竟有多麼激烈。

在臺北州文山郡深坑庄的深坑地區，黃姓與陳姓兩家有著多年深仇大恨的關係。在同庄的景尾地區，劉姓和高姓兩家水火不容。在臺中州員林郡永靖庄，劉姓與陳姓互為冤家。像是這一類出現在報紙新聞上的例子，只不過是九牛一毛。假若深入地方調查，會發現臺灣全島各聚落中，幾乎沒有一處不存在著姓氏鬥爭的狀況。儘管如此，在制度改善、社會進步和教育普及的結果之下，相信要滅絕如此惡習的日子應該也已經不遠了。

關於臺灣姓氏鬥爭的事實，筆者當然是略知一二，但是在其相關人士，也就是他們的兄弟、子孫還現存的今日，不能不顧慮到暴露這些醜聞會帶來的後果，因此決定就此打住。在這裡就來介紹一下與臺灣籍民[1]有關的廈門姓氏鬥爭。在廈門，吳姓、陳姓與紀姓人家有著多年的仇恨，相互拉攏頻繁更迭的支那地方官衙，針對對方發起駭人聽聞的事件，不只是讓對方感到困擾，甚至還波及了臺灣籍民。臺灣籍民當然也有不對的地方，不去避開風暴，反而讓自己投身其中。讓一般籍民受到慘重的傷害也不後悔，姓氏鬥爭能夠做到這樣的程度，實在是超越了普通人的想像範圍。筆者還記得，在大正十三年（一九二四）九月十九日的《臺南新報》中可以看見「廈門的姓氏鬥爭，臺灣籍民的可悲慘況」之標題，報導當時的消息。目前在廈門，吳、陳兩姓氏的對立鬥爭日漸激烈，每天在各地都有殺傷事件發生，慘狀實在是不忍目睹。其後，楊樹莊為了參加江浙戰爭[2]，率領軍艦從該地出發，廈門僅有的四百多名兵士為要保障和平，留下來的軍兵遂從吳氏當中選拔補充人員，組織偵查隊伍，充當市內的行政警察。吳姓利用警察的權力，心想這正是欺壓仇敵陳氏的大好機會，

[1] 譯注：「臺灣籍民」是因日本統治臺灣而出現新形式的「籍民」。「籍民」原本是指擁有外國國籍的中國民族，被所屬的領事國所保護，不在中國官吏管轄範圍之內。像是從福建、廈門前往外地工作的人，有可能可以取得工作地的國籍。

[2] 編注：楊樹莊（一八八二－一九三四）為海軍將領。一九二四年直系軍閥齊燮元欲奪取皖系軍閥盧永祥控制的上海，因而爆發「江浙戰爭」。

只要看見陳氏人士，便以嫌疑犯的名義將之監禁，只要對方展現出一丁點的反抗態度，便處以虐殺之刑，或是凌辱掠奪陳氏女性。陳氏族人的滿腔悲憤雖已到達極限，但是吳氏的背後有軍隊撐腰，陳氏只能忍氣吞聲，靜待時機。不過當對手日益壯大，愈發殘忍暴虐之時，陳氏也只能盡力與之對抗，上演一場大戰。另外在臺灣籍民方面，自今年春天以來，臺灣籍民仍舊持續與吳氏進行暗鬥。吳氏擁有警察權作為靠山，濫用權力，像是對待陳氏族人一般地壓迫、殘殺臺灣籍民。臺灣籍民因為日本領事館的嚴格取締，沒有護身的武器，即便想要防禦也無能為力，只能躲在家門內，不踏出門外一步，商店也關門不做生意，處境十分困窘。不過，聽說最近陳氏族人與一部分的臺灣籍民攜手合作，正在準備復仇戰役。在與臺灣籍民的合作之下，究竟陳氏族人是否能夠在雪恥之戰中取得勝利呢？大家也擔心近期可能會爆發動亂，人人提心吊膽，惶惶不安。

# 三六 臺灣婦女的奇襲

在臺灣人之間，至今還是存在著凌虐他人的行為，經常讓人覺得殘忍至極、膽戰心驚。至於臺灣婦女的手法，則更是醜惡污穢。當臺灣婦女嫉妒對方之時所施展出來的手段，簡直是到了讓人無法直視的程度，就算說是會氣死大部分的男性，也絕對不是誇張的說法。對異族懷抱著熾烈的種族意識，並非是男性獨有的特質，在臺灣人的血液中應該是奔流不息的狀態吧。

在日本內地的報紙中，有時會看到日本內地婦女因嫉妒而惹出的騷動，感覺大多是短兵相接的遭遇戰，且很多時候是單獨戰。然而，臺灣婦女的情形，則多是事先做好計畫與準備，和同伴商量之後付諸實行。關於其手段方法，日本內地女性或許認為對方是以美貌魅惑男子，所以會朝頭髮下手，例如一把抓住梳綁整齊的髮髻，胡亂拉扯到凌亂不堪的程度，才願意停手。至於臺灣婦女則是不管什麼狀況，必定會鎖定對方私處展開攻擊。究竟是為了何種原因，並不一定需要說明。她們會撕扯對方的褲子，要將褲子扯到破破爛爛無法再穿，且讓對方暴露出私處，才肯罷手（請參照昭和三年（一九二八）一月三十日《臺灣新聞》的晚報漢文欄）。更過分的例子，還會讓一同前來助陣的朋友壓制對方的手腳，自己用銳利的器具，大多是裁縫用的錐子等物品去插刺對方的私處，最後導致輕、重傷不等的結果（請參照昭和三年二月十日《臺灣日日新報》晚報漢文欄的「是是非非欄」以及昭和三年二月十日《臺灣新聞》的日文欄）。前文也多少有提及這一類事件，沒有必要再贅述。

這一次就來介紹臺灣婦女奇襲事件當中最精彩的例子。在昭和三年二月二日《臺灣新聞》的晚報上刊載著讓人瞠目結舌的奇襲事件，猶記標題是「月經帶罩頭刮抓毆打，三名女性奇特的暴行，源自膚淺女人心的恨意」。居住在臺中橘町三之十八的張厚（二十九歲），是位於榮町四之十和服商張匀店內的店員。張厚與老闆妻子張林氏玉燕發生爭執，於去年七月左右離開張匀的和服商店，住進同町五之四十的另一間和服商店並受雇工作。

在一月二十二日的晚間十點左右，張林氏玉燕帶著住在錦町一之二[1]的陳林氏盞一同前來，表示丈夫張匀有事相談，請張厚務必來店裡一趟。張厚不疑有他，前往張匀的和服店。張厚在與店員談天之時，張林氏玉燕手拿著新鮮的月經帶黑布前來，以迅雷不及掩耳的速度蒙上張厚的臉，還特地用手指壓緊眼睛和嘴巴的位置，加上居住在同町三之十二，飛奔趕來的王張氏珠，合計三位女性上前施以刮抓、毆打的暴行，導致張厚從鼻頭至胸部及其他部位負傷，需要休息三天、治療十天。張厚附上錦町張醫師的診斷書，向三位女性提出告訴，目前臺中署正在調查當中。順帶一提，如此奇特的暴行手段，其實帶有嚴重侮辱和詛咒的意味，據說被施予如此暴行的男性在未來的一年，不只是異性緣，就連事業運也絕對會走下坡。

同樣在《臺灣新聞》當天的漢文欄中，也刊載了同樣的事件，在此試譯。標題是「娘子軍，興師問罪。用月經布污辱男子。因宣揚醜事而懷恨在心，女性三人拳腳交加」。臺中市橘町三丁目的張厚，先

[1] 編注：橘町三，為今臺灣大道、綠川東街、中山路、建國路所夾區域。榮町四，為今成功路和臺灣大道所包夾的繼光街兩側區域。錦町一，為今民族路和民權路包夾的平等街兩側區域。

是受雇於張匀位於榮町的裕源和服店，因與張妻林氏玉燕起口角，去年七月辭職離開，轉往金振源順和服店工作。因為他曾經宣揚張林氏的醜事，張林氏玉燕十分痛恨他，特別在一月二十二日，也就是農曆除夕夜的晚間十點左右，召來住在錦町的女性友人陳林氏盞，共同前往金振源順和服店門前，傳話表示張林氏玉燕的丈夫有事相談，要將張厚騙出來。不知情的張厚不疑有他，赴約現身後，張林氏隨即拿出自己的月經布，對準張厚臉部的眼、口部位，用力反覆搓揉，傷其手腳，大肆咆哮。當時居住在同町的王張氏珠（女性的叔母）湊巧經過，於是乎娘子軍三人拳打腳踢，將張厚打得落花流水，鼻頭與胸部皆受重傷，需要十日的治療時間。張厚也不甘示弱，隨即要求錦町的張醫師開立診斷書，向臺中署對三名女性提出告訴。

筆者明白，閱覽上方的新聞報導，應該很少人不會覺得不舒服，甚至可能會有不少人覺得噁心而忍不住嘔吐；但這實在是太過罕見的例子，因而特地在此介紹。

## 三七

# 分頭相續

〔齊頭式繼承〕

在日本內地，當父親過世後，「家督」的角色是由長男接下，因此父親的遺產也是由長男繼承，擁有家族所有的資產。在現行的民法當中雖然有許多規定，但簡單來說還是以祖先流傳下來的慣例做為骨幹，大體上與過去並沒有太大的差異。「家督」一詞源於支那，從古時候就存在家督這個詞語。在《史記・〔越王句踐〕世家》之中可以看見「家有長子曰家督」之文字。家中有長子，長子即為長男，督促管理家中事務，因而稱之為家督。換句話說，長男即為家督。君主惠賜給家族的利祿當然不在話下，屬於家族的所有資產全數由長男繼承，因而出現日文「總領」之詞，字詞的意義為日本特有。在支那也有「總領」之詞。在《漢書・魏相傳》中有「厲精為治。練群臣。核名實。而相總領眾職。甚稱上意」。《詩經》中的大雅・烝民篇第三章，朱熹注有「外則總領諸侯。內則輔養君德。」與日本「總領」

的語義大不相同。在日本，即使長男資質駑鈍，大致上其他人還是會安分守己，讓長男繼承所有資產。因此日文裡有「総領のじんろく」[1]的說法。雖然不知道「じんろく」要使用什麼漢字來表示，但絕不會是尊敬長男的意思，反而幾乎是用來作為「駑鈍」的代名詞，有些帶有愚弄長男的意味。不過，也有人理直氣壯地為長男辯護，表示「じんろく」一詞，其實原本應該是「じゅんろく」，因為自先祖以來，是由長男依序繼承家中的利祿，所以稱為「順祿（じゅんろく）」。

雖然不知道到底是胷六[2]還是順祿，不過筆者知道的是，實際上作為一位「總領」，所背負的責任和義務並不輕鬆。長男成為家督，「總領」屬於家族的所有資產，首先必須負責祖先的祭祀事宜，其次要背負起扶養家族成員的責任，還要讓家族成員接受教育，也要處理婚嫁之事。其他有關家族所有內治外交的事情都需要處理妥當，絕對不是什麼老好人、資質駑鈍的人就能夠勝任。即使是「總領」全部資產，實際上也只是繼承了管理的權力，無法隨心所欲地運用。倘若家

[1] 譯注：日文俗語，意思是第一個小孩通常會被捧在手心上教養，比起後來出生的弟妹，多半較為老實憨傻，天真不懂世故。

[2] 譯注：此處的「胷六」是符合「じんろく」發音的漢字。

督打算擅自運用資產，將會召開家族會議，恐怕會被處以「禁治產」，取消管理財產的權力。「總領」並不一定是如同次男或三男所想的幸福角色。在古今的例子中，雖然身為長男，但是因為無法忍受繁瑣的事務，年紀輕輕就枕石漱流，將家督的位置讓給次男或是三男，如此狀況並不少見。

與日本內地相較，臺灣的風俗完全不同，自古以來奉行的是分頭相續制。所謂的分頭相續，就是原則上將總資產均分給男丁，有三位男性就分為三等分，有五位男性就分為五等分。只要是男性，不管是正室的小孩，偏房的小孩、收養的小孩還是撿來的小孩都沒有差別，這就是分頭相續制。話雖如此，當然也有因為死者的遺願而在分配上出現特例的情形。像是為了小孩的母親，特別是母親不只一人的時候，作為養老費而個別撥出幾分之幾的例子。為了長男的長子，也就是長孫，而特別分配比例。也有為了未婚女子的嫁妝，也就是結婚資金，而留下分配囑咐的例子。無論如何，這些分配的比例，絕對無法匹敵男丁所獲得的遺產。此外，小孩的母親也會在生前事先決定自己資產的繼承人。

因為這樣的背景，人在異鄉的孩子們，在聽見父母罹病的消息時，會不遠千里、晝夜不分的趕路回家。這在人倫上是理所當然之事，雖然不是非做不可，但是這些風塵僕僕、心急如焚趕回家的遊子，難道全部都是單純出自於擔憂父母病情，而絲毫沒有懷抱著不純淨的想法，憂慮自己不在父母身邊的這段期間，其他兄弟會對自己不利，設計父母留下遺產分配方式的遺言嗎？面對臥病在床的父母，兄弟之間相互爭取照料的責任，寸步不離的模樣，又述說出什麼樣的故事呢？臺灣人原本就不太喜歡到遠地去讀書，好不容易從學校畢業以後，也不喜歡在異鄉工作。改隸以來，臺灣也散發出文明光輝的燦爛。與過去不同，不少人千里負笈，踏上前往遠方遊歷、就學的路途；畢業後選擇在異鄉工作的人，也絕非罕見。儘管如此，今日島內各級學校整備，前往日本內地遊學的莘莘學子，一逮到機會便搶著要轉學回臺；在異鄉工作的人，即使當下沒有機會，也致力於尋找可以回鄉工作的方法，這些都是顯而易見的事實。從這些現象又可以看出什麼故事呢？筆者認為，光是用親子間的寸草春暉、經濟上的關係這兩個原因，是無法做出足以讓人認同的解釋。這其中當然是有種種原因存在，不過最大的原因不就是分頭相續制嗎？應該會有人說，會說出這種話的人，是以小人之心度君子之腹，而一笑置之。

臺灣自古以來，不管有幾位男丁，大多是居住在同一戶家屋之中，年齡到了便各自娶妻，兄弟一家共同生活，接著他們的子女接二連三地出生，臺灣人的「家族」，其實是非常龐大的體系。人丁興旺的家族，共有三十人、五十人甚至是近百人也不稀奇。如果是這種大家族，夫妻關係大概有數十對之多。唐代的張公藝因九代同堂而名留青史。張公藝上有父母、祖父母、曾祖父母、高祖父母四代，下有子、孫、曾孫、玄孫四代，加上自己的世代共有九代，若是再加上各自的兄弟與妻子，想必是非常大的家族。唐朝第三代天子高宗因事造訪張公藝家時，詢問他要如何做才能夠維持家的平和，張公藝閉口不言，寫下了一字「忍」進呈給天子。高宗讚嘆不已，賞賜大量錦繡布帛。高宗的父親便是知名的唐太宗，太宗雖然協助父親高祖（李淵）取代隋朝，是唐代建國的大功臣，但是他親自射殺了兄長太子建成，命令其他人射殺弟弟元吉，成為太子，促使高祖讓位，才成為第二代天子。高宗為太宗的九男，能夠成為第三代的天子，也是犧牲了眾多兄弟之後的結果。生在同室操戈的李家，高宗親眼見識到張公藝九代同堂的事實，想必是瞠目結舌，大開眼界。高宗坐上天子之位後，將正在緬懷父親太宗的才人武氏引進宮內，封為昭儀，倍加寵愛，後來甚至廢皇后王氏，而立武昭儀為后，這也成為動搖唐代國本的原因。高宗死後，其子——哲同樣犧牲了眾多兄弟而坐上第四代天子之位，即為中宗。中宗的母親，同時也是高宗皇后的武氏，廢中宗而立中宗之弟——旦為第五代天子，即為睿宗。而後，武后廢睿宗，自稱天子，將國號改為周，為期十六年，世稱則天武后。則天武后打壓唐代的李氏家族，對唐代舊有官僚頤指氣使，即便如此，也不敵歲月無情的摧殘，年過八十，體弱罹疾，唐代舊有家臣因此伺機而動，發動兵變，幽禁武后，討伐武氏家族，再次將國祚導回唐代，立睿宗之子——隆基為第六代天子，即為玄宗〔編按：實先中宗復辟，後睿宗繼位，再傳玄宗〕。正如前文所述，玄宗又被視為音樂之神，有西秦王爺之稱，是北管派樂師所尊奉的神祇。

漢族的大家族主義，在支那如此多種異族雜居的國家當中，應當是必然會發生的現象吧。站在擁有濃厚種族意識的漢族立場來看，在何日何時會受到異族襲擊，完全無法預料。兄弟們若是分散生活，將無法確保生存上的安全。「兄弟鬩於牆，外禦其侮」是《詩經》當中的字句，兄弟之間雖然在家裡會爭吵，但是對外卻能一致抵禦外人的侵侮，如此思維之必要，自古以來就在民族之間被高聲提倡，甚至入詩詠唱。想必在漢族要生存下去的過程中，這是最為重要的精神。孔子將三千餘篇古詩削減為三百零五篇，編纂《詩經》之時，也大大認同其必要性，而將之留存在《詩經》的小雅．常棣篇內。另外，漢族的大家族主義，也和經濟組織有很大的關係。處處充滿利害關係的衡量。從漢族的角度來看，無論何時，錙銖必較，試圖獨占利益的作為乃是家常便飯。從事農業的話，不雇用他人，而讓兄弟從事耕作，收穫可以全數歸入家族之手。經營商業方面，由兄弟各自擔當要職，將全部的利益保留在家族之內。更進一步來說，在異族雜居的漢族社會中，想要能夠安心地雇用外人，應該十分困難，因此便孕育出大家族主義的必要。臺灣雖說為分頭相續制，實際上並不是分割資產本身。許多資產的本身還是如同以往，講求的是利益的收入，因此分割的是對資產的權利。每年在固定的時期，會決算出各資產一年內的收入及支出，因應擁有權利的比例去分配利益。屬於自己的利益可以自由運用，有人會儲蓄，也有人會散財，如此一來在同一家族中便會出現富裕和貧窮的差異，經濟狀況困窘的家人最後會要求分割資產的本體。資產當中有些可以均分，有些則否，硬要分割的話，就很難避免不公平的結果。特別像是為了祭祀祖先所留下的祭祀公業，是最難公平分割的例子之一。因爭奪家產而反覆上演的家醜，甚至鬧出流血事件的例子也不少見。像是母親的遺產，據說是最容易引起紛爭的部分，甚至還會出現兒子提告母親、弟弟控訴哥哥的狀況。近來則出現兄弟拿到分配來的資產，各自過生活的傾向。如此大家族主義逐漸崩解，走向小家族主義的現象，十分有趣，也可以看作生存在強大穩定國家之下的民族必然出現的現象。前文提及漢族的大家族主義起因於強烈種族意識的說法，大家應該也認同並不是信口開河的虛妄言詞吧。

# 三八

# 過房子．螟蛉子．招夫

對於自身種族的滅滅抱持著悲痛與哀嘆的心情，想方設法地試圖繁殖壯大，如此的欲求和願望是動物界的常態。人類當然也不例外。在漢族社會中，如此的欲求和願望，自古以來深深扎根於強迫人民結婚的教誨之中。從孟子在〈離婁〉一篇中說：「不孝有三，無後為大」之字句，便可以看出其強迫人們結婚之事，應該不需要再多說。所謂的不孝有三，無後為大，指的就是留下子嗣之事，而若是不娶妻，當然也無法生子，可說是不孝行為中的大不孝。因為沒有子嗣，就沒有人祭拜祖先，如此不孝的程度，沒有任何行為比得上。實在是很會說話。在種族鬥爭激烈的漢民族之間，有必要積極地留下後嗣，因為若是種族內的後嗣減少，便無法在種族鬥爭中贏取勝利，只能淪為劣敗者。這並非是到了孟子的時代才出現的教誨。孟子雖然是承繼孔子之教義，不過自古以來在漢民族之間就有「三從七去」之教。由孔子彙整的《禮經．儀禮．喪服篇》中表示「婦人有三從之義，無專用之道，故未嫁從父，既嫁從夫，夫死從子」，幾乎完全不認同婦女有其自主性的人格，要求婦女做到絕對性的服從，尚未出嫁時必須遵從父親之意，嫁為人婦者必須遵從丈夫之意，丈夫逝世後必須遵從兒子之意，彷彿是在說女性理應出嫁，稀鬆平常地闡述這種即便不是摩登女性或是新婦女也會感到憤慨的言詞。另外，在《禮經．大戴禮記．本命篇》中則是有「婦有七去：不順父母，去；無子，去；淫，去；妒，去；有惡疾，去；多言，去；竊盜，去。」表示即使是出嫁後的婦女，也可能會面臨七種被離棄的情況。不遵從父母之意者會被離棄。淫亂者會被離棄。善妒者會被離棄。罹患惡疾者會被離棄。就算把上述這些都視為有其道理而無法迴避的狀況，但有問題的是「無子」這一項。子嗣的有無並非是能夠自由選擇的結果，應該沒有女性會喜歡自己是沒有生育能力的吧。孩子是上天授予的禮物，如果無福無緣，也無法強求。因此，沒有生下子嗣就要被離棄的這一項，實在是非常殘忍的教誨。但是在種族鬥爭激烈的漢民族之間，實際上確實有必要用如此不合乎道理的教義去獎勵人們生育。關於上述的「七去」，後面一段追加了「有三不去。有所取無所歸，不去。與更三年喪，不去。前貧賤後富貴，不去」。意即無娘家可歸者，不離棄。曾服三年喪者，不離棄。一同度過貧賤時期，後來富貴的時候，不離棄。這是在「七去」教條之下的和緩內容，從這裡也可以看出孔教符合常識之處。

換言之，在漢民族之間，無論如何都有責任和義務要留下後嗣。無子嗣者，便去養育他人的子嗣，其方法有二。一是收養兄弟的子嗣，稱為過房子，這是自古以來就有的做法，不過「過房子」這個稱呼似乎沒有那麼久遠。在朱子的《〔名臣〕言行錄》中曾提及「欲令弟子過房」，可以看出宋代時這個語詞就已經存在。二是收養異姓子嗣，稱之為「螟蛉子」，這也是自古以來就存在的做法。在《詩經．小雅．小宛篇》中有「螟蛉有子，蜾蠃負之」。螟蛉是桑蟲，蜾蠃是土蜂，又有蒲盧、細腰蜂之稱。漢族誤以為土蜂無子，而取桑蟲之子撫養，當作自己的子嗣，因此將異姓的養子稱之為螟蛉子。這其實是觀察上的疏失，土蜂事先將卵產在螟蛉之子身上，為了孵化後代，才會將牠們搬進巢穴中。毋庸贅言，這只不過是觀察上的錯誤。

過房子和螟蛉子都是從小就收養而來，作為養子來撫育；倘若只有女兒，沒有兒子、過房子和螟蛉子，就會從異姓招來婿養子，也就是所謂的「招夫」。在漢民族之間，自古以來就有嚴厲的古訓，不得嫁娶同姓之人，非常忌諱姓氏的混亂。因此，招夫通常會在自己的本姓上，冠上養家的姓氏，做出明顯的區別。漢族的姓氏為單姓，一般而言只有一字，像是孔、孟、林、吳等。另外也有複姓，像是兩個字的柳下、公冶、諸葛、司馬等。招夫的姓氏有兩個字，乍看之下容易和複姓相混，但因為複姓的姓氏並不多，區辨上並不會過於困難。至於過房子，因為是同姓，所以沒有什麼問題；若是螟蛉子，應該有不少狀況是不知道自己原本的姓氏。如此一來，不得嫁娶同姓之人的古訓，難道不需要擔憂嗎？

三九

# 媳婦仔·媠媒嫺

在漢民族之間，不只盛行收養男子，也會收養別人家的女子，將被收養的女子稱為「媳婦仔」。因為所謂的「媳婦仔」即為媳婦之意，一般來說，會認為只限於有兒子、過房子或是螟蛉子等男丁的家中，才會去收養媳婦仔，但實際上並非如此。想要收養媳婦仔，必須準備大量金錢給對方父母，簡單地來說就是人身買賣。日本的法律當然不允許人身買賣之交易行為，因此在臺灣，媳婦仔在檯面上必須完成收養的手續，而且她們不一定在將來可以迎來幸福的生活。有些人確實成為收養家庭的媳婦，嫁給長男或是次男為妻，也有些人是從收養家庭嫁到其他人家，這種被轉賣的例子並不少。甚至有些時候，不是成為收養家庭長男或是次男的妻子，而是成為養父的小妾，這樣的例子也不算罕見。如此的狀況，在臺灣社會似乎也不會被看作是亂倫關係。長年的風俗習慣讓人見怪不怪，真是可怕。以上所敘述的狀況，並不是只會出現在世人所不齒的特殊業界中，而是發生在日常一般家庭之中的事實。有兩名臺灣婦女，十年前以優秀成績畢業於今日臺北州立第三高等女學校（今中山女高）的前身，曾經在某官方機關、某社會事業方面工作。年紀輕輕的她們，每次開口必定會咒罵媳婦仔的制度。詳細詢問她們之後發現，原來兩位都是媳婦仔。其中一位是在臺北附近的農村內，家世顯赫，狀況似乎沒有太過嚴苛。另一位是過去在臺北市內相當知名的家庭，不知為何她砲火猛烈地批判這個制度。後來，聽說前者這位居住在臺北附近農村內的媳婦仔，其兄嫂都是受過中等教育的人，她被安排嫁給一位出身某專門學校的臺灣人，在臺中州的鄉里地區開業，如今已有子女二、三人，過著幸福快樂的生活。至於後者在臺北市內的媳婦仔，似乎因為複雜的家庭因素而惹出許多事端，最後不得不回歸到親生父母的戶籍之下，今日在某官方機關擔任女事務員。由於筆者並不知悉媳婦仔制度內部的詳細狀況，每每聽見兩位婦女想起十年前總是要忍受惡言詈詞，訴說媳婦仔所受到不公待遇，哀憫之情油然而生。

除了媳婦仔之外，還有被稱為「婥媒嫺」的群體。婥媒嫺就是女傭，和媳婦仔的性質相異，一般來說應該是不會拿來相提並論。媳媒嫺和日本內地的「女中〔女傭〕」完全不同，是買進門的女奴隸。買主在自己家中可以自由處置媳媒嫺，不管是要優待、酷虐還是轉賣他人。據說這也是因為國家法律不容許人身買賣，而使用各種名義和迂迴的手段暗度陳倉。以前對於媳媒嫺存在著不成文的規定，不管買進時的年齡多少，在媳媒嫺二十八歲時就必須要讓她重獲自由。如果主人家在某方面給予良好的待遇，即便只有一次，那麼只要媳媒嫺本人表明沒有意願獲得解放，主人家就有扶養媳媒嫺一生的義務。因為人身買賣是不被允許的行為，近來以媳婦仔之名義，行媳媒嫺交易手段之事實，絕不能說是不存在的狀況吧。由此看來，將媳婦仔與媳媒嫺同日而語，絕非是不恰當的做法吧，大家認為如何呢？

# 四十

# 女性的名字

不管是在哪一個國家，女性同名的狀況十分常見，或許是因為取名的範圍不如男性廣泛吧。在臺灣也一樣，有非常多同名的女性。不過在取名的方法上，閩族婦女與粵族婦女則是有很大的不同。閩族經常會取與金銀珠玉有關的名字，像是林氏阿銀、陳氏阿珠等，有許多名字會在金銀珠玉字詞上方加上「阿」字。粵族女性的名字，和閩族相同會使用金銀珠玉的相關字詞，並且多在最後加上「妹」字，像是楊氏珠妹、徐氏順妹等。觀看女性的名字，約略就能明白究竟是閩族還是粵族。因此，也可以用女性的名字來推斷其部族是閩族或是粵族。奇妙的是，女性的名字也會影響男性的名字。例如在粵族，女性的名字大多會在最後使用「妹」字，像是楊氏珠妹、徐氏順妹等，大多不會在女性名字中使用「阿」字，反倒是男性的姓名會使用，像是彭阿棟、遊阿沐[1]等。從閩族的立場來看，或許會認為他們怎麼能夠若無其事地取出這種容易被誤以為是女性的名字，因為閩族男性的名字當中很少會使用「阿」字。當然，這並非沒有例外。

在日本內地，根據地方的不同，也會出現不同的狀況：像是害怕取了太好的名字，反而會輸給名字，變成名不符實，因而故意取奇怪的名字；或是特地避開傳說中代表長壽的「鶴」、「龜」字，反而使用原本應該忌諱的「袈裟」、「衣」字❷。不過，使用「袈裟」、「衣」有點太過露骨，有些地方會用「今朝」取代日文讀音相同的「袈裟」，也有些地方創出「畩」這個字，只用來使用在名字上。在臺灣也有同樣的風俗，使用讓人難以相信的名稱來為男性取名，像是乞食（khit tsia̍h）、畜生（tsing senn）、牛屎（gû sái）、豬屎（ti sái）等。當然，這些是乳名，等到去書房上課的年紀，書房的老師便會替他們取較為堂皇大方的名字。另外，在臺灣社會中，女子到了一定的年紀，父母便會收取聘金將她們嫁給男性。也不是說生到女兒會不開心，但生了女兒後想要兒子，也是人之常情，所以會在女兒出生後，取名為招治、牽治、𤆬治、

❶譯注：此處的「遊」字依照日文原文。譯者認為，日文中沒有「游」之漢字，因此此處應為姓氏「游」之誤植。

❷譯注：之所以會忌諱「袈裟」和「衣」，是因為過去日本認為臍帶繞頸的胎兒就像是穿著和尚穿著袈裟的模樣，日文中也將和尚的袈裟稱為「衣（ころも）」。在過去醫學尚未發達之際，胎兒臍帶繞頸是非常危險的狀況。

誘治等，祈禱下一胎會是兒子。原本應該是寫為招弟、牽弟、𤆬弟、誘弟，或許是因為「弟」的發音與「治」相同，為了不要太引人注目，而使用「治」來取代「弟」。

新竹州中壢粵族夫婦和婦人的髮式。

大稻埕閩族夫婦和婦人的髮式。

勝山吉作等攝影，《日本地理大系第十一卷臺灣篇》（山本三生，一九三〇），頁三二〇。典藏者：中央研究院。數位物件典藏者：中央研究院數位文化中心。（OM）

# 四一 對待紙幣的態度

臺灣人愛錢的性格，據說是世界上不管哪一個國家的人都無法與之匹敵的程度，不過這並不代表臺灣人就是守財奴。在臺灣人當中，既有一毛不拔，只知道儲蓄而不知道花錢的人，當然也有鋪張浪費、揮金如土的人。換句話說，這是各個國家人民共通的部分，人類的心境應該不會有太大的差距。有吝嗇小氣的人，也有揮霍無度的人，傳說就算是猶太人，該花錢的時候也是會出手的。不過，說到臺灣人對待紙幣的態度，還是有些地方讓我百思不得其解。他們一方面對於金錢懷有強烈執著、喜愛的情感，但是看著他們以粗暴隨便的態度對待紙幣，總是讓我困惑不已。將紙幣捲成小小的紙捲後擱放在耳朵上方，這還不算什麼。誇張的時候會看見有人把紙幣的紙捲直接插進耳道內，還一臉稀鬆平常的樣子。在討論這樣的行為到底有多麼不雅之前，反倒是讓人替他們擔心，難道這樣做不會引起中耳炎嗎？有時候會看見他們在紙幣上寫數字，一開始還以為是什麼惡作劇的把戲，後來思考後發現，原來他們似乎是在計算當天獲利的金額，用某個東西把紙幣綁起來，並且在最上面的一張紙幣寫下最後合計的數目。另外，也曾經在一圓和十圓的紙幣上看見紅色的斑點，這是作為婚禮的贈禮。一張張紙幣華麗整齊地懸掛在檯上，用漢民族在送禮時為了表達恭賀心意時必定會使用的紅色筆墨，就這麼肆無忌憚地在國家貨幣上印下標記。上述這些都還算是好的狀況，筆者還看過更誇張的例子：舊的一圓紙鈔中間摺痕因老舊而快要破損，有人就乾脆沿著摺痕撕開，拿著一半的一圓紙鈔到銀行去要求兌換，試圖將一圓變為二圓的價值。做到這種程度，已經不同於把紙幣捲成紙捲插進耳道、在紙幣寫上數字、在紙幣上頭印下紅色斑點這一類的作為，就算是文化協會的成員，還是民眾黨的黨員也沒有辦法認同這樣的做法。面對拒絕兌換紙幣的銀行，這些人應該也是沒有勇氣拿出慣用的老把戲去召開反對演講會吧。大家怎麼看呢？

# 四二 讀書人

自古以來，支那便有很多人屬於一種稱為「讀書人」的分類，如今也是。因此，在臺灣的漢民族之間，也無法否認這項事實。所謂的讀書人，並非是某種特權階級。正如前文所述，支那原本就只是一個由多種族所混合組成的集合體，並不能說是一個具備許多必需條件的國家。支那從以前就沒有像是印度社會特殊階級一般的制度。強大的秦國滅燕、趙、韓、魏、齊、楚六國，完成前所未有的統一支那大業。秦朝末年，出現一位名為陳勝的男子，放肆地大喊「壯士不死則已，死即舉大名耳，王侯將相寧有種乎」，與同志吳廣一起計畫推翻秦國，意圖奪取天下。在支那，只要有能力，不管是誰都能夠成為王者、諸侯、將軍或宰相。實際上，「壯士不死則已，死即舉大名耳，王侯將相寧有種乎」這段文字記載於《史記・〔陳涉〕世家》之中。陳勝與吳廣兩人，沒有顯赫的家世，也沒有高尚的社會地位。以今日的狀況來看，頂多就是壯丁團❶中的壯丁罷了，竟然會想出如此狂妄大膽的計畫。不過兩人也只是作為前鋒，最後計畫並未成功。

在此之前，孟子在〈滕文公〉篇章中寫道：「顏淵曰：『舜何人也，予何人也，有為者亦若是』」；在〈離婁〉篇中寫道：「舜人也，我亦人也」，稀鬆平常地說出像是不把帝舜放在眼裡的話語。原本孔子和孟子通常只要一開口，便是將堯、舜稱為先王，表達出最崇高的敬意。但是在這些例子中，就算目的是為了要激勵他人，孟子居然能夠若無其事地將這種話說出口，這正是古往今來流淌在漢民族血液當中的民族精神。

所謂的讀書人，按照字面上來解釋，就是閱覽書物的人。就算是到前天、昨天為止都一心一意在編織草蓆、釘製皮鞋的人，只要他從今天開始讀書，他就是讀書人。就算是整天與牛、馬為伍，曬得皮膚

❶編注：壯丁團為依據《保甲條例》成立的民間團體，一定年齡的成年男子得為團員，皆為無給職，由警察指揮，勤務包括協助地方行政、維持治安以及公共工程等。

黝黑，在田裡耕作的人，只要他有一天放下犁、鍬而開始讀書，他就是讀書人。想要成為讀書人，不需要任何的身份與資格，不管是誰，只要能夠讀書，就是讀書人。成為讀書人之後，在閱讀書物的影響下，漸漸地能夠辨明是非黑白，區別善惡。如此一來，就無法像過去那般默不作聲。一有機會，就想發表自己的言論，也是人之常情。在「王侯將相寧有種乎」、「舜人也，我亦人也」的傳統民族精神下，漢民族一旦成為讀書人，不知不覺能夠多少分辨出黑白善惡之後，不是去空等著機會來臨，而是自己刻意地去製造機會，各抒己見，高談闊論。自古以來讓支那走向繁盛與衰敗的，就是這些讀書人。

在支那的戰國時代，這些讀書人成為所謂的「說客」，遊走於諸侯之間，使之戰爭、媾和、合縱、連橫，有時煽風點火，有時引水救火，壯志得酬，自豪滿足，其副產品則是各式各樣的哲學因而誕生。秦始皇在成就統一支那的大業之後，將讀書人視為眼中釘，認為讀書人只會發表一堆無益的議論，破壞安寧秩序，將他們稱做處士橫議之徒，進而採取鎮壓手段，亦即焚書坑儒——燒毀全國所有書物，只留下醫藥、卜筮、種樹的書籍，除此之外，在國都咸陽坑殺那些難以掌控的儒者。秦始皇祭出如此暴政的手段，徹底嚴懲讀書人。後世的學者也和秦代的儒者一樣，各自發表高談闊論，甚至有人說出，並非是秦始皇焚書坑儒，而是儒者自己焚書坑儒等意見。經過西漢、東漢、三國，到了晉代，讀書人們耽於虛無清談，相傳以青眼喜迎敬愛之人，反之以白眼相待[2]，也不為國家效力盡忠，一邊啪啪作響地拍打蚊子，一面發表清談之論。正所謂清談誤國，即為此也。嵇康、阮籍、山濤、向秀、劉伶、阮咸、王戎七人，世稱竹林七賢，是這個時代讀書人群體中的佼佼者。

如何對待讀書人，與國家的盛衰可說是息息相關。支那歷代帝王對於該如何處理讀書人這個問題，可說是傷透了腦筋。到了唐代，作為對待讀書人的方策而被提出的，便是科舉制度。所謂的科舉制度，是設立秀才、明經、進士、俊士、明法、明字、明算等五十多個科別，對有意願的讀書人進行測驗，篩選人才。換句話說，就是考試錄取人才。到了後世，只剩下進士一科，這項制度正如朝廷所意料地順利推行，讓天下讀書人趨之若鶩。掛上誘人的餌食——以考試任用國家官吏，讓讀書人一生埋首於科舉之中。若是在第一階段的考試有幸及

[2] 譯注：此處應出自《晉書‧阮籍傳》中「籍又能為青白眼，見禮俗之士，以白眼對之」。

第，便要求他們繼續參加第二階段；反之若是不幸落榜，就讓他們再次接受考試。如此一來，讀書人不只是年年衰老，就連年輕人加速衰老的狀況也是層出不窮。即便歷經了千辛萬苦才迎來及第的結果，但是因為國家官吏制度有人數限制，若是沒有空缺的位置，就無法成為官員順利上任，於是只能成為候補，癡癡盼望著空缺的位置出現。科舉制度在唐代以後的歷代王朝皆有採用，宋代使用的方法稱為「帖括」，明清時代則是使用八股制度。總而言之，不管是帖括還是八股，都不是為了讓考生更容易及第，反而是為了降低及第率的手段。毋庸贅言，其目的是為了抑制年年遞增的科舉應試人數。從結果來看，科舉制度並不是為了賢士廣開門路，而是為了塞阻賢士的出路。

作為處置讀書人的政策，科舉制度確實是一項成功的策略。特別是在多元種族雜居的支那，並且從壓制異族使其服從的手段上來看，也發揮了效用。然而，如果從支那長久國策的角度上來看，卻不一定是一種好的做法。一生苦讀，埋首於科舉考試，好不容易及第之際，早已過了發揮雄心壯志的年紀。等到實際當官赴任的時候，出類拔萃的人才也已是頭髮斑白的老人。隨著官階的遞升，最後得以立於廟堂之上，參與國務的人，實際上皆是一群頹齡老翁，這便是科舉制度所創造出的奇怪現象。如此一來，就算支那以擁有世界最古老文化為傲，也很難不會被嘲笑是一隻沉睡的獅子、睡醒的豬隻。廣大的國土只能任外族肆意地侵略，四億萬人民不管到世界的哪一個角落，也只能任人侮蔑和嘲笑。將支那導向支離破碎的結果，不得不說其罪魁禍首便是科舉制度。筆者並非是要擺弄文字，惡意中傷漢民族，只不過是將一部分的事實赤裸裸地訴說出來罷了。至漢代為止，充滿生氣的活潑精神還流淌在國民之間。開始傾向內部衰敗的時刻，約是在唐代科舉制度創建之後，這些都已經藉由歷史明白地說明。越是將科舉制度變得繁複冗雜，越是會讓國勢走向衰頹的傾向，也是不爭的事實。

清朝末年，留學東、西洋的學生急速成長。留學東洋，也就是從日本歸來的留學生，以及留學西洋，也就是從歐美歸來的留學生，與科舉及第的讀書人相互爭鋒。清廷因此將學成歸國的留學生與科舉及第的讀書人等同視之，依等級賦予相應的地位或官職。至此，科舉制度也不得不喪失些許的權威。一些人將在國內應試科舉的舉動視為愚行，另一方面卻又沒有出外留學的資質，也就只能走回舊有讀書人的路線。加上在國內各種學校興起，從東、西洋招聘許多教師，指導學生，讀書人的數量更是向上攀升。這一類的讀書人就像是要回到過去戰國時代的氛圍一般，一旦狀況如想像般順利，便自詡為隱居不仕的處士，七嘴八舌、無所忌憚地評論國事。其結果究竟如何雖不得而知，但是最後清朝終究是走到了頽傾崩潰的地步。漢民族要推翻屬於塞外民族的滿洲族所建立的國家，畢竟是漢民族自己的決定和行為，雖說外人沒有說三道四的資格，但是在推翻政權之後的政局，至今還是無法為漢民族帶來原先所期待的幸福、和平和光榮，不僅讓人覺得荒唐無稽，更是到了可悲至極的地步。甚至還因為如此，而連累到鄰近國家，為他國帶來麻煩。那位提出三民主義而被奉為圭臬，至今應該在九泉之下苦笑的孫文，也只不過是一介讀書人罷了。那些擺出彷彿自己是單打獨鬥發起革命的姿態，自命不凡地掀起風暴的志士們，也大多屬於讀書人之類別。

我們不能否認臺灣也存在讀書人的事實，實際上，在臺灣這塊土地上，讀書人像是許多蠕動的蟲蟻聚集在一起。現在臺灣的讀書人，大部分是被學校放逐出來的族類，而且大多是初等教育的學校，實在是讓人捧腹大笑。這一類讀書人的領袖也十分荒誕滑稽。其中許多人勉勉強強從學校畢業，雖然暫時找到了工作，卻用一些愚蠢至極、荒誕無稽的觀點強詞奪理，而被開除，或是想要被開除。其中當然也有人是學以致用，想要經世濟民，出來開設醫院或是藥局。即便世界如此地廣大，但是願意將寶貴的生命託付給這些半吊子的冒險家，應該也是寥若晨星。據說因為如此門可羅雀的狀況而不得不成為領袖的人並不少見，這實在是令人感到不安，實際上也不是什麼可以拿來說笑的事。這些有財產也有恆心的人們，與身無分文的人們一同，在一夜之間便成立起某某協會、某某黨、某某組合等，擷取抄襲在報紙上看到日本內地方面的黨規、會規等，捏造為綱領或是主張，自以為是地運用見識淺薄的小聰明，蠢蠢欲動，試圖興風作浪，時時刻刻埋首於煽動和教唆。看著他們這副模樣，內心的感情已經超越了厭惡的程度，反而認為他們十分地可悲。為了臺灣、為了人類，不，就算是為了自己，這些人難道不能再機靈敏銳一些嗎？這些臺灣的讀書人究竟什麼時候才會真正的去讀書，從噩夢當中覺醒過來呢？曾經讓讀書人熱血沸騰的科舉制度，已是過往雲煙，如今早已是毫無任何權力和威嚴的制度。今日就連提起科舉制度，也會被以狂人或是愚人視之，但是筆者認為將之作為過去的制度之一，闡述其歷史，並非無益之事。以下就以臺灣為主體，簡單地敘述清朝時代所施行的科舉制度。

# 四三 科舉制度 其一（歲科）

科舉制度所帶來的結果，不只是讓惹人煩心的讀書人衰老化，更讓年輕人提早衰老，簡直可以說是足以將人類去勢，使之成為廢物的繁瑣制度。設科考試，舉用人才，大致上需要闖過四道困難的關卡：第一是歲科，第二是鄉試，第三是會試，第四是殿試。自幼年時期開始，凡是能夠讀書、稽古、善作詩文者都能夠參加歲科考試。應試歲科者稱為童生，童生參加考試時必須出示證明身份的文書，需要一名廩生的保證。想要成為讀書人，雖然不需要身份和資格，但是因身份的不同，也有人不能成為童生參加歲科考試。臺灣過去曾經將人民的身份階級分為上九流與下九流，若是曾祖父以下三代的尊親屬中或是自己曾經從事賤業，便不能參加歲科。此處所說的賤業，一為優，二為娼，三為隸，四為卒，另外像是剃頭匠、修腳匠、牽豬哥、鼓吹手等屬於下九流的職業也包含在內（上九流、下九流詳細介紹參第九六篇）。另外，曾經犯罪受刑罰的人，其同世代也喪失成為童生的資格。

科考，也就是考試的場所，稱之為考柵。各府縣必定會設置考柵。最早在考柵舉辦的科考就稱為歲科。歲科並非每年都會舉辦，而是三年兩回，於十一月考試。歲科內又分三次考試，一為知縣所舉辦的縣試，二為知府所舉辦的府試，三為學政使所舉辦的學政試。縣與府所舉辦的稱為先考，學政試稱為本考。縣試若是無法合格，便無法接受府試；府試若是無法通過，將無法前進到學政試。在知縣所舉辦的縣試中，必須接受六場試驗，而知府所舉辦的府試亦同。此稱為一考五覆，一為正場，二為覆經，三為首覆，四為次覆，五為三覆，六為團覆。在一的正場和二的覆經若是無法合格，便無法前進到三的首覆；三的首覆不合格，便無法進入四的次覆；參加五的三覆與六的團覆，也需要先通過前一階段的試驗。同樣的狀況，在知府所舉辦的府試亦同。

縣試首日，會將前來考柵的童生關入考試會場，展開一整天的正場。正場結束後的隔天，進行覆經。接著對通過正場與覆經的合格者，依序進行首覆、次覆、三覆的試驗。慣例上，能夠進入三覆考試會場的人，會配給三塊麵包和一碗肉麵。就這樣，各關考試持續進行，有資格繼續應考的人數逐漸減少，到了最後團覆考試結束之後，會擺設酒宴，宴請考生，至此覆試正式結束。縣方面製作合格者的名簿之後，隨即送往知府。

府試的考試順序、方法、酒席款待等皆與縣試相同。待覆試全部結束後，府方面也會製作合格者名簿，隨即送往學政使。學政試是歲科的本考，也就是最後的試驗。名為學政使的官吏隸屬於巡撫部院，經常會派任督學擔任，因此由學政使所辦的學政試，又稱為院試。在學政試首先接受首覆，接著是次覆與三覆。

不管是一開始的兩次先考還是最後的本考，都會測試寫文作詩的能力。考試期間的監督十分嚴苛，特別在學政試更是嚴加戒備。漢民族這種民族從以前就是如此，不管在什麼場合或地方，只要有多數人聚集在一起，完全不會在意自己吵鬧喧騰、紊亂秩序規則的行為是不恰當的舉動。即便是在神聖的考試會場，只要監督者有一丁點的不留神，考生就會作弊。不掂掂自己有多少斤兩就去教別人，甚至還會幫別人代考，簡直就是發揮友情的大愛，這真是讓人傷透腦筋的民族性。如此的狀況在現代考試會場中也經常出現，看來當時的程度應該更為嚴重。因此，不只會有文武官員巡視考柵中的考生，嚴加監督，還會派任巡捕，也就是警官，負責監視工作，一旦發現作弊行為或是代考者，便毫不留情地一個個抓出場外。

正如上文所述，前前後後通過十五次大大小小的測驗，最後順利合格者才算是歲科及第。那麼，歲科及第者可以獲得什麼呢？其實只不過是取得了進入府縣儒學的資格罷了，這些人稱為生員。學政使會訂定日期，讓及第者再次聚集在考柵，根據成績高低順序，賞賜金花紅綾，稱之為簪蓋。生員又稱為秀才、茂才，是世人所欣羨的目標。及第歲科的生員，也就是秀才，可以進入府縣的儒學修習學業。在儒學內每年會針對生員舉辦一次考試，成績優異者可以獲得每年的學費，也就是廩膳費的支給，並被稱為廩生。成績僅次於廩生的人稱為增生，當廩生出現缺額時，由增生遞補。新入學的生員則是稱為附生。不只是廩生和增生，附生的人數也有名額限制，無法超額錄取。無法入學的生員，稱之為遺才。支付給生員的廩膳費，通常府儒學較多，縣儒學較少。廩生、增生和附生得以直接參加鄉試，反之遺才則是無法直接應考，必須接受考試後才能再去參加鄉試。能夠參加鄉試的考生，還有另一種是貢生——他們是受到優待的一群，被賦予特別的資格，以府縣儒學生員的身份參加考試。

# 四四

# 科舉制度

## 其二（鄉試）

「秀才式帽」臺南 梁瑞圖氏藏

臺灣文化三百年記念會編，《臺灣史料集成》（該會，一九三一），無頁數。（NDL）

毋庸贅言，童生費盡千辛萬苦，堅持不懈地想要在歲科中及第，為的是取得秀才之名，其後爭取府縣儒學生員的身份，為的是取得參加鄉試的資格。鄉試是測試生員，也就是秀才，最後錄取舉人的方法。鄉試三年一次，會在子、卯、午、酉年的八月於省會之地舉辦，共有三場考試，分別為首場、次場、三場。例行日期是首場八月九日，次場十二日，三場十五日。每場考試的前一日會點名檢查，入場後即實施考試，翌日則為休息時間。親臨鄉試會場監考的大多是巡撫，直隸省由順天府尹，四川省則由總督負責。試驗官稱為考官、同考官，考官有正、副各一人，從禮部侍郎以下，博士以上的人員當中挑選擔任。同考官是從直隸省十八位禮部員外郎以下，博士以上的人員當中挑選擔任。各省的狀況，最多的是江蘇省和安徽省各十八名，最少的是雲南省和貴州省各八名，從知府以下知縣以上的人員當中挑選擔任。經理試事，又稱為試驗事務官，直隸省為順天府尹，四川省為總督，其他各省為巡撫擔任監臨，其下還設有提調官、監試官、內監試官等職務，直隸省是由順天府丞、御史，各省是由道員或是府佐當中選任。由此應該可以看出官方對鄉試的重視態度。

鄉試的首場考三題四書、一首五言八韻詩；次場考五題五經；三場考五題策問。鄉試及第後，可以獲得舉人的學位，舉人又稱為孝廉，受賜冠服與白銀二十兩，並且允許在家門掛上「文魁」之匾額。舉人的第一名稱為「解元」。鄉試結束後，會開辦鄉試宴席，稱為鹿鳴宴，考官以下的人員以及舉人及第者皆能出席。關於舉人的員額，各省皆有人數限制，並非成績優秀者皆能錄取。無法排入限制員額內的人，稱為「副榜之舉人」，會記錄

臺北陳悅記祖宅中「文魁」匾額，落款一八二五年。寺人孟子攝，經裁切。（Wiki）

在揭示舉人及第者榜單的末端。科舉制度的玄妙之處，便是在於使用員額限制的方式篩選人才。換句話說，科舉制度表面上看來是要舉薦人才，實際上卻可以從推論中得知，科舉制度是在限制人才。

臺灣一開始是隸屬於福建省的一府，想要參加鄉試的考生，必須千里迢迢地渡航前往福建省會——福州。福建省鄉試錄取的總人數為八十七名，其中臺灣的員額限制是閩族三名、粵族一名。雍正十三年（一七三五）的制度只有兩名；嘉慶十二年（一八〇七）增加至三名；到了道光八年（一八二八），則是增加一名員額，規定閩籍三人、粵籍一人。員額限制的制定，是以省內府縣儒學的生員人數為基準。府縣儒學依序賦予字號，大約是採百分之一的比例來訂定舉人的員額。如此說來，大部分的人應該都會躊躇猶豫，但是被科舉制度魅惑的漢民族，即便知道只有百分之一的錄取率，他們還是會爭相去應試。從臺灣錄取閩籍至字號三名、粵籍田字號一名。當時閩籍的儒學生員多達五百人，粵籍也超過百人。

# 四五 科舉制度

## 其三（會試）

會試是向北京貢舉全國舉人，將考生聚集在貢院考試，合格者可以參加殿試。會試每三年舉辦一次，在鄉試的翌年，也就是丑、辰、未、戌年的三月，同樣也有三場考試，分別為首場、次場、三場。例行日期是首場三月九日，次場十二日，三場十五日。每場考試的前一日會進行點名檢查，入場後即實施考試，翌日則為休息時間，皆與鄉試相同。與考試相關的官職為考官、同考官、經理試事，考官正副各兩人，從大學士以下左副都御史以上的人員當中選派；同考官有十八名，從翰林以下禮部曹以上的人員選出；經理試事為知貢舉和提調官正副各一人，知貢舉由禮部侍郎擔任，提調官由禮部儀制司官出任。各場考試的課題，大略與鄉試相同，差異在於程度較高。會試及第者稱為貢士，享有被貢舉至殿試的資格，並且可以受賜公車費。會試結束之後，依例開辦宴席。臺灣距離遙遠，要前往北京參加會試，實在不是一件容易的事情。曾有提議仿效鄉試的做法，特別編列字號錄取，但是實際上人數非常稀少，根本不需要另外編列字號，只需在福建省的舉人中特取一人。乾隆三年（一七三八）與九年，臺灣與中央之間也曾經針對此事，進行過種種的議論。

# 四六 科舉制度

## 其四（殿試）

殿試是測驗會試中合格的貢士是否錄取進士的考試，屬於科考的最高層級，可說是科舉制度的大團圓。殿試的舉辦時間與會試同年，於四月二十一日召集貢士，由天子親自在保和殿進行策試。會同試驗的官職會從讀卷官十四人、大學士、學士、九卿、詹事當中挑選；提調官由禮部尚書、侍郎擔任；監試官由禮部御史出任；執事官的受卷、彌封、收掌事務由翰林、給事中、內部侍讀、禮部儀制司官負責；執事官的供給則是交由光祿寺官擔任。測試的問題稱之為制策，有數道題目，在書寫上有固定格式，只要有一點、一字的誤漏便會落第，且每題以三百字為限。最後由天子親自評定甲乙，即為所謂的殿試。及第者分為三等，稱為一甲、二甲、三甲。一甲以三名為限，一級稱為「狀元」，二級稱為「榜眼」，三級稱為「探花」。一甲三人被賜予「進士及第」，二甲若干名被賜予「進士出身」，三甲則是被賜予「同進士出身」，各有等級上的差別。接著則有賜宴之儀式。一甲進士三名所受賜的宴席在順天府舉辦，翌日則是由禮部宴請，讀卷官以下各進士受邀出席，任命內大臣一人作為主席，此宴席名為恩榮燕。其後，各進士獲賞白銀三十兩，一甲三名則是另外追加五十兩，狀元受賜朝冠朝衣，榜眼以及探花以下，受賜錦緞表裡各一。這當然不是「謝謝你終其一生埋首於科舉制度，成為枯木朽株」的謝禮。另外，也允許他們在門楣掛上「進士」之匾額。第一甲的進士及第，狀元隨即可授官翰林院修撰，榜眼及探花則是授官翰林院編修。至於進士出身和同進士出身以下的貢士，為了擔任官職，還有另一種名為朝考的考試制度。進士合格者將被授官翰林院庶吉士。勉學三年，再次參加考試合格者可擔任翰林院編修，或是翰林院檢討。貢士的合格者也可以成為京官的候補，在地方官候補人才的歲科、鄉試與會試制度中，未能及第者有機會能夠反覆參加考試，但是殿試只有一次機會，所以特地創設朝考的制度，為那些在殿試落第的讀書人拓寬錄取當官的道路。

# 四七

# 科舉制度的小故事

自科舉制度創始以來，無數的悲劇和喜劇在支那反覆地上演。其中最為膾炙人口的一段，就是唐代鍾馗的故事。唐代第六任天子玄宗之時❶，鍾馗參加殿試卻未能及第，在階梯上撞頭而死。其後玄宗生病臥床，在白天的夢魔中，有一隻小鬼出現打算偷盜玉笛，玄宗出聲喝斥。剎那間，一隻大鬼現身，頭戴破帽，身穿破舊長袍以及角帶，模樣奇特，一把捉住小鬼，將其眼珠挖出後吞下肚。玄宗問大鬼為何人，對方回答，臣是終南的進士鍾馗，應考殿試未能及第，在階石上撞頭而死，被賞賜袍帶厚葬。不可思議的是，玄宗的病情不藥而癒。據說玄宗命令吳道子畫出自己敘述的夢境，竟然與夢中所見情景幾乎

❶譯注：鍾馗之傳說存在著多種說法，有「法器說」、「蕈類說」、「堯暄說」、「唐玄宗夢仙說」、「唐德宗進士說」等。作者採用的說法為「唐玄宗夢仙說」。不過根據作者參照的《天中記》所引唐逸史，鍾馗為唐高祖武德年間中舉，唐玄宗時於夢中出現。

鍾馗旗幟。西沢笛畝，《端午玩具集　上》（芸艸堂，一九二五），無頁數。（NDL）

相同。這是引用《天中記》中唐代逸事的內容。雖說像是這種民俗傳說，並不值得拿出來大書特書，但是關於科舉制度，諸如此類的悲劇應該是反覆地在社會中上演。鍾馗辟鬼的傳說很早就傳入日本，在五月日本端午的旗幟上，會特別畫上鍾馗的模樣驅鬼辟邪，應該是眾所皆知的事情。

一甲的「進士及第」、二甲的「進士出身」以及三甲的「同進士出身」，也就是泛稱的進士。在孔廟還揭示有自康熙二十六年（一六八七）的丁卯科至道光二十九年（一八四九）的己酉科為止，共六十六次考試錄取的二百二十五名文舉人的姓名，以及自康熙二十九年的庚午科至道光二十九年的己酉科為止，共六十五次考試錄取的二百一十七名武舉人的姓名，其後則未揭示。這些舉人也是包含「副榜之舉人」在內，也就是泛稱的舉人。到了後世，基於文武如鳥雙翼、車兩輪，不應有輕重之分的主張，而在文科之外另立武科，而出現武秀才、武舉人、武進士。而在國家有喜慶的場合，臨時增設讀書人朝思暮想的科舉次數，稱為恩科。

# 四九

# 五月節・划龍船

在日本內地的五月五日，有男孩的家庭會在家門前掛起旗幟或是鯉魚旗這樣的風向袋，在家中裝飾武士人偶，表示對孩兒未來前途的祝福。這一開始是德川時代初期武家之間的風俗，不知從什麼時候開始，就連非武家之間也逐漸仿效，起初是在關東地區，最後成為全國性的風俗。不管是哪一個地方的家庭，都會將菖蒲鋪在屋簷上、包粽子吃、用

菖蒲煮水沐浴。將菖蒲鋪在屋簷上是自古以來的風俗，可以在清少納言的《枕草子》中看見相關的記載，早在平安朝時代就已經存在，即為所謂的五月節。毋庸贅言，在德川時代，五節句與八朔〔八月初一〕是當時主要的節日。五節句的中間就是五月五日的五月節，另外還有正月七日的人日，會吃「芹、薺、鼠麴草、繁縷、稻槎菜、蕪菁、蘿蔔這七種菜」的七草粥；三月三日專為女兒慶祝的女兒節，擺設出眾多的女兒節人偶，搭配上人偶的各式道具和配件，供上菱餅，插上桃花，飲用浸泡桃枝的酒；七月七日的七夕，將有顏色的紙片或是寫上心願的短竹片、木片掛在竹枝上，舉辦乞巧慶典；九月九日的重陽節，會以浸泡菊花的菊酒祝賀。明治初年，在制定十大節日[1]的同時，廢止了過往的五節句，就算想要慶祝，也只是家庭內部的活動，不再是公開的官方節日。此處所提到的五節句，皆是起源於支那的節日，但是傳入日本之後，大多已經日本化，不少地方已與支那原來的節日大異其趣。在臺灣人之間，將農曆的五月五日稱呼為五月節（Gōo gueh

[1] 譯注：明治初年制定的十大節日為：四方拜（一月一日）、元始祭（一月三日）、孝明天皇祭（一月三十日）、紀元節（二月十一日）、春季皇靈祭（三月二十日）、神武天皇祭（四月三日）、秋季皇靈祭（九月二十三日）、神嘗祭（十月十七日）、天長節（十一月三日）、新嘗祭（十一月二十三日）。

tseh）或是端午節（Tuan ngóo tseh），喜歡祭典的臺灣人，照例會施放爆竹、焚香祭祀，也會包粽子來吃。遠在古時候的夏代，將正月定為寅月，因此五月便是午月，五日則可以稱為午日。又因為五日是月亮初始之端，而將五日稱為端午，因此五月節又稱為端午節。在支那民族之間，將五月五日稱為五月節或端午節，並且展開祭祀活動，似乎是從長江流域開始的風俗。關於此事，留下有趣的傳說。

周代在長江流域地區有一大國名為楚。經過春秋時代，接近戰國時代末期之時，楚懷王有一位臣子名為屈平，字原。屈原雖屬楚王一族，擔任三閭大夫，掌管王族昭、屈、景三族，對內可以和楚王商議政治，發號施令，對外可以接待賓客，應對諸侯，深受楚王的信賴。然而，當時有一位與屈原地位相當的人物——上官大夫靳向。靳向不管從哪一個方面來看，都無法與屈原匹敵，因為嫉妒屈原的才能，而向楚王進讒言，楚王因此而逐漸疏遠屈原。屈原內心十分震驚與悲痛，愁苦煩悶之餘寫下〈離騷賦〉，希望可以促使楚王反省。楚懷王之子襄王也聽信他人讒言，而將屈原流放至江南。即便如此，忠肝義膽的屈原從未忘卻王室。他前往江漢、澤畔，作《九章（惜誦、涉江、哀郢、抽思、懷沙、思美人、惜往日、橘頌、悲回風）》抒發志懷，最終還是無法促使楚王省思。屈原所作的文章有許多都留存了下來，其獨樹一幟的風格，作為長江文學，可說是替南方揚眉吐氣的作品。

楚國的王室，是三皇五帝時代中顓頊的子孫，顓頊是黃帝之子——昌意的兒子，所以楚國的王室屬於夏族。因此，身為王室下一族的屈原，也應該是夏族。然而，楚又稱為荊蠻、南蠻之國，在苗族敗退移動後，許多苗族子民應該都留在楚地。從北方遷徙而來的夏族，雖然在政治上無疑是處於勝者的地位，但是在思想上卻不可能完全不會受到敗者——多數苗族的影響。從屈原在文章中使用楚地方言的文字，便可以驗證上述的說法，因此將之稱為楚辭。楚辭也可以看作是苗族文學的一種，屈原以外，還有宋玉、唐勒、景差等門人，皆作楚辭，其中以宋玉最為著名。屈原藉由楚辭抒發心境，但是他不管多麼努力地控訴與吶喊，卻完全沒有獲得反響，最後投身汨羅江而死。汨羅江位於今日湖南省湘陰縣北方，是向西流進長江的支流——湘水的一支。

德川時代的狂歌師曾說：「沒有必要去死，卻投身汨羅江，人說倔屈原」，話語中似乎毫無同情之意，不過深知屈原忠貞高潔情操的楚國人民，聽聞屈原投江，紛紛乘船而出，喊著要去救三閭大夫、不能讓屈原死去等，無奈最後還是無法救起屈原。這一天恰巧是五月五日，長江流域的人們心想，可憐的屈原投汨羅江而死，其魂魄應該飢餒不已，因此每到五月五日，家家戶戶都會包粽子祭祀屈原，這就是五月節的由來。而這一天為了救助屈原，爭相乘船奮力划槳的行動，也成為後世划龍船（pê lîng tsûn）的習俗。船的艫部為龍頭模樣，舳部為龍尾模樣[2]，並在船身畫上龍鱗，因此稱為龍船，用槳划動龍船，故稱為划龍船。臺灣也會在每年農曆五月五日划龍船，不管是北部或是南部。不僅僅是支那和臺灣，據說古時候在長崎也曾經有划龍船的活動，因為在德川時代，有許多支那人來到長崎，或許看著那些支那人划龍船，長崎人也想自己試試看。假如在九州沿岸和日本海沿岸的地方進行踏查，或許現今在形式上有些變化，但說不定可以看到一些起源於划龍船的活動。

[2] 譯注：日文原文中將艫部理解為船尾、舳部理解為船頭。在此譯者遵照教育部國語辭典解釋，艫部為船頭、舳部為船尾。

五十

# 分頭相續的弊病

在臺灣民族之間，至今還存在著人身買賣的事實。因為人身買賣是國家法律所不容許的行為，總是在檯面下以秘密且巧妙的手法進行。畢竟是要買賣活生生的一個人，雖說是秘密，也幾乎可以說是公開的秘密。毋庸贅言，買賣的內容主要是女子。就算有不孝子會狀告父母打算奪取資產，但是會棄自己親生骨肉於不顧的殘忍父母，在臺灣並不常見。不孝子也還是自己可愛的孩子，這可以說是世間父母不變的情感。在臺灣民族也是，當孩兒到了適當年齡，做父母的要早點幫他娶媳婦，希望早點抱孫子的心情，也是亙久不變。只不過在臺灣社會，想要娶到一位年齡合適的媳婦，若沒有足夠的金錢，是沒有辦法讓兒子順利成婚的。在臺灣民族之間，自古以來就存在著嚴格的聘金制度，若無法拿出大筆的金錢給對方，對方不會輕易答應將女兒嫁為人婦。因此，出現了媳婦仔制度——趁著女子年紀尚小之時，也就是價錢還沒有太高的時候，先迎來家中。不管年紀再怎麼小，當然不可能會到免費的程度，但是與適婚年齡的女子相較，毋庸贅言是非常經濟實惠的價格，其中當然也會隨著年齡和容貌而有所變動。表面上雖說是「迎」來家中，事實上就是「買」回家。慣例上來說，會辦理收養的手續，鑽國法的漏洞。因為是用金錢買回家，老實說就會被看作是資產的一部分。當媳婦仔長大到適婚年齡後，順利的話就是成為收養家庭的媳婦，但也如同前文所述，難免也會出現各種悲喜劇的狀況。在人身買賣的例子中，除了媳婦仔之外，還有媠媒嫺。媠媒嫺完全就等同於女奴隸，與媳婦仔相較，處境又更加悲慘。最近，媠媒嫺的買賣也是在表面上辦理收養的手續，若無其事地鑽國法漏洞。

先前也已經提過，臺灣民族的人身買賣並不限於女子，若是有必要也會買賣男子，而且大多是出自於不單純的卑劣動機。在日本內地可能常常會聽見，失去愛子的父母看到同齡的孩童，愛護之情油然而生，進而提出想要收養的故事；但是臺灣民族的動機，卻完全不是出自這種動人的情感。如果我們用之前提過「極端的利弊觀念」來解釋，應該就可以明白。在分頭相續的狀況下，親生兒子當然是不在話下，即使是過房子、螟蛉子、養子、撿來的孩子等，只要是男子，均可平分資產。沒有孩子卻又深謀遠慮的寡婦，會為了財產

《臺灣日日新報》一九二八年五月二十二日，六版。

男の子を百五十圓で
賣り飛ばして
平然たる親

世の中にこれ程呑氣て馬鹿々々しく何んと云つて好いか全く御話にならない事件が最近臺北にあつたと某判官は云ふ何事かと聞けば

最近臺北大稻埕の或る資産家で養女の間に遺産相續の訴訟が起つた其養女は手續上後繼者の必要があるので何處からか男子を貰つて來

一九二五羽）鵜（四二羽）青鷺（二一七羽）むらさき鷺（三九羽）五位鷺（六一二羽）へら鷺（一三羽）でこれは前年度には一羽も捕れなかつた珍鳥鸛（四八羽）鷹（一五九羽）うづら（一一六一羽）てつけい（七四〇羽）くいな（三一〇羽）しやくしき（七三羽）白頭鵠（五一九五一羽）で二三一二羽増捕、むくどり（三三六羽）つぐみ（七〇一羽）あんつい（九七一

分配而預先做好準備，買來男子，靜待繼承時機的到來。在最近五月二十二日的《臺灣日日新報》中可以看見「將男孩以一百五十圓賣出也毫不在意的父母」標題，這是一個適當的例子，可以輔助說明上文，在此簡單介紹。某位法官說，最近在臺北發生了一起不可思議的事件，世界上居然會有如此隨便、過分、不知該如何形容是好的事情。問他究竟發生了什麼事情？他說最近在臺北大稻埕的某資產家中，與養女

之間發起了遺產繼承的訴訟。那位養女在手續上需要一位繼承者，因此考慮要從別處收養男孩作為養子，讓養子繼承資產家的遺產。由於出現了那位男孩究竟是從何處買來的爭議，因而展開調查，調查後發現這實在是太過分，根本不是人類會作出的事情。某日，一位居住在北投地方的本島人，因為缺錢而打算用自己的孩子換錢，帶著兒子前往臺北的途中，來到雙蓮停車場處。這時一名陌生女子走近他，說「這個小孩是個好孩子，我想要他，你賣不賣」，進行交涉，本島人就順水推舟，決定用一百五十圓賣給女子，先拿了二十圓的訂金，將兒子交給女子後，再領取剩下的一百三十圓，順利完成交易，男孩就留在女子的住處撫養。前文提及的訴訟，那位養女的繼承人就是這個男孩，有必要去調查男孩住在北投的生父。最後總算是找到生父本人的住址，詢問本人的意見，其回答更是出人意料：「我根本就不認識那個女人。我想要錢，原本打算帶著那個小孩到大稻埕去，看看有沒有人要出錢買他。在雙蓮那個女人來搭話，就賣給她而已，他會不會成為有錢人家的少爺，不關我的事。」生父一臉毫不在乎的模樣，讓調查的法官一時之間瞠目結舌，呆若木雞，後來笑著說，即便是現在的臺灣，居然也還是存在著這麼隨便散漫的人啊。

# 五一 臺灣民族與交通道德

凡是文明國家的國民，應該都具備常識——道路是一般的公共設施，在使用時應該謹慎小心，多加注意，避免因為自己的作為而妨害他人。但是如果把對象換成臺灣民族，便是截然不同的結果。似乎正因為是一般的公共設施，所以沒有必要顧慮會妨害到他人一般，在道路的使用上十分欠缺節制之心。在路面灑滿飼料，將道路作為家畜的飼育場所，實在是讓人不敢置信。更過分的狀況是，未經許可便擅自開墾道路用地，稀鬆平常地種植蔬菜瓜果，筆者已在前文述及。換句話說，文明人會認為，因為道路是一般的公共設施，所以在使用上必須多加留心，避免造成他人困擾，這是文明人的常識。臺灣民族則是完全相反，他們認為正因為道路是一般的公共設施，所以可以濫用、惡用，根本就不知道什麼叫做顧慮。從這裡就可以明顯看出文明和野蠻的差別。

在日本內地，堆積在人力拖車[1]上的眾多貨物，只要有一丁點超出車板外部，搬運的車夫[2]會一路說著：「哎呀，真是抱歉！」一一向周圍人物打招呼。這是多麼令人感動的心意，就連萍水相逢的陌生人，在坡道上也會忍不住想伸出手來幫忙車夫，從車後推上一把。明治初年，那是秋葉大助發明人力車，開始在市街上來回的時候，車夫會喊著「哎呀，真是抱歉！」一一告知周邊，盡量避免造成他人困擾。據說因為他們會繞路，乘坐人力車的乘客反而容易比步行的行人還要晚到達目的地。過去，東京的何某軍醫正[3]，接到要前往聯隊的請求，原本打算一個人騎馬前往，但是當他詢問使者請求他前往的原因為何，知道是為了急病的病患，他表示那還是步行前往好了。一般人會以為那是因為何某軍醫正的馬術尚未成熟的緣故，但是筆者認為在交通繁雜，特別是騎馬事故頻繁發生的今日，這位軍醫正的體貼心意實在值得大家的尊重。

臺灣民族自古以來就是毫不在意會給他人帶來困擾的種族。在拖

[1] 譯注：日文稱為「大八車」，名稱由來有許多說法，一說是一臺車可以裝載需要八人搬運貨物的份量，一說是車臺大小約為八尺，故名大八車，是日本近代以前主要的物資搬運方式。

[2] 譯注：日文稱為「車力」，是從日本平安時代中期至明治時代，拖拉車輛搬運貨物的業者。

[3] 編注：「軍醫正」為軍階名稱，與佐級（即國軍的校級）軍官同階。

車上堆積大量貨物，貨物超出拖車外，就算不是狹窄的路面，也會對其他通行的行人造成麻煩，但是他們卻絲毫不當一回事地拉著滿載貨物的拖車到處奔走，完全不會顧慮到是否對他人造成困擾。倘若有人親切地提醒，他們也不會表現出一絲絲反省的態度，反而會惱羞成怒地回擊：這不是天下公用的道路嗎？我使用天下公用的道路有什麼不對嗎？跟你們又有什麼關係呢？我根本沒有道理要聽從你的提醒！真是讓人傷透腦筋的民族。以前老子說要統治支那民族，應採無為而治，實在是卓越的見解。支那民族是由多元民族雜然組成的集合體，在如此的社會中，大家都是任意妄為，沒有接受任何的限制和訓練，過著以自我為中心的生活，倘若突然要用國家組織的方式加以統治，往往會以失敗收場。老子多年鑽研的結果，認為要統治支那民族，除了無為而治之外，別無良法，不愧是禮之大家。老子云：「為無為則無不治」，又說「道常無為而無不為」。歌頌國家組織統治方式的孔子，也曾經受教於老子，在《論語・衛靈公篇》中的「子曰。無為而治者。其舜也與。夫何為哉。恭己正南面而已矣」，讚頌無為而治。曾有人說，賢明的主婦在使喚女傭的秘訣上是「不要使喚女傭，而是讓女傭使喚」，這也可以說是深切領悟老子哲學後的感想。

從臺北市內的龍口町[4]往萬華車站方向途中，有一個名為溪店仔的小村落，在村落的

4 編注：今植物園以南，建國高中一帶。

正中間有一座土地公廟。土地公廟附近的路既蜿蜒又狹窄，每當來到這座土地公廟旁，臺灣人的人力拖車、挑著扁擔做買賣的貨物、人力車等，彷彿是事先約好了一般，無論何時都占滿了整條路面，不知道有什麼必要，高聲喧擾地說著話。就算沒有這些人占據道路，路面就已經非常窄小，通行上原本就十分地不方便，臺灣民族果真是非常地慵懶散漫。究竟是不懂得體諒，還是本來就遲鈍笨拙，再怎麼樣也沒有必要在如此狹窄的道路上，占據整個路面來閒聊。不過因為是不會在乎造成他人麻煩的民族，會有這樣的行為也是理所當然的吧。他們的心理或許是這麼想的：為什麼要如此急躁呢？你也一起加入我們聊天的行列如何？如果你真的這麼趕時間，繞個路不就好了嗎？這實在是愚不可及。就算只是一週兩天，而且還是一天只要從那條路通行一次的人，都覺得非常困擾了，更何況是那些每天需要頻繁通行的人們呢？如此的狀況，不只會發生在溪店仔這個地方，與此相似的交通難題想必也存在於其他各處。

臺南鞋街和草花街的街景（約今臺南市忠義路二段和公園路之間的民權路二段），可能在一九二〇年代之前。（Michael Lewis Taiwan Postcard Collection, LDR）

經常可以在報紙上看見類似以下的報導：像是在臺南地方，當地攤商被負責指揮交通的警察提出警告時，絲毫不見其反省之意，反而經常反咬一口，且每次總是會有自稱某協會會員或是某黨黨員的閒人跳出來，將事情鬧得更加繁瑣複雜。在這種狀況之下，似乎有不少人會把責任直接歸咎於警察缺乏常識。雖說不能一口咬定警察絕對不會有缺乏常識的時候，但是請大家別忘記，這些其實大部分是因為上述臺灣民族性的因素所致。在日本內地雖然也有缺乏交通道德的人民，但那大多數是因為欠缺教育的結果。相反地，與日本不同，

臺北北門通街景（今日延平北路），約一九三〇年代。（Lin Chia-Feng Family Postcard Collection, LDR）

比起未接受教育的人，在臺灣違反交通道德者卻反而是接受過教育的人民較多。在教育最為普及的地方，今日臺灣人的教育程度大部分是公學校畢業，其中也有教育程度較高的民眾，不過最多也是中等學校或是專門學校畢業，途中肆業的人似乎也很多。要這些人模仿文明人的作為，或許是太過困難了。心中認為因為是一般大眾的公共設施，所以不能肆意妄為的文明人，與心中認為因為是一般大眾的公共設施，所以任性妄為也沒有關係的臺灣民眾，兩者之間存在極大的隔閡。這也只能視為是過渡期的現象之一。

五二

# 臺灣民族的信仰

臺灣民族也有所謂的信仰，當然也存在著迷信。究竟是信仰還是迷信，筆者認為不應該輕易地加以區別和斷定。歐美人總是習慣輕易地區別信仰與迷信。很多歐美人打從心裡認為，只有歐美人信奉的才是真正的信仰，信仰耶穌以外的，便不是真正的信仰，而且並不是狂人才會有這種想法。就像某位法國的天主教傳教士，他在教會祭壇上道貌岸然地闡述：相信宗教才是真正的信仰，相信宗教以外的東西便不是真正的信仰。例如佛教便不是所謂的宗教，只能算是一種哲學。相信學說之事，不能被稱之為信仰。因此，佛教並不是我們的敵人。我們天主教的敵人，其實是基督新教。聽聞這位神父的話，我不禁啞然失笑。原來如此，相信宗教才是真正的信仰，如果只有耶穌教是真正的宗教的話，那麼接下來的那些理論也就可以若無其事地說出口了。究竟是以什麼為標準來區別宗教和非宗教的不同呢？如果無法提出讓人信服的說明，那麼信仰和迷信的區別，不也是無法輕易達成的嗎？現在雖然沒有這樣的傳教士，就算有也不會被派到千里之遙的東洋來，但是在日本內地人當中，卻有人洋洋得意地說出像是上述傳教士所說出的話語。滑稽的是，那些人大多是耶穌教的「信者（？）」，他們總是武斷地將臺灣民族信仰歸類為迷信。非宗教專家的人士，無法判斷臺灣民族的宗教行為究竟是信仰還是宗教，至於少數人所說出的那些狹隘、偏見、不徹底的意見，應該也沒有必要去聽信。

關於臺灣民族的宗教行為究竟是信仰還是迷信的考究，就留給宗教專家去處理。與世界其他民族相同，在臺灣民族當中也存在著所謂的信仰，信仰則必定有崇拜的對象：一是來自自然崇拜，一是來自靈魂崇拜。毋庸贅言，自然崇拜的對象有日月星辰、水火雷霆、山川草木等；靈魂崇拜的對象則是有偉人豪傑、麗人淑女等幽靈鬼魂。更不用說，臺灣民族的信仰是承繼自支那民族。支那是從很早以前就擁有文化的國家，是多元種族混雜的國家，同時也是各種宗教接二連三傳入國內的國家。正如同支那內部在信仰上有無數的崇拜對象，臺灣民族也很明顯地有崇拜自然與靈魂的風俗。其中，自然崇拜的代表性例子首推城隍爺，靈魂崇拜的代表性例子則是媽祖。在眾多崇拜的對象當中，城隍爺與媽祖實為臺灣民族信仰的兩大中心。

# 五三 城隍爺

## 其一（由來）

城隍爺是臺灣民族最敬畏的神祇。要說祂原本是屬於何種系統的神祇，因為是將城郭隍濠奉為神明祭祀，而城郭隍濠是為了民生上安居樂業而建造，所以屬於自然崇拜的一種。這是基於民眾認為之所以能夠日夜安穩居住，都是因為有堅固城郭與深邃隍濠的保護所致。從很久以前開始，城隍爺就以地方守護神的角色被崇拜著，是地方民眾最敬畏的神祇。由於是地方神祇，隨著行政區劃大小的不同，城隍爺管轄的範圍也會有廣狹的差異，名稱上有類別的區分，爵位上也有階級的高低。位於各庄，管轄庄內的稱之為土地公，又稱為福德正神。位於各堡，管轄堡內的稱之為境主公。位於縣以下層級的，總稱為城隍爺。位於各縣，管轄縣內的稱之為縣城隍；位於各州，管轄州內的稱之為州城隍；位於各府，管轄府內的稱之為府城隍；位於各省，管轄省內的稱之為都城隍，都城隍即為總城隍之意。位於北京，掌管全國的稱之為天下都城隍。

在庄、堡地區，居民的家屋經常是點狀分布，不會集中在同一區劃之內，故在庄、堡不會建造城郭和隍壕。因此即便是同樣的神祇，不稱之為城隍爺，而稱呼為土地公或是境主公。土地公、境主公和城隍爺三者，雖然名稱不同，但是可以將之視為完全相同性質的地方神祇。

城隍一詞，為城、池之意，在支那文書中首次出現於《易經》泰卦的「城復于隍。其命亂也。」支那式的築城法，是先在地上畫線，將線的內外側土壤挖起，堆放在線上，以此方式持續進行。如此一來，不管是方形、長方形、圓形還是橢圓形，可以同時完成計畫中的城郭、內隍和外濠，且城郭的高度與內隍、外濠的深度皆能維持正比，這便是能夠讓民眾安居樂業的城廓。當城牆崩落至內外的隍濠，便顯示出國運紊亂的傾向，《易經》所謂「城復于隍。其命亂也。」便是訓誡為政者切勿更動城牆隍濠。《禮記．禮運篇》中有「天子大蜡八。水庸居七」。大蜡是天子在年底宴饗萬神的祭典，水庸即為城隍。天子在年底所行的大蜡祭典有八種，其中的第七種是水庸，也就是城隍的祭典。這是支那將城隍祭祀為神的起始。如此看來，將城隍作為神祇祭祀的習俗，早從十分久遠以前的古代，較孔子更早的時代就開始了。南北朝時代的《北齊書（列傳十二）》中，可以看見慕容儼向城隍祈禱而獲救的記載。唐代的張說與張九齡等人，同樣留下祭祀城隍的文章。五代唐愍帝的清泰年間（九三四—七），開始將城隍封為王爵，因此稱為城隍爺，「爺」是被封王爵時的尊稱。自宋代起，城隍爺的祭祀普及為一般的風俗。明代初期，以京城為首，在各郡縣一律建造神壇祭祀城隍爺，並且加封，府的城隍為公爵，州的城隍為侯爵，縣的城隍為伯爵。城隍的公爵稱為威靈公，侯爵稱為綏靖侯，伯爵稱為顯佑伯，應該就是從這個時代開始。明太祖洪武二十年（一三八七），改建城隍爺廟宇，彷彿官方建築物一般，設座位判事，彷彿長吏，也就是地方長官在執事一般。到了清代，將城隍爺列入祀典，亦即由國家進行官祭。

# 五四

# 城隍爺

## 其二（任務）

在漢民族之間，城隍爺的任務被看作是等同於地方官一般。相對於地方官主要是統治現世的陽間，也就是五官感知的世界，城隍爺則是專門掌管陰間，超越五官感知的世界，甚至也支配來世。因此，將地方官稱為陽官，城隍爺稱為陰官。屬於陽官的地方官，只能夠判處違反法律之事，但是屬於陰官的城隍爺，從現世橫跨到來世，可以評斷人的吉凶禍福。民眾深信當一個人陷於貧困、遭逢厄難、罹患疾病，甚至是失去生命，這些全部都是城隍爺審判的結果。這也是為什麼人們對於城隍爺的敬畏，會比忌憚地方官的程度還要高。另一方面，民眾也相信城隍爺會獎賞行善之人。

漢民族從以前大概就有一種傾向，一定要將所有的事情加以現實化才會滿足。他們深信，就像是地方官隸屬於天子，負責地方事務一般，城隍爺是隸屬於天公（也就是玉皇上帝），在陰間輔佐的地方官，主要負責管轄範圍內的司法和警察事務。如同地方官之下會分部設課，有許多從屬的官僚分擔執行各項事務一般，城隍爺之下也有各司，其內有許多所屬的神祇，分擔各項神務。一般來說有六司：陰陽司（又稱為糾察司）、速報司、獎善司、罰惡司、延壽司、增祿司。六司又可以細分為十二司、十六司或是十八司。十八司為：衡文司、富順司、錄善司、癉惡司、介壽司、財帛司、考功司、威鎮司、子孫司、速報司、命祿司、掌儀司、採訪司、宣發司、贊政司、圖籍司、福祿司、啓達司。以上各司，有文判官與武判官二判官、馬爺與牛爺二爺、另有枷爺和鎖爺二爺，以及二將軍——謝將軍（謝必安）躼爺和范將軍（范無咎）矮爺，負責執行神務。上述諸神，從頭以一爺二爺三爺四爺五爺六爺七爺八爺來數的話，謝將軍是七爺，范將軍是八爺。小孩將謝將軍與范將軍稱呼為七爺、八爺，便是這個由來。另有所謂三十六神將，不過是否全數從屬於城隍爺，還是一個疑問。三十六神將為：紀仙姑、連聖者、五龍官、鎖大將、金舍人、倒海大將、李仙姑、馬龍官、劉聖者、枷大將、康舍人、移山大將、趙元帥、殷元帥、岳元帥、王孫

䯄爺矮爺。《臺灣寫真帖》第一卷第八集（一九一五）。（LDR）

元帥、辛元帥、必大將、康元帥、溫元帥、咒水真人、鄧元帥、李元帥、高元帥、勸仙姑、張醒者、拿大將、江仙官、虎加羅、食鬼大將、何仙姑、蕭聖者、捉大將、紅化官、馬加羅、吞精大將。

由於城隍爺與地方官的關係，慣例上地方官會在上任三至五天內，前往參拜城隍爺，進行奉告儀式。又或者地方官審判案件時，若被告人頑固不願說實話，會帶著被告人前往城隍廟，要求其在神前發誓。而當地方官自身在審判工作上有所苦惱，也會在夜間前往城隍廟參拜，請求城隍爺托夢等，

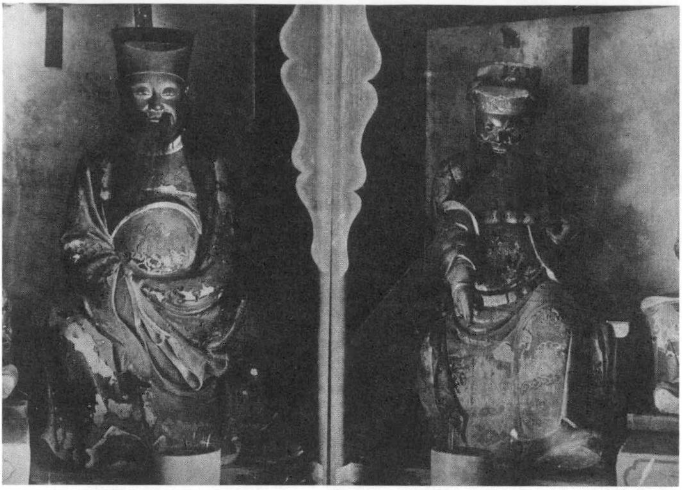

速報司（右）和功告司（左）。《臺灣寫真帖》第二卷第二集（一九一六）。（LDR）

諸如此類彷彿戲劇浮誇的例子。睿智機靈的地方官，有時便會利用上述這些舉動，作為統治地方民眾的手段。就連社會地位較一般民眾高的官吏都會這樣做，更何況是一般民眾，一旦有事發生，大家便習慣前往城隍廟祈願。當人們罹患疾病，因為深信那是冥冥之中犯下罪行導致的結果，於是便帶著謝罪的誠意到城隍爺面前，祈求疾病痊癒。一旦身體痊癒，在大祭當天，有些人（不問男女）會身著奴婢（也就是以前的罪人）所穿的黑衣，在腰間纏上白布，脖子上戴著夯枷、紙枷、刀枷等各式各樣的頸枷，表示自己願意服罪的誠意，加入祭典的行列。有些人（只有男性）會在臉上畫三十六神將的神貌，頭戴神將的冠帽，表示自己奉侍的誠意，加入行列。

# 五五 城隍爺 其三（雜談）

有趣的是，因為官吏有交替更迭，所以城隍爺也有同樣的狀況。當城隍爺出現缺位，會任命其他人填補空缺。城隍爺的補缺，一般相信是以下兩種人：一是生前忠良孝悌的有德者，死後有成為城隍爺的資格；二是生前有學問教養，並且無任何惡行者，死後可以接受城隍爺登用考試，及第者便能獲得成為城隍爺的資格。因此，孜孜不倦、廢寢忘食的讀書人，認為就算活著的時候無法成為官吏，只要生前願意行善積德，死後還可接受城隍爺登用考試，獲得成為城隍爺的資格。由此可以窺探出漢民族思想之一隅。

由於城隍爺是負責掌管現世至來世賞善罰惡的任務，容易與閻羅王的職務混淆，其中甚至也有人認為城隍爺即是閻羅王。過去我國的新井白石曾經慨然說道：「放心吧，若是生前無法封侯，死後應為閻羅王」，這並非來自支那讀書人對城隍爺的認知，只不過是在闡述自己過人的決心。若是有人提出異議，認為這樣的說法會讓白石蒙羞，抹煞白石的豪爽，那麼筆者當然也不會固執於自己所提出的愚見，隨時願意爽快地收回。

更有趣的是，漢民族有喜歡現實化的癖好，所以會將神佛視同為平凡的人類，以人類所擁有的七情六慾恣意揣測神意，認為神也會有滿足情慾的需求。因此，會為男性的神佛提供夫人作為撫慰。城隍爺方面，大多在其廟宇的後殿會配祀城隍夫人的神像，城隍夫人又稱城隍媽（Sîng hông Má）。甚至還會出現城隍大夫人、城隍二夫人等，提供一位夫人以上的例子。在昭和四年〔一九二九〕二月二十六日《臺灣日日新報》晚報〔四版〕的漢文欄小說，刊載了一篇題為〈城隍娶妻〉的文章，敘述城隍爺新娶媳婦之事。這原本是支那的故事，但是可以從中窺見民族性格，甚感有趣，因此試著翻譯介紹如下。

有客人從〔上海〕浦東三林塘鄉前來，表示該鄉竟然有城隍娶妻之奇事。在這個破除迷信的時期，居然還會發生這種事情，而且內容還十分離奇。三林鄉東列四圍的張家宅，住有農民俞友山和妻子龔氏，均年五十有餘，育有一女，取名小珠。小珠天資聰穎，父母十分疼愛，視為掌上明珠。不料就在去年的九月十三日，俞友山和妻子前往田畝耕作，將愛女留置家中，等到日暮時分返家後，竟然發現小珠早已斷氣。夫妻倆悲痛欲絕，為了愛女打理後事，抱頭痛哭，也無從得知愛女猝死的原因。其實小珠應該是因為突發性的急症，在無人知曉的狀況下死於非命。有位女巫表示，東鄉的城隍秦老爺出巡經過此鄉時，看見小珠的容姿秀麗，回到廟宇後派手下去帶回，作為夫人，若是你們夫婦不願意答應，恐怕性命不保。俞夫婦聽聞後十分惶恐，於是答應將愛女貢獻給城隍。在附近的四圍與南二區、三區界線一帶有一間廟宇，沒有人知道是什麼時候建造的城隍廟。上個月由沈某及附近各村的農民一同出資翻修，打造神桌，訂製布幔，買齊新床以及所需的用具，為城隍訂製衣鞋，使用香樟雕刻小珠雕像約四尺高，讓雕像穿戴上朱衣鳳冠。待所有用品調度齊全後，召集女巫與好事的農民前來集會，選在農曆十二月初三舉行結婚大典。廟公毛遂自薦，擔任媒人。大典當天，在張家宅搭建了兩座蘆棚，一朝東邊，一朝西邊。朝西邊的聘請一組京調的音樂團；朝東邊的是作為城隍的居所，邀請劉猛將（驅逐蝗害十分靈驗的神祇）作為陪客，時至正午，劉猛將已到場。下午一點，媒人先乘轎前往新娘家中。城隍從瑞雲現身。一時之間，旗海翻飛，威風凜凜。城隍登上彩轎，前往新娘家中，在劉猛將的上位坐下，新娘家中的女雕像也被抬出，安放在茶宴座席上。觀看者可說是人山人海，燒香跪拜的民眾更是有千人以上。下午三點，將城隍及小珠的神像恭抬進廟宇。俞友山以岳父的身份，奉上全新綢緞棉被兩條、便桶一個作為嫁妝。根據女巫的說法，岳母龔氏必須每星期一前去清洗一次。嗚呼！這真是個瞎三話四的故事。安得像是西門豹（戰國時代懲治女巫的魏國人）的人物出現，能驅除這位妖言惑眾的巫女呢。

過去，支那會在罪犯的頸部及手腳處套上頸枷、手枷與足枷，送往官廳。因此，面對城隍爺，如果自認為有罪，為了展現謝罪的誠意，便會前往城隍廟貢納金錢，拿夯枷、紙枷、刀枷等自己套上。城隍廟這項收入經常會超出原先預期的金額，在講究利害關係的漢民族之間，也經常會針對該如何運用這項收入而引起議論，實在是讓人看不下去。就在二、三年前的新竹城隍廟，針對這項收入引發爭議，甚至告上法庭，如今還是記憶猶新。每年農曆五月十三日舉行大祭的城隍爺，稱為霞海城隍廟，位於大稻埕永樂町，是清朝淡水縣（亦即臺北地方）的縣城隍。在淡水縣所在地設置臺北府的時間是光緒元年，也就是明治八年（一八七六），但其後的二十年間，在還沒建設為府城隍的狀態下，臺灣便改隸日本帝國。根據丸井圭二郎[1]的《臺灣宗教調查報告書》，全島的土地公廟有六百六十九座，城隍廟有二十九座。但是在報告書中並未提及境主公廟的數字，或許是將境主公廟也列入土地公廟的數字之內。

[1] 譯注：此人姓名應為「丸井圭治郎」。作者以及原書編輯群應熟悉此人，但是在原書中皆表記為「丸井圭二郎」，或許有當時特殊的考量，暫難以確認，姑且保留原書用字。

五六

# 城隍考試

接受城隍爺考試的故事，刊載於支那清代小說《聊齋志異》開卷第一的〈考城隍〉。《聊齋志異》，正如書名所示，是由各種志怪小故事所集結而成，作者為蒲松齡。以下試譯〈考城隍〉的故事。

予（作者蒲松齡）姐夫的祖先——宋公諱燾，為邑之廩生，某日臥病在床，偶然看見吏人手持官廳文書，牽著一匹白額馬前來，要他前去赴試。燾回道：還未準備好，為何突然要我前去應試？吏人不發一語，只是敦促。燾奮力起身，乘馬跟隨吏人前去。路途生疏，最後抵達某一城郭，看起來像是王者的宮殿。過了一會兒，進入府廨，宮室壯麗，上方坐有十多位官人，不知為誰，其中只認得關帝一人。簷下設置了兩組桌椅，已經有一位秀才在座位上。燾隨即與秀才並肩而坐，桌上各置有紙筆。不久，題目的紙張飛來，寫有八字：「一人二人。有心無心。」兩人皆成文，呈至殿上。燾所作成的文章有「有心為善，雖善不賞。無心為惡，雖惡不罰」的句子，諸神接連傳閱，讚賞不已。召燾諭曰：「河南缺一城隍。君稱其職」。燾這時才領悟，頓首泣曰：「承擔恩命，怎敢多辭。但家中老母年七十，無人奉養。盼請待老母終其天年後，將聽其錄用」。上方如帝王一般的人物隨即派人清查燾母的陽壽。蓄著長鬍鬚的吏人捧著簿冊翻閱後表示：「有陽算九年」。就在大家躊躇不定之時，關帝曰：「不妨。先讓張生代理職務，九年後再交替即可」，並對燾說：「赴任之事，今日念君仁孝之心，准予九年假。待期滿將再次召喚」。又對秀才勉勵了數語。兩人稽首後一同退下。秀才與燾握手，送至郊野，表明自己是「長山張某」，贈詩作別。雖不記得全詩，但其詞中有「有花有酒春長在，無月無燈夜自明」之句。燾乘馬離去，回到故里，豁然開朗，如夢初醒。當時已過三日，母親聽見棺材中傳來的呻吟聲，將他扶出，經過半日後才能言語。詢問長山之事，果然有一位張生是在那一日死去。九年後，燾母果真魂歸西天。燾處理母親後事結束，沐浴淨身，入堂後歿。其岳父家在城中西門內，突然看見燾騎乘駿馬，後有眾多隨從，登堂一拜，當時岳父驚疑不定，不知燾已成神，奔往城中詢問，才知道燾已斷氣。燾雖有自己記錄，留下小傳，可惜因亂而沒有留存下來。這就是事情的概略。

據傳在漢民族之間，自古以來便流傳著上述的故事。

# 五七
# 青山王

每年的農曆五月十三日，在大稻埕會盛大舉辦城隍爺的大祭。這一天不只是鄰近的鄉里，遠從東邊的宜蘭地方，南邊的新竹地方都會有大量的人潮陸續湧進大稻埕，摩肩擊轂，熱鬧非凡。相對地在萬華，是每年農曆十月二十二日會熱鬧舉辦青山王的大祭，也是毫不遜色於大稻埕的盛大祭典。

青山王，又稱為靈安尊王。從信仰的內容來看，幾乎是和城隍爺同樣的神祇。最大的不同之處，是城隍爺在一個行政區劃內，必定會有一座廟宇，也就是會固定在特定的地區範圍內執行神務。然而青山王則沒有固定的上任地點，可以自由地巡察四方，監督民生。在民生方面，城隍爺固然是民眾敬畏的對象，但是面對不知道哪一天、什麼時候會來巡視的青山王，民眾更是敬畏不已。並且在神威顯靈這一點上，大家深信青山王會比城隍爺更為嚴厲，簡直可以說是降罪之神。

另一方面，青山王是福建泉州惠安縣的城隍爺，不一定沒有固定的居所。在支那有堂皇的廟宇，也有管轄的區域。在惠安縣人移居的萬華地方，惠安縣人會私下祭祀鄉里的城隍爺，就是萬華的青山王廟。淡水縣的縣城隍廟，並沒有設置在較早開發的萬華地區，而是建立在較晚開發的大稻埕。而因為是富含對抗精神的漢民族，便推舉較早被祭祀的青山王，暗中與大稻埕方面抗衡。或許青山王沒有固定上任地點的傳說，也是基於上述的原因而誕生。

在丸井圭二郎的《臺灣宗教調查報告書》中，並沒有列出臺灣青山王廟的數目。

# 五八

# 妻子的租賃

在過去德川時代東海道等挑夫和搬運工人的社會中，賭博輸錢、想吃東西卻阮囊羞澀之時，據說會將自己身體的一部分典當給夥伴，作為借錢的擔保。例如典當右肩時，在債務清償之前，不管再怎麼痛苦、再怎麼難受，也只能用左肩挑起轎籠，絕對不能使用右肩。典當左腳的話，就算是布滿石塊的山坡道路，在債務清償前，左腳也絕不能穿上草鞋。這實在是非常滑稽可笑的做法，然而臺灣人的奇特風俗卻更勝一籌——典當女性、租賃妻子。例如典當女子時，借據的內容如下：「某街某號戶劉某有姪女一人，名喚月娥，年十五歲。此次因需用錢，不得以託付媒人，從某街某號戶張某借來金錢一百一十八圓，以姪女為典當，交付張某，毫無異議。這名姪女先前未曾典當予他人，也沒有身世不明等問題。若有疑義，劉某一概負責，絕對不會造成金主困擾。生病、懷孕、死亡等皆為天命，不會造成金主任何麻煩。期限為三年，在此期間內絕對不會要求領回。立此文書作為後日之證明。」在借據當中，提及懷孕之事，十分耐人尋味。金主接受女子作為典當之目的，應當是可想而知，也就是所謂的「贌嫖媒（pa̍k tsa bóo）」。

至於妻子的租賃風俗，雖然很想說至今已經沒有這種野蠻的習俗，但似乎還是無法斷言，實在是非常遺憾。有時在報紙雜誌上還是可以看到租賃妻子的事情，以及一些難以認同的紛爭事件。當初因為缺錢而典當妻子，後來卻忘記對方救急的恩義（？）；典當妻子時是私底下鑽法律漏洞，而當想要取回妻子時，卻又打算公然訴諸法律。這種讓當局者苦笑蹙眉的民事案件，最後判決賠償金錢，以通情達理的審判作結等例子，至今還是持續出現。當談論臺灣民族性之時，要舉出臺灣的實例，實在是讓人感到痛心，那就讓我們拿出臺灣民族祖先故鄉——對岸地方的事實，多少作為替代吧。在雜誌《日本及日本人》去年（一九二八）三月十五日號當中，有一位名為桃谷磯一的人寫下〈租賃妻子的支那民族〉之報導。在此沒有引用全文的必要，故只挑出一部分作為介紹。

關於福建省內的共妻，也就是一妻多夫，以及關於租賃的風俗，根據我福州總領事館大正十五年（一九二六）的調查結果，在福州近郊，特別是西門外的田村里、尾青州、橋頭等地方，雖然說不是沒有兄弟共妻的事實，但絕非多數。此一風俗，據傳是從元代入侵該地的元兵開始，加上在同省的南部、漳州的金門島、泉州的惠安、同安諸縣，因生活困苦，在下層社會中有租賃妻子的習慣。如此租賃的習慣，與一般所謂的賣淫，其相異之處在於契約中訂有固定的期限，在這段期間中，該女只能與承租人發生性關係，不允許與任意的第三方發生關係，且妻子的原夫在將妻子租賃出去的期間，絕對不許與其他婦女結婚或是納妾。除此之外，誓約中也會舉出，在租賃之時，需要親族的公證、妻子的租賃金須一次繳納、租賃權不得轉移等條目。不過，在租賃期間所誕生的孩子，歸承租者所有，這雖然與先前甘肅省的例子沒有差異[1]，但是此處福建的租賃完全是基於經濟關

[1] 編注：桃谷提到甘肅省的例子，山根援引於本書第八十一篇。

係，應該不是為了想要子嗣。此外，在附錄中明白地記載，這項習慣不限種族或是信仰特殊宗教的信者，而是通用於所有的福建人。

附帶一提，在福建北部、松溪縣與浦城縣中間處的龍井、水北等人文程度較低的鄉村中，鄉民會向外來的大商人和官吏臨時提供妻妾，等待他們發生性關係，彷彿是一種榮譽。同時也可以在同一調查報告中看見，這種由鄉里一同施行，藉此謀求財利的習俗，仍留存至今日。

除了甘肅、福建以外，妻子的租賃至今仍舊存在於支那中南部的沿海文化區域。浙江省的蘭溪是位於錢塘江上游金華府下的小都邑，山明水秀。這塊土地就連水面上都飄浮著妓船，自古以來也有租賃妻子的風俗，據說是從定海縣傳來。關於此事，如果閱覽民國十六年六月十一日上海的《商報》，便能得知關於蘭溪租妻的習俗。蘭溪有許多外來的客籍人士，這些人若是想要獲得家室，可以選擇租借的方法。租賃就像是拿田地抵押一般，需要契約書。其價格的多寡則是以女性的容姿為標準。

一年可能要十元、三十元、五十元或是百元，沒有固定的價格。租賃期限的長短，也是由金額的高低決定，有可能一年、二年或是三、五年不等。承租人支付相應的金錢，收下契約書保存——聽蘭溪人說，出租妻子者可以藉此獲得資本，用來經營商賈、還清債務，或是充當子女的養育費用。而承租妻子的人，因為在某段期間擁有妻室，既能整頓身邊繁雜的瑣事，同時也不需要到外頭去尋花問柳。除此之外，在租賃期間內若能得個一子一女，老後也有所慰藉。關於該地的租妻，則是有附記表示，傳說蘭溪是桃花水，飲用桃花水會挑起淫心，這個地方有許多淫蕩輕浮的女性，且存在著許多出租妻、承租妻的事實，便是這個緣故。這很像是支那人會說出的話。另外，這位記者還說，應該與租妻習慣一同被禁止的惡習，是楓涇的「叔接嫂」。楓涇同樣位於浙江省，距離上海不遠。所謂的叔接嫂，指稱的大概就是弟弟娶亡兄的妻子。

# 五九 聘金的問題

臺灣的青年有很大的煩惱，這與青年期經常出現懷疑人生的煩惱不同，他們煩惱的是聘金苦、迎妻難。臺灣人到了適婚年齡，想要娶妻之時，需要一筆龐大的金錢作為聘金。聘金的額度雖然沒有一定，如果舉十年前的例子來看，想要迎娶公學校畢業程度的女性，最少也要準備三百圓左右的金錢給女方的父母。根據容貌也有可能要提高到四百圓，甚至是五百圓。教育程度越高，聘金當然也就隨之上漲。如果是今天的臺北州立第三高等女學校前身——當時臺灣唯一的女子中等學校本科三年畢業的女性，金額則是躍升至八百圓。這似乎是考慮到一年一百五十圓的教育費用，三年共四百五十圓，加上公學校畢業的五百圓。另外，該校本科畢業生若是能再從師範科一年畢業，往上追加二百圓，合計一千圓的聘金也不是不可思議的事情。倘若容貌秀麗，一千二百圓、一千五百圓甚至高達二千圓也有可能。在許多父兄之中，與其說是認同教育程度的必要，不如說他們是站在經濟上的立場，作為抬高聘金的手段，所以就算辛苦，也要努力讓女子進入附屬女學校。

據說也有不少父母任何事情都用算盤打量，除了要求期待金額的聘金之外，還要對方支出女方相應的婚事花費，如果對方只給五百圓，就用五百圓的額度去準備，如果是一千圓，就用一千圓的額度去準備，緊抓著對方的弱點，頑固且不通人情。不過，這些當然都是中產階級以下社會的現實。若是紳士階級，會準備與聘金額相當，或是較聘金額更高的物品作為嫁妝，其中也有人附上田地山林等土地，如今應該是帶著股票出嫁。

曾經有某校的畢業生，在畢業數年後要舉辦結婚典禮，會場選擇當時的東薈芳，也是今日大稻埕的蓬萊閣，筆者受邀出席。這一天的婚禮十分熱鬧，至今仍記憶猶新。留存在記憶當中的不只是如此，婚禮當天男女雙方各自邀請許多同學前來，皆是臺灣人。這些青年當中的未婚者，異口同聲地表示聘金苦、迎妻難，而前來謀求意見，想要聽聽日本內地的風俗。我清了清喉嚨，表示婚喪喜慶乃人生之大事，當然需要大筆的金錢，努力工作，認真儲蓄，再去迎娶心儀的女子便可。日本內地也有所謂「結納（訂婚）」的儀式。日本內地的結納，原本並不是以金錢為目的，而是男女雙方互贈衣服與用具，作為婚約的證明。

只不過，結婚前的男女，不管是衣服或是用具都已經準備齊全，而且每個人的喜好也不一定會相同。因此，一是為了避免重複，一是為了讓新人挑選自己喜歡的風格，而轉為贈送金錢。這是過度簡略的儀式。在萬事崇尚簡便、現實利益的社會中，盛行著如此簡略儀式的風尚，但是和臺灣的聘金制度，在性質上完全不同。所以大家就不要再抱怨，只要努力工作，認真儲蓄就對了。對於我這一介無法理解青年的鄉下老夫子所說的話，青年們當然不可能點頭稱是。還有人說，老師您說的話真是沒有同情心，請您認真地去仔細考察一番。

其後，因為被臺灣的有識之士邀請，與被稱呼為先知者的某氏會面，我提出聘金問題，請教意見。某氏表示，聘金的金額上漲是最近的傾向，而且臺北地方的金額更是高得嚇人。以前並沒有像現在一樣，而在今日其他地方，也沒有像臺北那樣驚人的高價。事實上，某氏對於現今青年的聘金苦、迎妻難深感同情。他表示倘若要導正這個時弊，娶妻的人要做的，第一就是迎娶同縣人：福建人就娶福建人、廣東人就娶廣東人、泉州人就娶泉州人、漳州人就娶漳州人、惠州人就娶惠州人、嘉應州人就娶嘉應州人。第二就是都會的人娶都會女子，鄉下的人娶鄉下女子。如此一來，就不會貪取高額的聘金。附屬女學校的學生看起來雖然很新潮，她們也並非全都是臺北的女子，大部分是以前看起來粗鄙俗氣的地方女子。就是因為勉強迎娶不同種族的或是都會的女子，才會被要求超額的聘金。青年們如果都能遵循如此的思維行動，那麼根據需要與供給的原則，都會聘金的驚人價格自然也就會降低，隨之影響地方，最後所有的聘金額度不也就下降了嗎？煩惱於聘金苦、迎妻難的青年諸君，覺得如何呢？

聘金價格的高騰，也不是百害而無一利。未婚的女子因為擔心就算只是一丁點兒的污名就會影響到聘金的金額，所以會更加地潔身自愛。事實上在臺灣，並不是因為道德觀念的高尚，而是基於利害關係的衡量，使得未婚的女子較能潔身自愛。反之，一旦嫁為人婦之後，自甘墮落的婦女也不在少數。因為是繳付高額聘金才娶來的妻子，就算有些地方不盡人意，丈夫也就睜一隻眼閉一隻眼，妻子便越發拿翹，陷入惡性循環，導致私通姦淫問題頻繁發生，甚至訴諸法庭。法院判定將姦夫淫婦收監，待刑期滿了，走出監獄時，最先來迎接的人會是誰呢？不用多說，當然是那位不眷戀妻子卻眷戀聘金，不，是對前後兩者都還留有眷戀的丈夫，實在是堪稱一奇。

# 六十

# 結婚證書

同主婚人立筆訂立婚約。合約署名人為郭氏烏毛與潘崙九，自幼抱養李家女子，名喚碣鄰，年十六歲，已過及笄之年，尚未有婚配之緣，藉由媒人中介，與潘家曾孫阿蚊，年二十五歲，年已及冠，尚未婚娶，議定聘禮金六十六大員，已交付烏毛，親自點收確認。這是一同親眼見證、議定之事。足以負擔烏毛往後的養贍，以及百歲後的諸多費用。由阿蚊親手奉上，喜氣洋洋。擇良辰吉時，喜迎鄰入潘家，兩人結為夫婦。財丁兩旺、富貴雙全、福滿各房、子孫滿堂，此為兩相情願，絕無反悔。唯口說無憑，同主婚人立筆訂立婚約，於合約上署名，二卷二份，以此為證。

即日與媒人一同，親自交付聘禮金六十六大員，點收無誤，據以為證。再添上又約，祖母若後日離世死去，願支付金六大員。甚喜，批示為證。（譯文）

上文為臺灣民族在締結婚約之時，相互簽署交換的結婚證書抄本。根據狀況、時間、地點的不同，在字句上多少會有些出入，但大致上與上文相似。上文是十九年前的明治四十四年（一九一一）三月，宜蘭農村的郭家與潘家之間交換的結婚證書。聘金為六十六圓，祖母的撫卹金為六圓，合計七十二圓。雖說是十九年前的宜蘭鄉村，聘金金額可說是出乎意料地便宜。看來這正好呼應了某氏的說法：高額的聘金是最近才有的傾向，而臺北是最為誇張的地方。

方再怎麼壓制，應試者還是蜂擁而至。這實在是荒謬至極。

改隸以後，臺灣人就不需要再應付如此荒謬的問題。身為法治國家國民的好處，刑事案件當然不需多說，就連民事案件的是非黑白也是依據法律規定的三級審判制度，無論何時都可以獲得明確的判決。主張權利固然無妨，但訴諸法律應該是最後的手段。自先祖以來代代流淌在血液中的健訟、愛打官司之癖好，不管經過了幾個世代也難以止息。不需要打官司的小事也強行訴訟，動不動就要以牙還牙、血債血償的行為，最後不只是家醜外揚，還會淪為冤大頭，任由律師宰殺。臺灣人展現出的民族性格，實在是讓人傷透腦筋。既然是分頭相續，原本只要等待時候到來，遺產便自然會到手，卻因為等不及而做出提告祖父母或父母此種違背常理的行為，大有人在。在《裁判所構成法》中明文規定，訴訟需要律師。大家應該都會這麼想——既然要花錢聘請律師，那麼就一定要贏，於是便拍著胸脯說：「不管花多少錢都沒關係」，聘請有才能的律師。想當然耳，有才能的律師收費不便宜。到了結審，即便是贏了官司，這個善於考量利害關係的民族對於支付事前約定的報酬金額，開始感到吝惜不已。這時候，就算是世間的道義也變得一文不值。原先敵對的原告與被告兩造，本來就是親戚關係，此時便盡釋前嫌、狼狽為奸，試圖躲避報酬金額的支付。

在臺灣，比起主要的訴訟案件，這種附帶發生的不支付報酬，最後鬧上法庭，引發社會討論的案件並不稀奇。

在昭和三年（一九二八）五月二十日的《南日本新報》中，記載著一則十分滑稽的訴訟案件。標題為「短暫的諮詢，報酬金二萬五千圓。猶豫還是拒付，甚至引發誣告問題」。讓我們來介紹其中之一的內容。最近臺中富豪林階堂的兒子林某與日本內地人鈴木律師之間，發生一起二萬五千圓報酬請求的糾紛，內容錯綜複雜，並傳來有趣的內線消息。林某當時是二十二歲的青年❶，在東都的某大學念書，因為知道同為林姓的林獻堂親子前往歐美漫遊❷，內心欣羨不已，按捺不住內心的衝動而想出發前往西洋，約在一個月前歸臺。林某打算要求自己未來可以分配到的財產五十萬圓，充當西洋漫遊的費用，因為已經預期父母與親戚會反對，所以從東京帶著鈴木律師前來。林某與鈴木律師簽下合約，約定事成之後，報酬為財產的一成，也就是五萬圓。林某的親戚口徑一致表示反對，拿出「父母在不遠遊」的道理試圖說服林某，為了使其放棄西

❶編注：根據「二十二歲」，此處應指林階堂的長子林陸龍（生於一九〇五），而非次子林夔龍（生於一九〇七）。

❷編注：林獻堂於一九二七年五月十五日至一九二八年十一月八日遊歷歐美，期間以「環球遊記」之名將見聞陸續發表於《臺灣（新）民報》，現代整理出版參《林獻堂環球遊記：台灣人世界觀首部曲》（天下，二〇一九）。

洋漫遊計畫，同意財產分配之事就按照林某之意執行，事情至此告一段落。真正的問題究竟是西洋漫遊還是財產分配，雖然不得而知，但是最後能夠如此輕易解決，站在本島人貪心又吝嗇的個性來看，那筆要支付給律師的五萬圓報酬，這時候便顯得愚蠢可笑並十分可惜。在達到目的之前，用花言巧語引誘人上鉤，一旦成功之後，便過河拆橋、出爾反爾地翻臉不認人，內心一點罪惡感也沒有。所謂的「翻雲覆雨」一詞，根本就是為了這些人所創作出來的文字，說明他們心理的語詞。至此，林某認為已經不需要律師，就把特地從東京帶來的鈴木律師丟在一邊，一句話也沒留下，便隱藏自己的行蹤，避而不見。……如此的行徑實在太薄恩寡義、自私自利，律師本人也是目瞪口呆。屢次詢問林家，希望與林某取得聯絡，對方卻避不見面、含糊其辭。律師認為就這樣繼續待在遙遠的臺灣，什麼事也不做地浪費時間，並不是辦法，那麼最簡單的方法就是把事情搬到檯面上，主張自己應有的權利，在法庭上爭個是非黑白！於是，隨即向臺中地方法院提起請求報酬金五萬圓的民事訴訟。對此，即便是厚顏無恥的林某也是驚慌失措，趕緊現身提出和解。雙方經過種種的懇談商量，交涉結果是以五萬圓的半價——二萬五千圓的價格達成和解。上個月底，原告與被告雙方現身法院，向法官報告和解結果，撤回訴訟作結。但是本島人的性格作祟，林某對於二萬五千圓的金額還是心生眷戀，似乎是有人在旁擔任智囊團，這次換林某提告鈴木律師詐欺與恐嚇，表示和解的成立，是因為當時被勸飲啤酒，對方趁著他心神恍惚，無法辨別是非黑白之際，使用花言巧語誘騙的結果。被控告的律師怒氣沖沖地指責：當初要求和解的是他，苦苦哀求希望有機會懇談的也是他，如今卻無中生有、信口雌黃地在我身上羅織罪名，想要拒付那原本經過雙方同意所訂下的二萬五千圓報酬金，既然如此，那我就提出誣告的官司，一起在法庭上以被告的身份，來辨明誰對誰錯。原本已經告一段落的民事案件轉為刑事案件，問題的影響範圍擴散地更為廣大。究竟孰是孰非，是司法機關重視的課題，因而著手進行綿密的調查工作。結果究竟為何？——誣告勝訴，詐欺敗訴。調查結果明白顯示出，原告林某並未被迫喝酒，也沒有醉酒的事實，因此和解完全是雙方同意狀況下的結果，其中並未發現鈴木律師有使用任何不正當的手段。因為誣告案件，林某面臨情勢的逆轉，必須負擔法律責任。狼狽不堪的林某，再次提出和解的請求。只提供了短暫諮詢的鈴木律師，就這樣帶著二萬五千圓，荷包滿滿、意氣風發地返回東京。留下瞠目結舌的資產家少爺，和在地臺灣律師諸君，在最近這個不景氣的時刻，眼睜睜地看著自己的勢力範圍被外人侵犯，獵物出乎意料地被從旁叼走，而悵然若失。……

呆れた奴

【臺南電話】去る大正十五年十月三十日臺南法院所屬皆川辯護士は民事事件の和解調停謝禮として屛東郡屛東街一二一葉阿生から謝禮金二千八百圓を貰つたが二十八日突然皆川辯護士を訪ねてあの時渡した金は謝禮金でなく一時預けたものである若し謝禮金であるならば契約書があらうから見せてくれと契約書類を出さしめ其場で書類を破毀したので皆川辯護士は蔡を相手に二十八日文書破棄罪の告訴を提起した

《臺灣日日新報》一九二八年六月二十九日，五版。

類似上述的事件，先前也曾經發生在臺灣北部某家的敗家子與東京知名律師之間。

作為健訟的附屬產物，在最近六月二十九日的《臺灣日日新報》與《臺南新報》之中，也可以看見相關報導。那並不是太有趣的事件，在此只簡短舉出《臺灣日日新報》的報導，標題為〈讓人啞口無言的傢伙〉。過去的大正十五年（一九二六）十月三十日，所屬於臺南法院的皆川律師從屛東郡屛東街一二一號的葉阿生手中，收到謝禮金二千八百圓，作為民事案件調停和解的謝禮。但在二十八日，葉阿生卻突然造訪皆川律師表示：當時交付的金錢並非謝禮金，只是暫時寄放的金錢，若真的是謝禮金，手頭應該會有契約書，現在就拿出來給我看看。皆川拿出契約書，葉阿生竟當場撕毀。於是在二十八日，皆川律師向葉阿生提出毀壞文書罪的告訴。這就是臺灣人的真面目，實在是一點兒都不能大意。

# 六二 差別待遇的利弊

筆者曾聽過本島人內較有學識、較有經驗，數一數二優秀的知識份子，感傷地嘆息：「如果進一步不得不成為日本人的話，就要受到內地人的差別待遇。如果退一步不得不成為中國人的話，就會被民國人嘲笑我們當了三十年的背叛者。自己生在過渡期，也只能忍耐，但真是為子孫世代感到憂心。不得已的時候就遠渡中國，在西湖湖畔度過餘生吧。」筆者認為，不管怎麼思考，這段話都讓人難以認同。時至今日還在說「成為」哪一國人這種話，不是非常不合邏輯嗎？改隸以來已經過了三十五年，確定國籍以來也已經過了三十二年的日子，不是嗎？現在才在說什麼不得不成為哪一國人的事情，不就已經是了嗎？特地拿出確定國籍前後的事情來說嘴，就算不去追究這種不嚴謹的態度，也讓人不禁想說：這到底是什麼蠢話呢？就是因為這種狹隘的見識，才會每次遇到事情就疑心生暗鬼，看見所謂差別待遇的幻影，不是嗎？不管在哪一個時代，在哪一塊國土，難道真的存在可以獲得完全滿足的事實嗎？就是因為沒有辦法獲得完全的滿足，世世代代才會持續研究，人們才會不斷地努力，也因此可以看見時代的進步、國家的發達，不是嗎？假若一開始就全盤否定，認為不管如何繼續研究，不管人們多麼努力，也絕對無法在現世獲得滿足的話，那不就像是生在印度的人說要在極樂淨土中獲得，像生為猶太人說要在天國中追求一樣，不是嗎？不說那些囉哩囉嗦的話。隔壁的支那以擁有五千年文化為傲，現在就讓我們冷靜下來，好好地看看支那五千年前的過去到現在。支那不愧是文字的國家，留存至今的史籍可說是汗牛充棟。現今的支那，雖然被視為是世界的落伍者，但多虧了各國（？），就算不能說是完全整備，但在交通上堪稱便利發達。絕對不只有上述的內容，最好要仔細地觀察、調查。

這個世界，絕非是單純為了臺灣民族而創造出來的。倘若存在著無法滿足部分臺灣民族所想像的地方，就用一種「全是改隸結果所導致」的口吻來解釋，遇到事情就要吶喊說是差別待遇，這種思考模式真的是大錯特錯、荒謬至極，就算說是奢求，也應該適可而止。幾千年來身為光輝日本國的國民，今日也必須認可那些憑藉著自身的實力而努力生存下來的同胞，為了不得已的原因而歸化美國之事實。我們既不是會故意妨礙他人的古怪人士，會去阻止臺灣民族中某些人想要歸化支那的行動，也不是多管閒事的好事者，故意慫恿某些人歸化支那。臺灣民族如果歸化支那，多多少少可以獲得和平、幸福和光榮的話，當然沒有比這個更好的事情了。不需要顧慮，看是要去西湖湖畔，還是會稽山的山頭，就移居到喜歡的地方去吧！如果是那些沒有任何信念，沒有任何理想，單純是為了反對而反對，為了議論而議論的某某黨員、某某協會的會員所說出來的話，當然是沒有理由去看，也沒有必要去聽，就因為是從臺灣的知識份子口中所說出來的話，我才會特地提出自己的意見。筆者沒有其他的意思。

要完全丟棄所謂的種族意識，將所有人類視為同一種族，人與人之間的待遇，無論何種場合都要維持統一，實際上真的是有可能做到的事情嗎？因為諸多緣故而不可能維持統一，但是採取各自不同的待遇，反而達成了雙方的利益和幸福，難道這也要被稱為差別待遇嗎？假設現在有十個人，要怎麼排列呢？如果只有一張椅子，只要將椅子拿走，就可以先排除「椅子」的差別待遇。但是排列的地點又該怎麼辦呢？平面的排列，要如何決定前後、左右，當然，困難的問題就此發生。如果是立體的排列，只要有階梯，十個人當然都可以站在同一個地點，但是第一層到第十層的階級順序又該怎麼辦呢？這樣能解決問題嗎？最後只能訴諸互讓的精神，用像是年齡排序等眾人都能接受的方法，常識性的解決問題。在這樣的情況下，還是有固執地說這就是差別待遇的人，難道去肯定並承認這些人的說法，就是所謂正義的流露嗎。

在臺灣，為了日本內地的兒童而設置小學校；為了臺灣人（漢民族）的兒童而設置公學校；為了其他臺灣人（蕃人）兒童設置蕃人公學校，如今將「蕃人」二字除去，單稱為公學校。不需多說，會出現這種差別，最主要原因是國語。另外，如果臺灣兒童嫻熟國語，即可以共學生的身份進入小學校。在戶籍法上，表面雖然是日本內地籍，但實際上家庭成員是臺灣人，持續在臺灣生活的兒童，也可以用共學生的身份進入公學校。如此小學校與公學校的對立，應該也可以說是教育上的差別待遇。不過一般的臺灣人，似乎能夠理解這種出自於雙方利益與幸福的差別待遇，並沒有刻意多說些什麼。不刻意多說這一點，也是強烈展現出臺灣的民族性格。

中等學校以上，為男女共學制，只要選拔考試合格，內、臺、蕃都能進入心目中理想的學校。以前為了臺灣人子女設有特別中等教育的高等普通學校與女學校（內容不同）、特別專門教育的醫學校、農林專門學校、商業專門學校（內容不同），分別實施中等教育與專門教育。後來教育專家有鑒於臺灣實情的轉變，逐漸廢除這一類特別的學校，改成純粹與中等學校、專門學校共學的制度，不管是內地人、臺灣人還是蕃人，大家可以憑藉學力的高低入學。原本以為臺灣人會高舉雙手，欣喜若狂地表示贊同，不過既然是任何事情都一定要說上一句話的臺灣民族，就有人妄下斷語表示，臺灣人子女在這類學校的入學率低，應該是學校當局動過手腳的緣故等，出現各種讒言佞語，實在是讓人感到非常遺憾。更過分的是，甚至有人提出，既然一開始就知道臺灣人子女在國語學習上不嫺熟，那麼就應該要替臺灣人子女設立加分保障才是，厚顏無恥地主張臺灣子女應該適用特別入學辦法的人也不少。如此一來，不就表示臺灣人向來對差別待遇恨之入骨，卻又只在選拔考試的時候期待施行嗎？這等於是背叛了平常的言行，難道完全沒有發現嗎？再者，用這種方法錄取學生的學校，其前途會是什麼樣的結果呢？或是就算接受了選拔考試，難道不擔心如此競爭入學的行為是沒有價值的嗎？比起自己子女無法入學這種一時之間的不幸，降低學校價值這種永久的不幸，對臺灣來說會造成多麼大的影響，臺灣人根本就沒有顧慮過，也難怪會被人說是天真樂天、貪圖安逸。總之，這個部分也展現出奇特的民族性格。

# 六三

# 中元普度

前文曾介紹三官大帝，也就是三界公：農曆正月十五日為上元，七月十五日為中元，十月十五日為下元。臺灣民族會在上元，也就是天官賜福之日，祭祀天官紫微大帝。中元為地官赦罪之日，祭祀地官清虛大帝。下元為水官解厄之日，祭祀水官洞陰大帝。此處針對中元，再進行些許的介紹。

立上元、中元、下元的三元，祭祀天官、地官、水官的三官大帝，也就是三界公，是源自於道教的思想，應該不需多言。但是此處所謂的道教思想，並不純然是支那自古以來的思想。我們不要忘記，在道教的思想中，或許有摻入佛教的思想。雖然道教以老子為祖，更往前追溯以黃帝為祖，其實和老子、黃帝並無關係。孔子的儒教、釋迦牟尼的佛教、老子的道教完全是不同的關係。把毫不知情的老子擡出來的人，是後漢末年的張陵，其後接二連三有各式各樣的人出現，漸漸塑造出所謂的道教。在道教中，既可以看到從儒教導入的內容，也可以看見不少從佛教拿來的觀點。道教作為一門宗教，內涵可說是極為錯綜複雜。

上元、中元、下元的祭典，特別是中元的祭典，被認為是取自佛教盂蘭盆節的思想。盂蘭盆為梵語，中文直譯為「救鬼倒縣」，意譯為「施餓鬼」。絕子絕孫，無人祭祀的幽靈，即為佛教所稱的餓鬼，支那所稱的孤魂，而於七月十五日擺出各種飲食供養。這一天並不是要祭祀自己祖先的靈魂。在日本內地，祖先靈魂是在春秋彼岸的中日祭祀[1]，無人祭祀的靈魂則是在七月十五日，也就是盂蘭盆節，會另外設置靈壇迎接祭祀，不過似乎也有混同祭祀的傾向。不管何時都可以祭祀祖先靈魂，沒有必要在盂蘭盆節的時候停止祭祀。儘管如此，還是不要忘記這一天是祭祀無人祭拜的靈魂、餓鬼、孤魂的日子；釋迦牟尼甚至犧牲祂的弟子目連以及目連的母親，希望能徹底喚醒世人的慈悲之心，講述盂蘭盆經的宗旨。就像是盂蘭盆經所述，就連死後

[1] 譯注：日本在春季和秋季各定有「彼岸」期間，是以春分和秋分為中間日，加上前後三天，春季和秋季各有為期七天的「彼岸」，會在這段期間緬懷祖先。

中元普度的水燈。《臺灣寫真帖》第一卷第十一集（一九一五）。（LDR）

無人祭拜的靈魂，都能夠對他們投以慈悲之念，以此為機緣，將慈悲的善根廣施於人間，平等也就隨之而生。

臺灣民族將中元的祭典稱之為中元普度，家家戶戶會掛上寫有慶讚中元、普照陰光的燈籠，費心鋪張地張羅祭祀事宜。所謂的中元普度，便是在中元之日普遍渡濟之意。普度又可分為私普與公普。私普即為家家戶戶各自舉行的中元祭祀。公普則是在寺廟，各施主聚集，一同舉辦的中元祭典。

私普的時間可以在七月一日至三十日之間舉行，各自訂定日期祭祀，準備各式佳餚、請來戲班，撫慰孤魂野鬼的身心。祭祀當天也會邀請親朋好友前來，一面看戲，一面享用祭拜後的供品，熱熱鬧鬧地一同飲食。至於公普，就臺北而言，泉州三邑人在萬華龍山寺、安溪縣人在萬華祖師廟、同安縣人在大龍峒大道公廟（保安宮），各自訂定日期，隆重舉辦。漳州人則是在板橋接雲寺（觀音廟）盛大舉行。為了迎接孤魂野鬼，在祭典的前一夜，會點燃萬燈前往河邊，將燈放流，稱之為放水燈。另外，作為迎接孤魂野鬼的指示，會將連接杉木和竹竿成為高二丈、三丈、四丈、五丈的高柱，並在高柱的頂端掛上燈籠，立於寺廟的門邊。在寺廟的中庭則是擺滿了各自帶來的供品，林林總總，甚是壯觀。無論是私普還是公普，臺灣民族在這些祭祀活動上會花費許多金錢，先不論內心的情緒如何，表面上卻是一副毫不在乎的模樣，由此也可以窺見民族的性格。

# 六四

# 有應公

在臺灣只要前往較為郊外的地區散步，經常會在大榕樹下方等處，看見小巧的祠宇肅然屹立。祠宇如果不是石造建築，就是煉瓦（磚塊）。仔細一看，裡頭如果供奉著木製雕像，大多是土地公廟。土地公又稱為福德正神，每庄都會建立一座廟宇。土地公是什麼樣的神祇，在前文城隍爺的部分已有述及。裡頭如果是供奉牌位和枯骨等，那必定是有應公（Iú ing kong）廟，也就是蒐集無人祭祀的牌位、枯骨等放入塚內，在塚的上方建立祠宇。應該也有例子是後來在廟裡發現了其他牌位、枯骨等。臺灣有眾多的有應公廟，可說是不管到哪裡都看得到的程度。有應公廟又稱為萬善同歸。臺灣民族相信，只要向有應公廟祈願，就必定能獲得回應，因此經常可以看到在祠宇的屋簷上寫著「有求必應」四個大字，有應公之名稱，便是由此而來。之所以會出現有應公廟，或許是先知者們希望在生性愛好殺戮、

有應公廟，懸有「有求必應」的字樣。《臺灣寫真帖》第一卷第六集（一九一五）。（LDR）

殘忍冷酷的民族身上種下慈悲之心，讓他們過上和平的生活，因而蒐集那些暴露在風雨之中的牌位、枯骨，加以祭祀，並且表示只要向他們祈願，必會獲得回應，利用人性的弱點，試圖教化人心。與中元普度的精神，約略是同樣的思想概念。祭祀的對象死歿的日期不明，就算其中有些有記錄下來，但是因為聚集了大量的孤魂野鬼，而無法訂定確切的祭祀日期，所以通常會選在春季踏青之日、中元節時期祭拜。

## 六五

# 放置帽子的處所

當臺灣人前來造訪時，大多會把帽子拿在手上，進入室內後，彷彿是要說「這該放在哪兒呢」一般，探頭探腦地四處找尋，最後再若無其事般地隨便擱置在某些地方。這時候，我會再次帶領客人到玄關處，介紹他們掛置帽子的地方。到臺灣人家庭去作客時，就換成我要煩惱沒有地方可以掛置帽子了。雖然在西洋式建築的家中，大多有掛置帽子的地方，但是在臺灣式建築的家中，經常會遇到這種問題。客人通常會被招待到正廳，正廳的盡頭會安放一張高桌，上頭供奉著祖先牌位和神像等，當然不能把帽子放在那張桌上。在臺灣的鄉下地方參加大型宴會時，放眼望去，大家戴著帽子入座，談笑飲食的景象並不罕見。筆者一開始感到十分奇怪，訝異於大家的無禮行為。但是仔細思考後發現，清代氈帽的禮儀，是只有休息放鬆的時候才會拿下來，平時戴著氈帽才是禮貌的表現；如果是禮帽，戴著帽子進入室內才算是有禮，因此幾乎沒有必要設計帽子的掛置處所。長年的習慣真是不可小覷，即便今日的禮儀是進入室內要脫帽，但大家還是會不自覺地戴著帽子進入室內，也可以看見戴著帽子談笑飲食的人。不過，筆者認為這個習慣還是應該要好好的導正才行，大家覺得如何？

六六

# 廣東婦女腰間的鎖匙

進入廣東族群的村落，若是留意婦女的腰間，會讓人以為原來在臺灣是由婦女從事鎖匠工作，因為吊掛著各式各樣、大大小小的鎖匙，叮噹作響。她們宛若是徹底掌握著家中所有鎖匙的人物，而鎖匙所在，即為權力所在。廣東族群中的婦女，實際上在家庭內擁有極大的權力。福建族的婦女當然也是如此，不過似乎是難以與廣東婦女匹敵。說到福建婦

女，咒罵媳婦仔、痛斥嬉媒嫺、發出怪聲召集家畜等，似乎就是她們所有的日常生活；不過要是談到廣東婦女，除了上述以外，她們與男性相同，有人從事農業耕作，也有人投入商業販賣，也有人會做和苦力一樣的工作。這也是廣東婦女自古以來不纏足的原因，應已毋需贅言。由於她們不讓鬚眉，而且無論如何辛苦的勞役也不會推辭，在面對男性時態度極為強勢。與福建婦女消極保守的性格相較，彷彿是完全相反，廣東婦女就整體來說實屬主動進取，正因如此，據說在操守行為上，也比福建婦女還要常引發問題。不過，這並非是根據統計所得出的結果，筆者沒有勇氣堅持這項主張。

大部分的臺灣民族男性一到了外頭，彷彿是脫胎換骨一般，即便他們沒有抱持任何信念，也沒有胸懷任何理想，還是會漫無目的地、口沫橫飛地、不去深入思考調查是非黑白，或者是說即使調查過後也是毫無頭緒，就為了反對而猛烈地反對，為了議論而勇敢地議論，一下子談文化運動的事情，一下子說農民運動的狀況，氣勢宛如足以排山倒海般蓬勃活躍，看來滿面春風、洋洋得意；然而一回到家面對自己的妻子卻抬不起頭來，如此的狀況，大家都是一樣的。雖然有人說，沒有民族能夠像漢民族一般，完全征服女性；但是如果換個角度來看，也可以說沒有民族能夠像漢民族一般，完全被女性征服。也不至於需要特地搬出過往出現武則天，以及當時出現慈禧太后的例子。那麼，征服以及被征服的說法，究竟何者屬實？其實不管是哪一個說法，皆屬真實。在漢民族之間，如此兩相矛盾的現象，自古以來便沒有特別去講究或拘泥，而是相互並行。只買一根紙捲菸、拿出火柴空盒只願意買火柴的是漢民族；一擲千金的揮霍、輸去萬元賭注還不痛不癢的也是漢民族。無論在如何嚴苛的暴政之下，被統治者不聞不問、毫不在意地放任，卻能表現地宛如貓咪般柔順的是漢民族；無論在如何理想的善政之下，被統治者過度親切地照顧，卻表現地宛如猛虎般狂暴的也是漢民族。切勿忘卻臺灣民族也與漢民族帶有同樣的性格。

廣東婦女的腰間佩戴著多把鎖匙之事，讓人想起我們奈良時代的婦女。遠溯一千二百年或一千三百年前，在關東的下總國和上總國內❶，各有一位知名的女性。下總國內的是位於葛飾真間的手兒名❷，因貌美如花，招引眾多男子前來求婚，絡繹不絕。手兒名心想，就連自己都不曉得可以活到何時，根本無法去想結婚的事，因而投江（真間地區

❶ 譯注：上總國：領域大約是現在的千葉縣北部、茨城縣西南部、埼玉縣東部和東京部東部。下總國：領域大約是現在的千葉縣中南部。後來南部地區分割，新設為安房國。「安房」亦出現在後文的歌文之中。

❷ 譯注：除了「手兒名」的表記之外，也有「手兒奈」、「手古奈」。另有一說指出，「手兒名」在當時泛指從事紡織等手工勞動的女性。

的入江），此舉讓許多男性瞠目結舌。這項事蹟傳開來後，引發熱烈討論，以奈良時代的歌聖——山部赤人（？—七三六？）為首，許多歌人不落人後地紛紛以歌文詠嘆弔唁。在此只舉山部赤人的作品如下。

從前有位男子，與葛飾真間的手兒名相思相愛，兩人寬衣解帶，建造愛巢，據說這裡就是手兒名的墓地。是樹葉❸過於繁盛了嗎？還是因為就像是松樹的樹根一般，已是年深歲久以前的事了？就算沒有墓碑，就算只是口耳相傳，那個名字，我是不可能忘卻的。

我也看見了，也想要向他人訴說這件事，葛飾真間的手兒名之墓就在此處。

摘採流淌在葛飾真間入江內的玉藻，讓人想起手兒名。

上文收錄在我國最為古老的歌集——《萬葉集》的卷三之中❹。

❸譯注：原文為「真木」，日文古語中的真木泛指杉樹與檜木等高大挺拔，常用來作為建材的常綠針葉樹，在此無法斷定究竟是杉樹或是檜木，因此只翻譯為「樹」。

❹譯注：關於手兒名的傳說，流傳著不同的說法。在此舉出山部赤人的作品，是手兒名與所愛的男性一同生活，與前文手兒名因為煩惱眾多男性追求而投江的故事，有所差異。另有說法是，手兒名婚後歷經苦難，不得不回到真間地區，而後苦惱於眾多男性的追求而投江。

上總國內的是位於周准的珠名。珠名這一個名字，與真間的手兒名正好相反，若是以現今的說法來形容，是具有十足摩登女性風情的名字。珠名總是打扮地花枝招展，倚傍在門前，魅惑眾多男性。在這許多男性之中，有人忘卻了自己的本分，試圖以花言巧語接近珠名，甚至將重要的鎖匙交給珠名，只為了討取她的歡心。最後，珠名似乎也利用男性的心理，將他們玩弄於股掌之間。這在奈良時代也被廣泛討論，以歌文歌詠。

> 在安房有位名為珠名的少女，豐腴酥胸，纖細腰肢，貌美如花。光是面帶微笑地站在那裡，就能夠讓路過的行人忘卻自己的目的地；就算沒有出聲招徠，也能讓人來到她的門前。珠名沒有開口要求，鄰居的丈夫甚至離開自己的妻子，而把家中的鑰匙交給她。就這樣，眾人都被她迷得神魂顛倒。
>
> 若是有人來到家門前，即使是三更半夜珠名也會不假思索地前去和對方碰面。

上文也是收錄在《萬葉集》的卷九之中。

將鎖匙交托給女性，無論古今，都可以看作是表達信任和愛意的極端手段。一千三百年前奈良時代的男性，與一千三百年後臺灣現今的男性，不是極為相似嗎？周准的珠名，在後世留下的只不過是其艷名；然而真間的手兒名，在據傳她投江之處，建有自古以來稱為「手兒名靈堂」的小祠，至今仍有人前往參拜[5]，由此可推想，道德彝倫應該尚未完全崩壞才是。

[5] 譯注：位於千葉縣市川市真間地區，又表記為「手兒奈靈神堂」或「手兒奈靈堂」。

# 六七

# 十殿閻羅王

在還沒有每個月的公休日以前，日本內地會在一月和七月的十六日，讓在商家住宿工作的弟子、店員、傭人等放假，也就是一年可以從主人家獲得兩次休假的機會，回到親人身邊，亦即日文所謂的「藪入り（yabuiri）」。這一天據說是地獄之門開啟的日子，在東京等地，大家通常會前往參拜最鄰近的閻羅王。各個閻羅王有各式稱號，像是蒟蒻閻王[1]、鹽辛閻王等[2]，最為繁盛的應屬四谷大宗寺的閻羅王。正如同蕪村[3]的俳句「閻王血盆口一張，宛若吐生出嫣紅大牡丹」，不管是哪裡的閻羅王，都有著一張血盆大口，不失威嚴地保持張開嘴的模樣，面目肅正，手持奏板。還有川柳人寫道「就像大王可以吞下奏板的嘴」、「不可靠的閻羅王嘴巴開開」。或許是覺得不可靠而「休假返鄉不知道在氣什麼的六阿彌陀」。六阿彌陀散居在東京六處，是爺爺奶奶在春秋彼岸時節參拜的地方，在那裡誇獎家中媳婦，為後生晚輩祈福，也有一半是為了打發時間，不是那些年輕氣盛的弟子、店員會輕易去參拜的地方。儘管如此，無論古今都會有乖僻的人存在，這也是沒有辦法的事情。

所謂的閻羅王，是梵語的閻魔羅，會略稱為閻魔，或是省略中字稱為閻羅，為地獄之王，掌管亡者魂魄，任務是賞罰亡者生前的行事、善惡，原出處是佛教經典。在日本內地，閻羅王只有一位，但是在漢民族之間，閻羅王不止一人，有十王之說，也有十八王之說。就算是最少的數目，也是雙王之說，為兄妹，哥哥負責掌管男性事務，妹妹負責掌管女性事務。或許是因為漢民族認為惡事太多，單是一位閻羅王會忙不過來，所以才有十王、十八王之說。也或許是因為支那人口眾多，閻羅王的數目也就自然會增加。一般而言，普遍流傳的是十殿閻羅王之說，分別是頭殿秦廣王、二殿楚江王、三殿宋帝王、四殿五官王、五殿森羅王、六殿卞城王、七殿泰山王、八殿都市王、

❶譯注：蒟蒻閻王：東京源覺寺流傳下來的傳說。據說有位右眼患有眼疾的老婆婆每日會帶著自己喜歡吃的蒟蒻去參拜閻王，後來果真重獲光明，而閻王神像的右眼則是變得混濁如老婆婆的病眼。此後，大家都會帶著蒟蒻去參拜閻王，因而有蒟蒻閻王的稱號。

❷譯注：日文慣用句中有「閻魔が塩辛を嘗めたよう（彷彿閻羅王吃了鹽辛一般）」，用來形容人的表情苦澀，就像是閻羅王吃到鹽辛一樣，原本就十分嚴肅、有威嚴的臉皺在一起的模樣。「鹽辛」是日本常見的醃漬食品，將魚類、蝦、章魚等海鮮及其內臟，用鹽、酒麴、酶以及食材本身所附有的微生物加以發酵而成。

❸編注：與謝蕪村（一七一六—一七八四），俳人，畫家。與松尾芭蕉和小林一茶並稱俳句三巨頭。

十殿閻羅王。上圖從左到右：秦廣王、宋帝王、泰山王、閻羅王、平等王。下圖從左到右：轉輪王、都市王、卞城王、五官王、楚江王。《臺灣寫真帖》第一卷第十二集（一九一五）。（LDR）

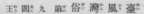

九殿平等王、十殿轉輪王。在日本內地就算只有一位閻羅王，已經讓世人十分懼怕，漢民族居然有十位閻羅王，其可怕的程度真是令人無法想像。然而漢民族竟然能夠在氣氛駭人的閻羅王殿廳中，哼著有關男女情愛內容的流行歌。像是流行在對岸廈門並傳入臺灣的〈落陰褒歌〉白話字歌便是一例[4]。不管在多麼可怕的事物面前，還能夠假裝平靜無事地哼唱歌曲，由此可以看出，漢民族就是如此厚臉皮的種族。千萬不要忘記，臺灣民族也是從漢民族而來的種族。

[4] 編注：褒歌，一種韻文歌謠，常有男女對唱。〈落陰褒歌〉講述丈夫去世後，妻子進入陰間，在閻羅王協助下尋回丈夫魂魄的故事。

# 六八 葬禮萬象

有句俗諺說：「可以送給我的話，那就連葬禮也送給我吧」。這和「可以獲得的話，就算是夏天拿到小袖和服也願意」這種討人喜歡的說法不同[1]，而是一種極端誇飾的說法，因為不管再怎麼貪得無厭，即便是有人願意，也不可能會把腦袋動到葬禮上。不應該誰都是這麼想的嗎？但是為什麼在臺灣，會有人肆無忌憚地在臺北市內人來人往的繁華街道上，而且還是在光天化日、眾目睽睽的狀況下，企圖奪取他人的葬禮呢？關於引發這個前所未有爭議事件的紀錄，在大正七年還是八年（一九一八—九）左右的《臺灣經世新報》上花了一整個頁面的篇幅報導。讓人覺得當時的臺灣還真是無奇不有。其結果究竟如何，如今已經不記得了。如果站在企圖奪取葬禮一方的立場上來看，應該是完全不把「可以送給我的話，那就連葬禮也送給我吧」這種話當作一回事吧。

❶譯注：這句日文俗諺的意思是：如果有免費的東西可以拿，那麼就算是夏天拿到冬用的、加有棉布的小袖和服也願意，也會用來形容人的貪心。

臺灣民族確實展現出各式各樣的民族性格。既有奪取他人葬禮的例子，也有一位往生者，卻同時出現兩場葬禮相互競爭的例子。在去年〔一九二七〕七月十日的《南日本新報》中，大標題為〈一位往生者兩場葬禮〉，小標題為「家族鬥爭之悲喜劇」。一位往生者，在同一天的同一個時刻，卻有兩個葬禮隊伍出現，這可是近來未曾出現的好戲，讓世人眼睛為之一亮。「時間回溯至二日破曉時分，新竹街上傳來爆竹聲響。一開始雖讓人覺得可疑，原來是同街北門資產家——曾家葬禮的預告。不愧是資產家，華麗壯觀的隊伍橫亙數町，場面盛大。然而就在不久後，當隊伍通行快要結束之際，從同一方向又出現了足以匹敵方才喪禮隊伍的華美排場，穿過市街。從一大清早就有同一葬禮的兩組隊伍通過，實在是不可思議的光景。兩組都是曾家的隊伍，往生者為同一人，先行的隊伍是曾家的後嗣，後行的隊伍是曾家另一房的孫子所主導。那些愛搬弄是非的人七嘴八舌地議論著：往生者只有一位，同為血脈的親族卻分別舉辦葬禮，雖說是資產家，再怎麼愛慕虛榮，這麼做也是奢侈過了頭

曾逢辰。《臺灣列紳傳》，頁一二八。

啊。不過事實並非如此。那既不是愛慕虛榮，也不是出自於追憶故人的哀悼之意，而是資產家內部常有的家族鬥爭，而引發這起令人感到悲哀的離奇事件，簡直是要讓往生者在死後蒙羞。往生者曾逢辰，享年七十多歲，可說是壽終正寢，生前為秀才，且是竹社長（詩文社）、知名的漢學者，其書房培育出許多有為的子弟，曾逢辰為人師表，受人景仰。其子曾維新不似父親，只專注於理財，也有些不好的評價，自然而然地親子感情日漸疏遠，最後背叛父親逢辰。就連逢辰的妻女，與逢辰一樣長期臥病在床，維新夫妻等人明明就在隔壁的家屋，距離並不遠，只要出聲叫喚就可以聽得到，卻始終不聞不問。逢辰氣憤維新的不孝，從同族收養曾渭濱為子，將家中事務交予渭濱，等於是與維新斷絕父子關係，甚至還禁止維新的小孩進出家中。數年前，自從維新逝世後，維新的孩子們便向渭濱請求，希望看在他們與逢辰的祖孫關係上，允許他們出入家屋，但是渭濱以遵循逢辰生前的意志為由而拒絕。兩家的鬥爭從父親轉移到孩子，雙方宛如仇敵一般，每次遇到事情便會發生衝突，直至今日。此次主辦逢辰喪禮事宜，主祭者本應是繼承人渭濱，但是維新的孩子因為對渭濱反感，主張孫子弔唁祖父乃天經地義之事，而在世人面前上演了這場讓人哭笑不得的葬禮爭霸戰，才會出現兩場喪禮。曾逢辰在當地不只是數一數二的資產家，正如前述，他同時也是一位學者和有聲望的人。而且其中應該也包含了許多知書達禮的知己和親戚。因為這場醜陋的鬥爭，損害死後的名譽，招來世人的訕笑，究竟是為了什麼呢？據傳，這些人內心應該有所算計，而去附和雙方，相互聲援，播撒檯面下鬥爭的種子。」

在善於衡量利害關係的臺灣民族之間，企圖奪取他人葬禮，或是同時出現兩場葬禮這種事，都是理所當然會發生的事情，不足為奇，而且這些還只不過是序曲。更不用說，如果今天往生者是個沒有資產的人，就不會如此醜態百出，死後還如此丟人現眼。真正的好戲其實還在後頭，要人血債血還，爭個你死我活的訴訟官司，應該會接二連三地發生吧。而在旁邊等著的那些律師應該也是各個摩拳擦掌、蓄勢待發吧。沒有經過思考、判斷，就企圖奪取他人葬禮、同時搞出兩場葬禮，會做出這種事的臺灣人，絕對不是那種純樸善良、品格高尚的民族。

# 六九

# 廣東族的少年

現在居住在臺灣的人，從福建省前來的子孫有三百十一萬六千四百人，從廣東省前來的子孫有五十八萬六千三百人（根據昭和三年〔一九二八〕版《臺灣在籍漢民族鄉貫調查》）。不過這個數字，不能夠直接看作是福建人，也就是閩族人的總數，也不能直接看作是廣東人，也就是粵族人的總數。因為在行政區劃上，汀州府八縣雖然位於福建省內，居民幾乎都是廣東人，而位於廣東省內的潮州府九縣當中，有八縣居民為福建人，只有饒平縣居民是廣東人。此外，日本內地人有十九萬五千七百人（百位數以下除去，以下皆同），居住在蕃地的生蕃有八萬六千七百人，居住在平地的蕃人有五萬一千八百人。將蕃地與平地的蕃人合計有十三萬八千六百人，其中泰雅族有三萬二千七百人、賽夏族有一千二百人、布農族有一萬八千三百人、鄒族有二千人、排灣族有四萬一千八百人、阿美族有四萬六千六百人、

臺車。（Michael Lewis Taiwan Postcard Collection, LDR）

雅美族有一千六百人（根據昭和二年版《第二十二統計摘要》）。一般而言，稱為本島人的漢民族中，福建人的大致人數有三百十萬人，廣東人的大致人數有六十萬人。因渡臺的先後，廣東人約為福建人的五分之一。儘管如此，少數的廣東人，絕對不會輸給多數的福建人。福建人將廣東人稱為客人，罵他們是客人猴，廣東人將福建人稱為福老人，罵他們是福老屎。諸如此類，雙方彼此都不肯退讓一步，可說是家常便飯。

大正六年（一九一七）十二月上旬，有條臺車道從新竹州今天的竹東街，當時稱為樹杞林，越過山頭前往北埔方向。

途中有一位少年帶著些許的行李，突然出現，希望可以將自己的行李放在臺車上的角落。他徵求臺車苦力的意見，說他願意在上坡路段協助推行臺車，下坡路段請讓他坐在臺車上，苦力表示同意。少年一邊推行臺車，一邊用雖然稱不上流暢，但不會讓人聽得太吃力的國語，緩慢地說起話來。筆者問他國語是在公學校學習的嗎？他回答說他還在國語夜學會[1]中學習。筆者那時候出差的目的，就是為了視察在學校以外的其他設施中，國語的普及狀況，所以聽到少年的回答，筆者不禁露出愉悅的笑容。聊著聊著，不知聊到什麼，少年笑著說自己會說臺灣話，那些福建人不懂臺灣話。這時候筆者才發現，少年是廣東人，他所說的臺灣話，指的是廣東人的語言。同時也驚訝並佩服少年的氣魄，正是這種氣魄，廣東人才能在面對比自己種族人數還要多五倍的福建人時，絲毫不會展露出退卻的模樣。

之後，筆者就這樣四處視察，踏上返北的旅程，已是十二月下旬。抵達苗栗車站時，有一位少年從車窗叫喚住一位在車站叫賣的小販，

[1] 編注：讓在學生之外的民眾學習國語的教學團體，通常為官廳或地方人士主動發起，並借用地方公學校或廟宇開班授課。

就在筆者思考「少年是要說什麼呢」的時候，突然聽見火車窗框似乎快要被敲碎的聲響，少年掏出幾張紙幣，大聲地咆哮怒號。不久後詢問經過座位的列車長，到底發生了什麼事情。列車長笑著回答，叫賣的小販冷嘲熱諷地說：「你不買是因為沒錢吧！」少年怒罵道：「我有的是錢，是因為你的東西不好又貴，才不想買的！」叫賣的小販是福建人，少年是廣東人，這樣的騷動並不罕見。記得這個時候，筆者也是被廣東人少年的氣勢所震懾。

曾經有位可以算是文化協會代表人物的男子說過十分粗暴的話語：公學校教育從臺灣人兒童身上奪走了臺灣話，用國語施行教育是非常殘酷之事。筆者也曾經聽過，有人覺得自己是教育專家，高談闊論地表示像是公學校這種初等教育，使用臺灣話來教學，也符合教育的宗旨。這時候，筆者想起那位廣東人少年說出的話。究竟在臺灣這塊土地上，是否存在著所謂四百萬民眾共通、統一使用的臺灣話呢？同時，這位男子所說的「臺灣話」，指的究竟是哪一族的語言呢？福建人認為福建人的語言是臺灣話，廣東人認為廣東人的語言是臺灣話，那麼在蕃人的社會，蕃語應該也算是臺灣話吧。如此一來，在臺灣便出現了一個首要問題，正待解決，那就是臺灣話的統一。即便是臺灣這種彈丸之地，想要徹底地統一語言，也並不是一個容易的問題。就算排除萬難，成功地統一了臺灣話，但是從全日本的立場來說，在八千萬國民中，臺灣話只適用於總人口數二十分之一的四百萬臺灣民眾。與其要犧牲重要的兒童，不如更進一步地用八千萬同胞共通的語言，統一臺灣四百萬民眾的語言，這應該是更為合理的做法吧。對於公學校使用國語教學的恰當與否提出疑問，只要不被偏見和固執所侷限，並沒有什麼問題。然而像是前文提到的男子，故意不負責任地大放厥詞，這種行為才會更讓人認為國語教育確實有其必要，不是嗎？如果他是個門外漢，那麼根本不值得去注意或是批評，就因為他擺出一副教育專家的樣子，才讓筆者不得不說出自己的意見。

# 七十

# 極度的恣意妄為

臺中林家很早就分家為兩房，一房定居在臺中，一房定居在以前的阿罩霧，現今的霧峰。在臺中的稱為下林家，在霧峰的稱為上林家。如今似乎又各自分家為數房。下林家中的林季商，是已逝林蔭堂（林朝棟）的長男。季商很早就加入支那籍，居住在對岸廈門一帶，膝下有長男正熊、次男正傳。林季商在廈門主持各種事業，像是疏河公司也是他經營的事業之一。在支那爆發革命騷動之初，他投身革命軍，名列軍籍，軍階高至革命軍的陸軍中將。他所經營的事業，像是他的疏河公司一般，成果豐碩，容易成為他人垂涎之標的。和支那其他地方相同，廈門的主事者頻繁更替，導致林季商在事業的經營上倍感威脅，為了能夠安心操辦事業，無論如何都必須要設法借助外在的勢力，這似乎就是他不得不投身革命軍的原因。

儘管如此，支那的革命軍內存在許多派系，其聚散離合變幻無常，明爭暗鬥接連不斷。季商投身革命軍，實為機靈賢明的舉動，但是並未如預期般地換來平穩與安心。大正十四年（一九二五）八月二十一日（陽曆），因為同樣在革命軍內的政敵張毅策動，而遇刺身亡。這其中當然有許多緣故，但是張毅注意到季商的疏河公司，應該是重要的原因之一。

季商的長男林正熊繼承父親的事業，據傳他燃起了復仇之心，不過就在去年春天，他來到父親的故國臺灣之時，似乎露出了馬腳。三月中旬左右，在臺灣的日刊中洋洋灑灑地寫下了他橫行霸道的種種事蹟。內容實在是太繁瑣冗長，在此就不一一贅述，只拿出三月二十日《臺灣日日新報》的報導內容來簡單介紹。標題為〈土匪頭目林正熊的真面目〉：「與霧峰豪農林獻堂同族的林季商，領臺後不喜日本統政，帶領家眷一族前往對岸，最後歸化民國，其後成為陸軍中將。當時在本島的流氓之間，開口閉口都說林季商會率領部下攻打臺灣，遂成流言。但是，林季商雖為陸軍中將，並沒有部下和兵力，只是用經營疏河公司月營收的二千圓，才能勉強維持著體面罷了。目前成為一大問題的林正熊為林季商的長男，他在廈門及其他地方對臺灣籍民施行不法監禁、強奪等惡行，後為了療養眼疾而來臺，到臺中因受害者曾某的告訴，現正由臺中警察署審訊調查中。而他加入土匪之前的經

《臺灣日日新報》，一九二八年三月二十日，十五版。

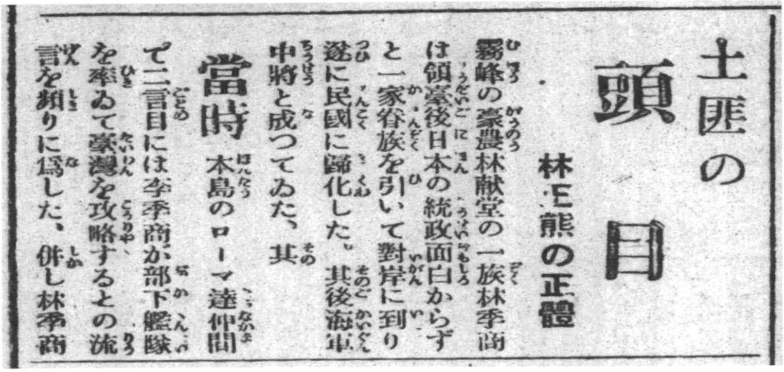

土匪の頭目

林正熊の正體

霧峰の豪農林獻堂の一族林季商は領臺後日本の統政面白からずと一家眷族を引いて對岸に到り遂に民國に歸化した。其後海軍中將と成つてゐた、其

當時 本島のローマ達仲間で二言目には李季商が部下艦隊を率ゐて臺灣を攻略するとの流言を頻りに爲した、併し林季商

歷，也是一則有趣的故事。正熊從父親奪取排行第五的小妾，又與即將嫁給弟弟的女性私通，甚至還與同父異母的妹妹發生關係。這一連串無法無天的行為，季商也忍無可忍，最後與他斷絕父子關係，逐出家門。後來，在正熊岳父張清淡的好友——當時北軍密探林得以的引導下，民國四年七月三十日，林季商遭張毅的部下暗殺身亡。引導的人是正熊岳父的好友，這也讓事件蒙上一抹不明的陰影。總之，正熊後來成為第三路游擊隊（就是純粹的土匪，持槍的人約百位，手持棍棒的人約一百五十位左右）的司令，據說是打定主意要向張毅及其部下報殺父之仇，不難想像他是將報仇作為表面上的正當理由。在

這期間，因為他的侵占掠奪和其他胡作非為而受害的人們，恰巧有二、三位是臺灣籍民，而臺中一位名為蘇明清的人物，被正熊弟弟正傳的計謀陷害，在去年五月死於獄中。正熊目前因眼病而在療養中，待他略為康復後，應該會繼續對他採取偵訊調查。」這些橫行霸道的行為，難道不駭人聽聞嗎？奪取了父親的小妾，私通原來應該是弟弟妻子的女性，這樣還不滿足，就算是同父異母，居然跟自己的妹妹發生關係，這難道是人類世界容許發生的事情嗎？就算是禽獸的世界，現在應該也多少覺得羞恥吧。在臺灣民族當中的部分人士，引頸盼望著這樣的世界能夠早一點到來的傢伙，難道一個人也沒有嗎？

# 七一 學匪

支那如此的泱泱大國，自古以來就有各式各樣的匪徒，有官匪，也有兵匪，有警匪，也有學匪，其他還有農匪、工匪、商匪等，不可勝數。當六十萬的滿洲民族蜂起推翻明朝，建立清朝政府之時，認為最棘手的就是那些學匪。學匪就是讀書人，自古以來不管是哪一個朝代，都被認為是最燙手的山芋。

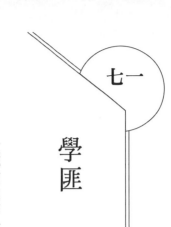

在現代支那也有眾多學匪，一下子說要抵制外國貨，一下子說同盟要罷業，就像是蝗蟲或是蚱蜢一般，一年到頭飛過來又跳過去，也有一些奇特的匪徒。這些學匪很多是毫不在乎地無視國際信義，或是藐視國際慣例還洋洋得意，實在是拿他們沒有辦法。

至於臺灣，不知是幸還是不幸，沒有太多的學匪，卻有許多的無學匪。這些無學匪只是人云亦云、鸚鵡學舌，學人家組什麼協會、什麼黨、什麼組合等，一下子是文化運動，一下子是民眾運動，一下子又是什麼農民運動，還不到蝗蟲或蚱蜢那樣的程度，大概像是蠹蚍〔螻蛄〕那樣飛來飛去吧。其實，以前的臺灣就是土匪的大本營，清朝時代當然是不用多說，改隸之後不久，可以說到處都有土匪出沒。每年善良人民因為土匪而遭受到的毒害並不輕，當然無法放置不管。當局者認為土匪也是國民的一部分，如果是有可能改過向善的土匪，就使之歸順，與良民為伍，授予換取衣食之途；如果是執迷不悟、死不悔改的土匪，便斷然剿除誅殺，為良民懲奸除惡。明治三十一年〔一八九八〕十一月五日發布〈匪徒刑罰令〉。但是那些無學匪卻不知道是基於何種理由，非常排斥〈匪徒刑罰令〉。站在未曾想過要成為匪徒的良民角度來看，就算有成千上百的〈匪徒刑罰令〉，也絲毫沒有需要懼怕、排斥的理由。在現行的刑法中，處處存在死刑的條文，只要是不會犯下這些罪行的人，不管有多少死刑的條文，也不會感到畏懼。無學匪的那群人，並不是那種只要逮到機會就會去觸犯〈匪徒刑罰令〉的人。

所謂的匪徒，即使認為已經充分地征服他們，但如果只是單純地打壓、壓制，而不協助他們謀生，那麼不知道何日何時，這些匪徒或許又會故態復萌。滿清政府正是因為深知箇中道理，給予眾多學匪一條足以衣食無虞的道路，那就是許多的修史事業、辭書編纂事業、圖書集成事業、訓詁考證事業。換句話說，就是體面地讓他們埋首於筆硯之間，實際上則是讓他們緘口不言。如此的做法卓有成效，不知道學匪們內心明不明白。他們熱衷於從事這些被賦予的工作，孜孜不倦，其成果便是永久地留存下眾多的史書、字典、《古今圖書集成》、《四庫全書》、訓詁及考證的文書。滿洲民族並非只憑藉著兵力，在智力上也成功地征服了漢民族。

七二

# 複數口譯的實情

今日，有許多日本內地人精通臺灣話，也有許多臺灣人精通國語，但是在改隸後不久，幾乎很少有精通臺灣話的日本內地人，當然也沒有精通國語的臺灣人。不過，不管是日本內地人還是臺灣人，都有很多精通支那官話的人。當時擔任翻譯的就是這些精通官話的人物，而且需要翻譯的時候，都採所謂的複數口譯——也就是日本內地人翻譯將國語口譯為官話後，臺灣人翻譯再將官話口譯為臺灣話；或是臺灣人翻譯將臺灣話口譯為官話後，日本內地人翻譯再將官話口譯為國語之形式。在法院等處，即便是今日的單數口譯，法官的詢問與被告的答辯皆一一透過翻譯，都需要花費相應的時間，而以前是複數口譯，更是需要耗費二倍的時間。雖說應該要忍耐需要花費二倍時間的這件事，但是似乎有不少時候，還是會讓人不得不感嘆複數口譯的隔靴搔癢之感。甚至還有不少狀況是問者與答者都無法傳達自己的意思，最後以翻譯人員也不知所措的狀況下收場。

曾經因為違反《治安警察法》，審判文化協會分裂前的多位會員時，三審法官對著一名被告人表示，被告方才在說什麼，我完全聽不懂，透過翻譯傳達後，被告人也表示，法官您所說的話，我也聽不懂，再透過翻譯轉達。這就是法官與被告之間意思無法疏通的例子，那時候已經是單數口譯時代，擔任翻譯的人員據說還是法院中最精通臺灣話的知名翻譯。在複數口譯時代，雖是改隸後不久，卻也發生了各式各樣有趣的事情。

在臺灣為數眾多的土匪之中，說到北部的簡大獅、中部的柯鐵、南部的林少貓這三人，在明治三十二年（一八九九）左右，就算是女孩也都知道這幾號人物。簡大獅是在今日臺北州下的草山方面、柯鐵是在臺中州下的林杞埔（今日的竹山方面）、林少貓是在高雄州下的阿猴（今日的屏東方面）地區橫行猖獗。當局者一方面希望能夠將土匪一舉剿除滅絕，一方面又致力於招降歸順。臺北附近的土匪頭目，以深坑的陳秋菊為首，與其他人一同，逐漸找到和政府之間的妥協條件，接二連三地出現不少人率領部下歸順。

約是明治三十二年一月左右的事情（譯按：簡大獅被捕受審應為一九〇〇年事），被稱為北山土匪頭目的簡大獅，生性多疑，嘴上發誓願意歸順，實際上卻遲遲不見實行，最後悄悄地躲過官方的視線，暫時遁逃支那。三月時被我國官方擒獲，押送至臺北法院。簡大獅被控違反〈匪徒刑罰令〉，經過多次公審後，終於來到最後宣告判決的這一天。當時筆者為了讓學校學生到法院見習，便帶著大批學生前往法院旁聽。簡大獅最後被宣告判處死刑。隔天臺灣的日刊便報導了關於簡大獅的判決新聞，雖然沒有全部記下來，但是只有「不愧是北山土匪的頭目，即便被宣告死刑，簡大獅連眉毛也不動一下」這段描述記憶猶新。就算是土匪，也沒有必要在他被宣告死刑之後，還要繼續地憎恨他，但是日刊報導的文章實在是太抓不到要領，其程度不禁讓人覺得既驚訝又可笑。簡大獅在被宣判死刑之時，確實沒有表現些許驚訝的模樣，但那並不是因為簡大獅的沉著冷靜，而全是因為複數口譯的緣故。不管法官用多麼嚴肅、莊重的態度宣判死刑，首先也必須要由日本內地人的翻譯口譯為官話，接著臺灣人翻譯再將官話口譯為臺灣話。等傳到被告人耳裡時，法官那再怎麼嚴肅莊重的語句，也像是完全跑了氣的香檳一般，不是嗎？就算不是像簡大獅這樣的人，當然也會表現出不動如山的模樣。

# 七三 支那的各種歷史

如同支那一位極端的革命思想家所說：如果不將現存於支那的歷史全數葬送，真正的革命便無法成功；現存於支那的各種歷史，是尚未進行革命的時代紀錄，而閱讀歷史的人，最後必定會懷抱著反對革命的思想。如此果斷大膽，彷彿是秦始皇一般的意見，當然也是看法的一種。另一方面，想必也會存在可以將歷史作為提升國民道德之道具的意見。

然而，沒有其他國家像是支那，從那麼早的時候就開始革命。事實上，革命二字是出自於支那的《易經》。《易經》中革卦為「天地革而四時成。湯武革命。順乎天而應乎人。革之時大矣哉。」另外，《書經》當中也可以看見「殷革夏命」。古時候革命的意義，主要指的是天子改姓之事，也就是夏改為殷，殷改為周之類的改朝換代。但是如此和緩的方式已經無法滿足今日對革命的定義，必須是政治或是社會上的大變革，才能夠稱得上是革命。因為即便是革命，舊時代的革命與現代的革命在意義上有極大的不同，所以才會出現要葬送歷史等的議論。

在任何事情都喜歡人云亦云的臺灣民族之間，似乎還沒有出現這類驚世駭俗的意見，反而可以看見崇拜歷史的傾向。此處所說的歷史，並不一定是支那的歷史，也包含世界各國，特別是西洋諸國的歷史在內。有趣的是，某某黨員、某某協會會員這一類的無學匪，很多人崇拜西洋人名，偶然在西洋人名字典或是其他書上看見較為奇特的人名，馬上就會想要找機會使用。前一個月的某日，新竹州苗栗郡苑裡的山腳鄉間開辦了一場演講會，聚集在現場的聽眾有地方商農一百人、十位女性、四十名小孩，合計約有一百五十人的盛況。一位演講人講到了希臘的蘇格拉底、法國的盧梭，因為他自己也不太清楚，聽眾當然更是丈二金剛摸不著腦袋。演講人此時就像是終於如願以償一般，將那些西洋人名派上用場，在場上滔滔不絕、口沫橫飛。

或許也應該說這位演講人實在是像個孩子般稚氣可愛，在這麼炎熱的天氣下，還這麼費盡心思地講述西洋人名辭典，真是不簡單。在此將能夠想到的人名列於下，以供參考。

有機會的話，請別客氣，盡量拿來使用吧。像是威士忌氏、白蘭地氏、香艾酒氏、馬拉希諾氏、利口氏、胡椒薄荷氏、苦艾酒氏、伏特加氏、三砲臺氏、海軍牌氏、比司吉氏、威化氏、三明治氏、冰淇淋氏、粗鹽醃牛肉氏、糖精氏等。根本不需捨近求遠，在我們身邊就有許多，像是冰棒[1]氏，在今日臺灣這塊天地，堪比擬為美國的國寶「自由之鐘」，不分晝夜，鐺鐺作響，喚醒睡懶覺的人們。這位冰棒氏，可說是最新傾向的權威。對比臺灣演講者與冰棒氏，實為有趣，要在鄉間各地使用，應該是極為合適的吧。

這種無關緊要的話就不再多提，都忘了要來說支那各種歷史的部分。自古以來，支那不僅有非常大量的歷史，在史書編纂上因為內容的不同，體裁也非常多元。首先是紀傳體歷史，是由本紀、世家、列傳、志、表等所構成，故名為紀傳。唐代將紀傳體稱之為正史，其後各個朝代紛紛編纂正史，宋代為十七正史，明代稱為二十一史，至清代有二十二史，最後成為二十四史。其次則是編年體，宋代荀悅簡略

[1] 譯注：香艾酒：Vermouth。馬拉希諾：Maraschino，一種櫻桃酒。利口：Liqueur。胡椒薄荷：Peppermint。苦艾酒：Absinthe。三砲臺：The Three Castles，為英美菸草公司生產的香菸。海軍牌：Navy Cut，為香菸品牌。比司吉：biscuit。威化：Wafer。粗鹽醃牛肉：Corned beef。糖精：Saccharin。冰棒：Ice candy。

班固所編纂的《漢書》做成《漢紀》，為最早的編年體史書。接著是紀事本末體，宋代袁樞根據司馬光編纂的《通鑑（編年體）》，做成紀事本末體的史書，為《通鑑紀事本末》，其後也接連出現許多仿效此種做法的史書。支那史書體裁的三大分類，即為上述的紀傳體、編年體以及紀事本末體。除此之外的體裁，稱之為雜史、傳、史鈔（史略）、載記、史評、年表等，各有不同目的。在此只針對正史來敘述。

| | | | |
|---|---|---|---|
| 一、 | 史記 | 一百三十卷 | 漢代司馬遷 |
| 二、 | 漢書 | 一百二十卷 | 後漢班固 |
| 三、 | 後漢書 | 一百二十卷 | 宋（六朝）范曄 |
| 四、 | 三國志 | 六十五卷 | 晉代陳壽 |
| 五、 | 晉書 | 一百三十卷 | 唐代房玄齡 |
| 六、 | 宋書 | 一百卷 | 梁代沈約 |
| 七、 | 南齊書 | 五十九卷 | 梁代蕭子顯 |
| 八、 | 梁書 | 五十六卷 | 唐代姚思廉 |

九、　陳書　三十六卷　唐代姚思廉
十、　魏書　一百十四卷　北齊魏收
十一、北齊書　五十卷　唐代李百藥
十二、周書　五十卷　唐代令狐德棻
十三、隋書　八十五卷　唐代魏徵
十四、南史　八十卷　唐代李延壽
十五、北史　一百卷　唐代李延壽
　　　舊唐書　二百卷　後晉劉明等
十六、新唐書　二百二十五卷　宋代歐陽修等
　　　舊五代史　一百五十卷　宋代薛居正
十七、新五代史　七十五卷　宋代歐陽修
十八、宋史　四百九十六卷　元代脫脫等
十九、遼史　一百十六卷　元代脫脫等
二十、金史　一百三十五卷　元代脫脫等

二十一、元史　　二百十卷　　明代宋濂等

二十二、明史　　三百三十六卷　　清代張廷玉等

從《史記》至《新五代史》為止，為宋代所說的十七史，至《元史》則為明代所說的二十一史，至《明史》便是清代所說的二十二史，再加上《舊唐書》與《舊五代史》即為二十四史。另外，清史館長趙爾巽已編纂清史完成，並要求在大正十五年（一九二六）八月左右出版，究竟是否已經出版，尚未得知。若是出版後便成為支那正史的二十三史，或稱二十五史[2]。

[2] 編注：《清史稿》於一九二八年首次刊行。

# 七四

# 惜別宴與贈送紀念品

在有人事異動之際，因為惋惜同事的離開，而舉辦惜別的宴會，或是贈送紀念品等行為，不管在哪個地方都可以看見，非常有人情味。筆者提出這些，並不是想要獎勵，或是

頑固地禁止這一類風俗。另外，宴席是否豐盛完備、紀念品是否高尚貴重，都不是最重要的要素。只要有誠意，就算是再怎麼寒酸的宴席、再怎麼廉價的紀念品，也都應該要懷抱著感謝對方誠意的心情，愉悅地接受。在舉辦和企劃上，只要不是少數人的逼迫，爽快地答應赴約也是應有的禮儀。筆者認為，接受這些宴會邀請或是紀念品，並不會傷害一個人清廉潔白的名聲。在這種場合上，臺灣民族向來十分講究排場。有可能是過去曾經被慫恿，也可能是在不知不覺中成為了習慣，又或許是民族性格使然，我們無法斷言。臺灣民族原本就是爭勝好強的種族，無論何事，若是略遜他人一籌，便會惱怒不甘。當面臨到騎虎難下的狀況，就算會陷入經濟困境，也經常顯露出一副毫不在意的模樣。可能是基於這樣的緣故，無論如何，臺灣民族講究排場，是不爭的事實。縱使這些都是富含人情味的展現，但是當事者也不能助長這樣的風氣。

若是日本內地人，當然會考慮整體的狀況和對方的立場，倘若硬是要做出選擇的話，比起舉辦惜別的宴會，現今大多會比較贊成贈送紀念品。因為不管是自己或是他人，雙方都是在工作的人，會認為或許不要耗費寶貴的時間來吃吃喝喝比較理想。反之，臺灣人在贈送紀念品時，有人花費個一圓，有人花費個兩圓就了事，雖說是經濟實惠，還是會有人不願贊同。但如果是要舉辦惜別宴，和贈送紀念品相較，即使需要負擔的花費多出了好幾倍，「我也要！我也要！」的贊成意見卻此起彼落，就連意料之外的人員也會出席，實在是顯露出十分有趣的民族性格。這應該不是基於貪小便宜的心性，認為紀念品只是贈送給對方，自己拿不到好處，而舉辦惜別宴的話自己也可以列席參加，或多或少可以獲得吃吃喝喝的好處。或許是不滿足於在形式上贈送紀念品這種草草了事的方式，而必定要盛大地開辦惜別會，親切地向對方闡述告別之情才甘願吧。

# 七五 登高

一千三百年前《荊楚歲時記》一書的記錄，足以窺探支那長江流域風俗之一隅。此書的作者，一般來說認為是晉的宗懍，不過宗懍在梁元帝在位時期曾經官達吏部尚書，所以應該不是晉人，而是梁人。總而言之，這部書以風俗史而言，是相當早出現的一本紀錄。根據《南史》的梁元帝本紀，宗懍生於楚（亦即古代苗族蟠踞之處），闡述鄉里風俗而作成此書，記錄了風土民俗二十餘事。據傳是隋代的杜公瞻為此書作注。

《荊楚歲時記》介紹長江流域自古以來從初一至歲晚的節慶活動，因而稱為歲時記。正月七日七菜羹、三月三日曲水流觴、五月五日舟楫競渡與採集百草、七月七日乞巧典、九月九日菊花酒與登高等，依序記載其他各式各樣的節慶活動。《荊楚歲時記》中可以看見的節慶活動也在很久以前就流傳進入日本，上述的五個節慶活動統稱為「五節供」，至明治初期為止，舉國上下皆會慶祝。正如前文所述，支那原本的節慶，有不少在傳入日本後便逐漸轉變形式，成為日本風格的節慶，如今依舊盛行。

在臺灣民族之間，《荊楚歲時記》當中提及的大部分節慶活動，現今仍舊存在於日常生活中。不管臺灣民族是屬於漢民族當中的哪一類，身為南方種族這個身份是不爭的事實。因此支那南方的風俗習慣，依舊存在於臺灣民族，也不是什麼不可思議的事情。前文已經述及，這些節慶活動當中，像是春之踏青、秋之登高等這種富含詩意又有意義的活動並不多。

雖然在《荊楚歲時記》中並未看到春之踏青，但可以看見關於秋之登高的記載，譯文如下：「九月九日，四民聚集在一起，於野外宴飲。按，杜公瞻云：九月九日的宴會，不知道是從哪一個時代開始，但是從漢代到宋（南北朝）為止，皆未改變，而今北人也十分重視此事。在這一天配帶茱萸、吃重陽糕、喝菊花酒可使人長壽。近代眾人皆設宴於臺榭。又《續齊諧記》云，汝南的桓景跟隨費長房遊學，長房告訴他，九月九日汝南會有大災難，趕緊讓家人縫製囊袋，裝入茱萸繫在手臂上，登山喝菊花酒，便可消解此禍。景聽從長房所言，舉家登山，至傍晚返家，看見雞犬牛羊皆暴斃。長房聽聞後說，可代代實行[1]。今日世人，於九日登高飲酒，婦人帶茱萸囊袋，皆是由此開始」，此為登高之由來。

春日的踏青，因為和替祖先掃墓結合在一起，直至今日大家也不得不繼續遵守。但是秋日的登高，一般而言並沒有付諸實行，似乎只是文人墨客之間的餘興，且他們並沒有真的去到高處，只不過是躺在低處，耽溺於作詩活動，散發出登高的氛圍罷了，實在是非常有趣的現象。一般人可能會在此展現出民族性格，表示又不是要找出可以恣意開墾的合適土地，沒有必要特地去攀登高山，傻乎乎地假裝躺在草地上。時至今日，應該也沒有人會去登高。況且，現今政通人和，也不再有必要去登山來迴避不定期的災難厄運，從這個面向來看，對天下民眾而言，實在是可喜可賀的狀態。

古時候日本的儒者，似乎也有不少人對登高賦詩懷抱著憧憬，但是這些儒者大多不攀登至高處，而是經常坐在低處吟詩作對。梁田蛻巖為明石藩[2]的儒者，與新井白石、室鳩巢等人有所交流，當時甚至有霸儒之稱，

[1] 編注：原文如此。中文為「此可代也」，意思應該是雞犬牛羊代替承受災禍了。

[2] 編注：今兵庫縣與神戶市交界，明石市一帶。

是一位富含氣概的學者。在《蛻巖文集》的四，有詩如下：

九日　元祿〔一六八八―一七〇四〕年中在東都〔江戶〕作

淇樹連雲秋色深。獨憐細菊近荊扉。
登高能賦今誰是。海內文章落布衣。

與普通儒者的登高詩相較，似乎是屬於不同的範疇，因而在此一提。

順道來說說關於茱萸的事情吧。茱萸為亞喬木，有吳茱萸、食茱萸兩種。吳茱萸高約丈餘，結實纍纍，果實為紫紅色，果實與莖皆可入藥，因吳地產的茱萸品質優良，故有吳茱萸之名。食茱萸高亦約丈餘，枝部多刺，果實圓而黃黑，味道辛辣，自早漢民族便將之作為調味料使用，《禮記》中的「三牲用藙」中的「藙」，即為食茱萸。藙在國語中稱為「かははじかみ」。茱萸似乎容易與國語的「ぐみ」混淆，ぐみ又寫為「胡頹子」，為常綠灌木，高約丈許，於秋冬之際開花，果實呈長橢圓形，色紅味酸。雖然已經沒有繫茱萸囊袋登山避難的必要，茱萸的細密研究也完全無用武之地，但是因為茱萸與胡頹子經常被混淆在一塊，所以在此想特別一提。另外，《續齊諧記》為梁代吳均所著，記載內容皆為神怪之說。至於《續齊諧記》的由來，如今雖已失傳，不過我們知道宋（南北朝）東陽無疑〔人名〕有一著書名為《齊諧記》。

七六

# 媽祖 其一（自生平至升天）

臺灣民族自然崇拜的代表性神祇首推城隍爺，而靈魂崇拜的代表性神祇即為媽祖。正如前文所述，在眾多崇拜的對象中，城隍爺與媽祖實為臺灣民族信仰中心的二大神祇。關於城隍爺的部分，雖不算充分，但已於前文說明。此處打算淺談關於媽祖的種種。媽祖實為俗稱，正確的名稱是天上聖母，使用封號的話就是天后。

宋太祖建隆元年（九六〇），為日本村上天皇的天德四年，三月二十三日於福建省興化府莆田縣賢良港的林惟愨家中，一位女性誕生，取名為林默。後來在支那南方一帶受到漢民族狂熱的崇拜，祭祀為神、尊稱為媽祖、景仰為天上聖母的人物，就是在此時出生的林默。

雖然在正史之中很少看見，但是根據廟宇的說法，林氏的中興之祖為林披，唐朝人，膝下有兒九人，皆聰慧機靈，在唐憲宗時期（七七八—八二〇），兄弟九人都被授予刺史之官位。在唐朝的制度中，將地方長官稱為刺史。由於九人都是地方長官，也就是牧民之官，世稱九牧林氏。邵州的刺史蘊公便是九牧之一人。蘊公的孫子是圉公，也曾擔任刺史。圉公之子為保吉，在五代周的顯德年間（九五四—六〇），擔任統軍兵馬使，後辭官歸隱莆田縣賢良港。保吉之子為孚，曾任福建總管；孚之子惟慤則是擔任莆田縣都巡，時代已經從唐代經過五代的梁、唐、晉、漢、周之後，來到了宋代初年。林惟慤娶妻王氏，生有一男五女。夫妻平日虔誠信奉觀音大士，以修善行、廣布施為樂。不幸的是，長男發育不良，身體甚為孱弱。夫妻每日焚香，向天祈求，望能再賜予後嗣。己未年（九五九）六月十五日，齋戒沐浴之後向觀音大士祈求，觀音大士似乎接收到夫妻的誠心，王氏後來果真懷胎。庚申年三月二十三日傍晚，一道紅光從西北方照射進林家屋內，頓時馥郁芬芳，久久不散。此時，正值王氏分娩，第七位孩兒並不是殷殷期盼的男嬰，而是默不出聲的女嬰。夫妻兩人雖然大失所望，但卻在無意識中認定，只能將希望寄託在這個孩子身上了。不知何故，女嬰即使在出生一個月後，也從不啼哭，因而取名為默。以現在的說法，應該稱為林氏默。

林默自幼聰明靈穎，在很多地方與一般的女子不同。自八歲起便在私塾中接受訓讀，舉一反十。十歲後，她早晚燒香誦經，禮拜諸佛，從未懈怠，待人處事上已是一位出色的窈窕淑女，卻又不失威嚴。十三歲時，一位老道士來到林家，一眼就看出林默異於常人的特質，將玄通妙理傳授予她，林默受教，領悟諸多經典。據傳在十六歲時，觀看附近水井，得到一雙神仙銅符，自在靈通，驅邪救世，屢屢展現神力。而後經過十三年，在林默二十八歲的九月九日，亦即重陽登高之日，焚香誦經之後，與諸位姊姊告別，獨自渡海來到賢良港外的湄洲嶼，登上湄洲嶼最高峰，在空中響徹玄妙樂音的狀態下，倏然飛騰升天。當時為宋太宗雍熙四年（九八七），為日本一條天皇的永延元年，丁亥年的九月九日。後來媽祖的本廟天后廟便是建立在湄洲嶼，信者接踵而至，香火不絕。林默升天後，屢屢顯靈，莆田縣一帶的人們敬奉信仰，建祠祭祀，稱之為通賢靈女。其名稱傳到宋代朝廷，最後獲得官方公認的時間為林默升天後的一百三十五年，也就是宋徽宗宣和四年（一一二二），日本鳥羽天皇的保安三年。

# 七七

# 媽祖

## 其二（賜號賜封之種種）

自古以來，支那便有「南船北馬」一詞，因為在地勢上，支那南方船舶交通便利，而北方交通則是以馬匹為主。北方由夏族所創出的儒教中有禮、樂、射、御、書、數六藝，御便是其中之一。儒教領袖孔子有弟子三千，其中精通六藝的便有七十二人。孔子弟子中優秀的人物，個個都善於駕馭車馬，若他們是南方的苗族，說不定應該把「御」置換為「航」。

在支那南方福建省海岸，人們將夕陽西下的光景看作是天邊的紅光映射，將三月悶在室內的熱氣感覺是馥郁芬芳的香氣，林氏女默於這一天誕生；後來二十八歲時在賢良港外的孤島——湄洲嶼墜落海中，不幸早逝，人們因神經衰弱而誤將浪聲以為是天上傳來的樂音，並且將墜落海中的林默反向宣傳為升天，總而言之，林默與海有極深的緣分。基於溺水者攀草求生的道理，遭逢海難的人會向所有的神佛禱告，最後當然也會輪到當下流行的通賢靈女；就在禱告的同時，狂風止息、駭浪平靜，因而感謝偉大的通賢靈女，林默就在不知不覺中成為了在海難時顯靈的神祇，歷劫歸來的人們感念不已，表示往後都將虔誠信奉。今天林默如果是像那些無可救藥的摩登女性，那麼不管是多麼需要救命稻草的危急狀況，也不會想要向她禱告吧。就這樣，通賢靈女林默被相信是會在海難時顯靈的神祇，只要虔誠禱告便會靈驗，在支那南方成為非常流行的神明。如此一來，不管是多麼迂腐的當局者也無法視而不見、充耳不聞。支那歷代天子明白，公認民眾信仰的神佛，是綏撫地方民眾的唯一手段，因此賜號、賜封林默，竭盡一切優待（？）的手段。根據廟宇紀錄的緣起，依序紀錄如下。

## 宋朝時代

徽宗宣和四年，被派往高麗的使者（路）允迪上奏報告遭逢海難之際的巧妙神蹟，賜予廟宇「順濟」之匾額，此為最初的賜號。高宗紹興二十五年（一一五五）惡疫流行之際，因為有告知藥用清泉所在地的神蹟，總算讓惡疫終止，因而封為「崇福夫人」，此為最初的封號。紹興二十六年，封為「靈惠夫人」。紹興三十年，掀起風浪阻礙流寇劉巨興等人有功，而加封「靈惠昭應夫人」。孝宗淳熙十年（一一八三），因征討溫州、台州兩府草寇之功，受封「靈惠昭應崇善福利夫人」。光宗紹熙元年（一一九〇），因救旱大功而進爵褒封「靈惠妃」。寧宗慶元四年（一一九八），因降甘霖之功而加封「助順」；慶元六年，在大奚寇賊之亂興起之際，降下暗霧助官軍有功，妃之父為「積慶侯」，封為「靈感嘉佑侯」，母王氏封為「積慶夫人」，兄封為「靈應仙官神」，姊封為「慈惠夫人佐神」。開禧元年（一二〇五），因破淮甸地方亂賊之奇功而加封「顯衛」。嘉定元年（一二〇八），因救旱以及擒賊之神助，加封「護國助順嘉應英烈妃」。理宗寶祐元年（一二五三），因救濟興化、泉州兩府之饑荒有功，加封「靈惠助順嘉應英烈協正妃」；寶祐三年，因神佑而加封「靈惠助順嘉應慈濟妃」；寶祐四年，因助浙江省錢塘堤完工，加封「靈惠協正嘉應善慶妃」。開慶元年（一二五九），因火焚強賊陳長五兄弟有功而進封「顯濟妃」。

## 元朝時代

世祖至元十八年（一二八一），因庇護漕運而封「護國明著天妃」；至元二十六年，因佑助海運而加封「顯佑」。成宗大德三年（一二九九），因庇護漕運而加封「輔聖庇民」。仁宗延祐元年（一三一四），因救海上暴風之難而加封「廣濟」。文宗天曆二年（一三二九），因護漕大功而封「護國輔聖庇民顯佑廣濟靈感助順福惠徽烈明著天妃」，並派官員前往浙、閩地區十八所廟宇祭祀。

## 明朝時代

太祖洪武五年（一三七二）因神功顯著而封「昭孝純正孚濟感應聖妃」。成祖永樂七年（一四〇九），因屢現神助，加封「護國庇民妙靈昭應弘仁普濟天妃」，於都城外建廟，賞賜題為「弘仁普濟天庇之宮」之敕額。宣宗宣德五年（一四三〇）及六年，於出使諸番之際，多有神助，而派遣太監、京官以及府縣官員前往湄洲參拜，舉行祭典，並修繕廟宇。

## 清朝時代

聖祖康熙十九年（一六八〇），提督萬正色征討廈門，上奏在神助之下取得勝利；康熙二十三年派遣敕使前往琉球，上奏因神助而免於海難之禍，期望列入春秋祀典，又因施琅將軍於澎湖島之捷報中，上奏神助之大功，而進封「護國庇民昭靈顯應仁慈天后」。高宗乾隆三年（一七三八），更加封「福祐群生天后」；乾隆二十二年（一七五七），又加封「誠感咸孚天后」；乾隆五十三年（一七八八），在舊封號加上「顯神贊助」四字，列入祀典。仁宗嘉慶五年（一八〇〇），加封「護國庇民妙靈昭應弘仁普濟福祐群生誠感咸孚顯神贊助垂慈篤祜天后之神」；嘉慶六年，仿效追封關帝祖先之例，將天后之父進封為「積慶公」，母為「積慶公夫人」。

如同上文記載，林默被宋高宗封為「夫人」、宋光宗封為「妃」、清聖祖封為「后」。以女性的身份而言，沒有比此更為崇高的榮譽了。自清高宗時期開始，被列入祀典，接受官祭。此外，其父母兄姐皆沾光而接連被追封，可說是一家一門的榮譽。

# 七八

## 媽祖 其三（雜談）

臺灣在鄭氏時代就已經可以看見臺南所建造的媽祖廟，其後在港口地區當然是毋庸贅言，其他地區也紛紛建立廟宇，至今已有為數三百二十間媽祖廟宇。其中臺南州北港郡北港街的媽祖廟稱為天后宮，是島民最為信奉的廟宇。當媽祖廟一盛行起來，各種問題也隨之湧現，可以說是民族性格的展現——種族意識的強烈、利害關係的計較，因為是臺灣民族的特性，也是無可奈何的事情，雖說如此，實在是讓人哭笑不得。北港前方有一處稱為新港的地方，也有一座媽祖廟，稱為奉天宮。新港人看北港的媽祖廟，表示那是從這裡借出去的媽祖，至今尚未歸還，真是讓人聽不下去。在東石郡朴子街也有一座稱為后天宮

《臺灣鐵道旅行案內》（臺灣總督府交通局鐵道部，一九三五），頁九十－九一之間照片頁。（NDL）

北港朝天宮……本島人信仰の總本山

的媽祖廟，據說在從支那本廟恭請媽祖前來之際，先是安置在朴子樹下，因而將街道名稱命名為朴子街。對於北港媽祖廟，后天宮表明自己才是臺灣第一間祖廟，對方是分靈；北港媽祖廟也同樣表示自己才是祖廟。總而言之，如果北港的媽祖廟不興盛，也不會出現這些問題。真是膚淺的爭論，究竟是借出去的還是分靈，根本就不重要。北港媽祖是在康熙三十三年（一六九四），當北港還稱為笨港的時代，僧樹璧從湄洲本廟恭請分靈前來，為祭祀之始。每年農曆正月至三月期間，全島進香參拜者絡繹不絕，接踵而至，熱鬧非凡。一年的香客約多達二十萬至三十萬，而在此期間前來參拜的香客數就占了總數的三分之二，為此還特地安排特殊的火車班次，方便香客利用。

熱鬧前往北港媽祖廟參拜進香的同時，臺灣民族也會舉辦「迎媽祖」的祭典，借來祖廟的媽祖神靈。這是為了那些因為疾病或是其他原因而無法親自前往祖廟參拜的香客，提供他們參拜進香的機會。有趣的是，這個祭典一方面能夠體諒信眾，另一方面也是在經濟上最能夠獲取利益的活動，租借方大概一天需要繳納一圓的香油錢給北港朝天宮。就算一座村莊負擔全部的香油錢，可以讓出借方獲得利益，但畢竟也只是九牛一毛；設法讓數十個、十幾個村莊聯合一同迎媽祖，能夠提高經濟上的收益。不管在哪裡都不會忘記在心中撥打算盤，實在是非常有趣的民族性格。朝天宮正殿神壇的最裡面，安置著等身大的鎮殿媽祖，左右有司香、司花兩侍女，神壇下方有千里眼、順風耳威風凜凜地陪侍。另外在神壇前方有媽祖的分身，祖媽、二媽、副二媽、三媽、副三媽、四媽、五媽、六媽、糖郊媽、太平媽十座神像羅列。只有分身媽祖可以出借至各地。據說在朝天宮的分身媽祖中，二媽與四媽最為靈驗，因此有非常多信眾想要租借。媽祖廟內的鎮殿媽、分身媽以及陪侍等的排列方式，各廟之間大同小異。在朝天宮的後殿，也一併奉祀父親積慶公、母親積慶公夫人、哥哥靈應仙官、姊姊慈惠夫人佐神。

迎神佛的做法，原本就不限於北港以及媽祖。無論是哪一位神佛，都可以接受迎請的要求。以前在日本內地經常舉辦的信州善光寺「出開帳」等，狀況約略等同。迎神佛的請求，可能來自團體，也可能來自個人，在香油錢上也不一定相同。大凡宮廟祭祀的對象，若是男性便稱為鎮殿王，若是女性便稱為鎮殿媽，能夠因應迎請要求外遊的只限於鎮殿王、鎮殿媽以外的分身。在日本內地，神像的量詞是一柱或是一體，佛像的量詞是一體或是一軀，在臺灣一般是用一仙、二仙、三仙的方式來數算。

# 七九 迎神反對運動

臺灣人除了城隍爺、天上聖母、保儀大夫、神農大帝、巧聖先師、九天玄女等，舉辦與鄉村、職業有關的祭典之外，家家戶戶各自還有每年的中元節、中秋節，或是為了祖父母、父母所舉行的年節慶典，可說是世上罕見喜好祭祀的民族，簡直就讓人覺得臺灣人是為了祭典而生。過去在對岸地方的失意者認為應該可以在臺灣新天地構築生活的根基，而陸續渡海來臺。來到臺灣後讓他們驚訝的是，臺灣並不是一座無人島，原住民正好好地在當地生活。這些失意者想要構築新生活的根基，當務之急便是要設法對付這些原住民，他們被迫處於必須二選一的困境——究竟是要舉白旗毅然轉身，還是要展開對原住民的戰鬥。他們認為事到如今也已經無法投降，只好挽起袖子，揮動細瘦的臂膀開始戰鬥，最後犧牲狀況出乎意料地慘重。有人認為不能夠再這樣繼續下去，絞盡腦汁，善用祖先代代傳承下來的狡猾機智，將對策改為欺瞞原住民。就戰鬥能力來說，失意者雖然比不上原住民，但是以狡猾機智來看，原住民絕不是失意者的對手。原住民祖先辛苦開拓而來的土地，在早上被豪奪了一區，傍晚又被巧取了一塊，原住民因此陷入苦境，卻束手無策。就在失意者認為總算把前門的猛虎擊退，可以鬆一口氣的時刻，沒想到不久後又有餓狼從後方襲來，實在是令人疲弊不堪。先渡海來臺的失意者，一方面要注意前門的猛虎，另一方面又不得不提防後門的餓狼；而後來渡臺的失意者，則是要和擋在前門兩種不同毛色的猛虎戰鬥，一面又要注意接二連三渡海來臺的後門餓狼，就這樣漢民族之間展開了醜陋的自相殘殺，也就是分類械鬥。

戰鬥需要團結，團結需要中心，想起鄉里神佛的念頭，反倒是在危急之時會浮現在腦海，於是趕緊搭蓋寺廟，祀奉信仰的神佛，並以此為中心，鞏固內部的團結精神，各處對抗鬥爭的氣氛越來越濃厚。當相安無事之時，便在每年舉辦的祭典上享受相互對抗的氛圍；一旦有事情發生，便以此為團結的中心，反覆進行殘忍殺戮、討伐的分類械鬥。分類械鬥不是件好玩的事情，就連種族意識強烈、善於衡量利害關係的漢民族也心知肚明。至

一九一四年新竹褒忠廟的義民祭中八百二十斤（四九二公斤）的大豬。《臺灣寫真帖》第一卷第三集（一九一四）。（LDR）

於家族方面，沒有人可以比負責主祭的家族更有好鬥心，在女性之間則更是激烈。這些女性，特別是主婦們，在祭典的半年甚至是一年前，便盡心盡力地飼養祭典用的牲畜。在歷史上，不允許平民使用牛隻作為祭品，因此特別費心於豬隻和山羊的飼養，一旦到了祭典的時刻，平日費盡心思飼養的豬隻和山羊，便會在第一時間成為獻祭的供品。光是如此，並沒有什麼奇特之處，但是女性們開始競爭豬隻和山羊的肥美程度，由審查委員選定，至家家戶戶審查他們準備的祭品，賦予

等級並授予獎牌。雖說不想抹殺主婦費盡心力付出的心意，實屬良善，但是授予獎牌並不是單純地發放出去就能結束，必須要訂定日期，邀請親朋好友、知名人物等，前來慶祝獎牌的頒發儀式。總而言之，辦一場祭典的花費甚鉅。改隸以來，因政通人和，已不需要擔心發生分類械鬥。如此一來，對於原本是團結中心的神佛，也漸漸地有些看不順眼，並且無法忍受祭典的龐大花費。認為這種狀況實為奇貨可居的團體，有臺灣民眾黨、文化協會與農民組合，因此迎神反對運動也是必然會發生的現象。也有一些意見表示，在較早開發的土地，且尚有許多耆老留存的地方，對於神佛應該不會出現那種輕薄的態度才是。在臺灣的都市中，較晚開發的地方當數臺中，臺中會在這二、三年出現迎神反對運動，應該也是不無道理。

迎神反對運動一開始的出發點，是基於打破迷信，不過近來主要的論點似乎是著眼在經濟層面。無論如何，臺灣民族喜愛祭典的性格並不是改隸後才出現，臺灣民族想要如何大張旗鼓地舉辦祭典，並不是當局會插手的事情，也與日本內地人沒有關係。不得不說，想要將臺灣民族舉辦慶典這件事，與當局和日本內地人攀上關係，如此的民族性格實在是讓人無法理解。在去年〔一九二七〕農曆六月十五日臺中的城隍爺祭典上，臺灣民眾黨、文化協會和農民組合都散發了反對的宣傳單。以下介紹農民組合發放迎神反對宣傳單的些許內容：「我等島民自對岸渡臺當時，毋庸贅言，沒有政府的保護，單憑自己的胼手胝足，與勇猛的生蕃、毒蛇猛獸等爭鬥，另一方面也與屢屢爆發的洪水暴風等無法預測的天災地變抗爭，從事開拓與開墾。」實際上正是如此，關於此處筆者並沒有任何的懷疑。「總而言之，我等島民自渡臺以來，便持續著恐慌不安的生活。如此充滿威脅、不安的生活，便會盼望有所依歸，因而想像神鬼。換言之，神鬼是生活不安、生活恐慌的產物。當然，也是所謂的迷信。」這也是正確的言論。「搾取階級、支配階級為了維持他們瀕死的剩餘生命，用盡無數手段，必定要削弱大眾的鬥爭力。因而用神鬼迷惑大眾，設法讓大眾偏向迎神活動。這就是所謂的愚民政策。這項政策——迎神就是支配階級、搾取階級的特效藥，也是我等無產階級的『殺鼠劑』。」所謂的支配階級、搾取階級指稱的究竟是誰呢？雖然很難判斷，但明明是臺灣民族自己要舉辦祭典，卻怪罪在別人身上，不得不說這真是難以理解的邏輯。

# 八十 農民組合及其贈品

兼好法師[1]的《徒然草》中：「與人爭田，敗訴生妒，遣人割取該塊田地之莊稼，受託人卻一路割取沿途田地莊稼。人說此非爭議之田，為何割取？割者表示，割取此田本無理，吾既要做無理之事，割取何處皆無妨。實為強詞奪理」。從前，有一位在土地訴訟上敗訴的人，因為不服輸而派人去割取爭議田地的作物，但是派遣過去的人卻把行經路上所有的田地、那些與訴訟並無關係的田地的作物也一併割取。質問為何這麼做，被派遣的人表示，就算是要割取爭議田地的作物，也是毫無道理的事情，反正我原本就是打算要做些不好的事情，是哪裡的田地又有什麼關係呢？這樣的歪理實在是太可笑了。

現在臺灣農民組合所做的事情，簡直是更勝一籌，十分缺乏合理性。當你借了錢，一旦期限到來，還錢是天經地義的事情；當你借了東西，定期繳納租金也是理所當然的事

❶譯注：吉田兼好（一二八三—一三五八）：日本南北朝時代的官人、歌人、法師。

情，這可以說是天下共通的法則。一方面租借他人土地工作，一方面又說只要負擔了組合的費用便可以不用繳交租金，這樣的道理，究竟是從哪裡來的呢？四處宣傳這種無法無天行徑的人有錯，相信這種無法無天行徑的人也有錯。倘若今年歉收，五穀不升，希望可以減收佃租金，或是遲繳佃租等說詞，姑且還說得過去；碰巧今年正值大豐收，盈車嘉穗。加入組合的農民，似乎是想用豐收導致米價下跌，生活困難的理由而拒繳佃租。

農民當中有老成練達者，也有意志堅定者。不需要等到夜深人靜時再來思考，那些老成練達的農民，也開始察覺到借用他人土地耕作，沒有不繳交佃租的道理。一開始因為初上賊船，騎虎難下，似乎有不少人表現出猛烈的態度，但是最近聽說頻繁出現想要脫離組合的成員，在組合的幹部之間掀起一陣大恐慌。不過幹部內人才濟濟，策士雲集，這些幹部是會不惜違背舊慣，做出同姓相姦行徑的人，見此狀況便決定重新擬定方針，認為與其針對那些去日不多的老成練達者，不如鎖定年輕氣盛的青壯年成員來思考對策。首先想出吸引那些年輕氣盛的少壯者之方法，便是讓女子加入組合。這項對策，每當有機會實行，皆能收到顯著的成效，這絕非是筆者妄下斷言的臆測。昭和三年（一九二八）七月二十四日的《臺南新報》中，可以看見「高雄所謂人才輩出的新女性，是走著比賣春婦還要膚淺的道路之妻子和女學生。不知不覺中就成為野獸的餌食」之小標題，報導文章的大標題為〈農組員的誘惑〉。「在高雄市內本島人婦女與女子之間，似乎有越來越多人因為追求新穎虛榮的憧憬，拋棄身為女性而被敬重的使命，被近代式的邪惡思想俘虜，斷送自己的美好將來。若要舉出這些即將走向滅亡的女性，有高雄市北野町高雄館的愛女簡氏娥（十九）、曾任女教師的張氏玉蘭（十九）、林氏定（二十）、曾氏玉（十九）、陳氏月（二十二）、洪氏火笑（二十一）等，既有為人妻子，也有女學生，其中甚至還有即將要舉辦婚禮的女性，她們都是自毀前程，甚至可以說是走上比賣春婦還要膚淺的道路。這些清純可愛的女性，受到一部分誤解組合使命的成員煽動和誘惑，助長了原本就抱持著的虛榮心態。女性值得敬重的貞操，也在不知不覺中成為野獸的餌食並走向滅亡，卻還驕傲地認為自己是覺醒的女性」。

針對上文，農民組合方面以〈女鬥士的前進，御用報紙慌張，中傷無所不至〉一文回應。「張玉蘭君的違反出版法事件以來，御用報紙的造謠中傷，已是無所不用其極。過去在二十四日《臺南新報》的文章，可說是最為露骨的一篇。當然吾輩女同志與吾輩大眾，絕對不會因為這種程度的中傷造謠而有所動搖或是滋事生非。吾輩同胞已訓練有素，對於御用報紙的認知，已是十分透澈。因此吾輩沒有解釋的必要。在此謹介紹吾輩的女同志如下。林定君，屏東分部組合員，完全沒有接受過教育的女青年，甚為活躍。這次會受到中傷，是在上個月中，接待吾輩同志到他們的村落，與募集組合員座談，除了村落中的幾隻走狗之外，全部的人都加入我們的隊伍之中。張玉蘭君，屏東分部的組合員，就我們所知，他在今年二月中因為與農民組合的關係，而被高雄高女逐出學校，並且被檢舉違反出版法，二審判決為無罪，於去年五月底出獄。檢察官雖然決定上告三審，不過他依舊繼續活動，十分活躍。即使御用新聞極力中傷，但是他仍舊在高雄州下為了活動而四處奔走。簡娥君為高雄分部的組合員，與張玉蘭君同學年，同樣也是在很早的時候就與農民組合有關係。五月底離開奴隸教育的學校，抽身加入吾輩之團體，現在於高雄州下勇敢地進行活動。葉陶君為彰化分部的組合員，去年底辭去教師工作，勇敢投身農民組合活動，現駐彰化分部奮鬥。洪火笑君，今年二月中加入農民組合，但因家庭未能理解而將他拉回黑暗的家中，疑似遭到監禁。但是他極為勇敢地與家庭鬥爭，據說他的家人也逐漸能夠理解，不久後便能自由進出。其他在御用報紙文章中所刊載的人物，則與農民組合無關。」

如同上文，農民組合的幹部誠實以告。筆者所言，並非妄加臆測，應該也十分地清楚明白才是。這個附有贈品，勸誘加入農民組合的方法，應該是讓血氣方剛的農村青年們情不自禁地蜂擁而上吧。

# 八一 嫂子溺水也別伸出援手

在夏族儒教思想中存在著一種教義，就算是嫂子溺水，也不能夠拉著她的手把她救起來，這真是條過分的教義，實際上在當時真的有必要如此嚴厲的訓誡嗎？自古以來，漢民族就秉持大家族主義，不管家中有幾位男子，也會留在家中各自娶妻，會離開家的只有女子。按照長幼順序，由長男先行娶妻，因為次男或三男等恐怕會有騷擾大嫂的行徑，身為長男的丈夫就一日也不得安寧。如此的狀況，大可導致一國之興亡、種族之盛衰，小則攸關一家之浮沉。所謂的聖人，也不得不事先針對這樣的狀況擬定對策，因而成為儒教中的思想。另外，在《禮記》當中也有明記，在與女子遞交物品之際，不可直接碰觸到女子的手。

承繼孔子儒教的是孟子，與孟子同時代的齊國，當時國君為齊威王，有一位能言善道的人，名為淳于髡。由於楚國發兵進攻齊國，齊威王希望淳于髡可以帶著要進呈給趙王的禮物——黃金百斤、車馬十駟，出使趙國請求援兵。淳于髡仰天大笑。齊威王問：「先生覺得這樣太少了嗎？」淳于髡笑著回答，臣見路邊有人祈禱豐作，他捧著一隻豬蹄和一壺酒，祈願「甌窶滿篝，污邪滿車，五穀蕃熟，穰穰滿家」。奉上的供品如此之少，祈願的內容卻如此之奢侈，實在是令臣驚訝不已。齊威王於是追加黃金千鎰、白璧十雙、車馬百駟作為進呈給趙王的禮物，可見淳于髡的口才了得。在《孟子．離婁》章中也記錄了淳于髡與孟子的問答：「淳于髡曰：『男女授受不親，禮與？』孟子曰：『禮也。』曰：『嫂溺則援之以手乎？』曰：『嫂溺不援，是豺狼也。男女授受不親，禮也。嫂溺援之以手者，權也。』」淳于髡問孟子，男女在遞交物品之際不碰觸手，是否有禮？孟子回答，此為有禮。淳于髡以此為伏筆，詢問當嫂子溺水時，不伸手救援嗎？孟子表示，當嫂子溺水，不將她拉上岸，等同於豺狼一般無情。男女遞交物品時不碰觸手當然是有禮，但是嫂子溺水的時候，用手把她拉上岸的行為實為權宜之舉。淳于髡繼續追問，但孟子皆能掌握要領地回答，最後讓淳于髡也啞口無言。不安好心的淳于髡提出怪異的問題想要試探孟子，可見在漢民族之間，如何對待嫂子的問題有多麼的重要。

弟弟騷擾嫂子的行徑，想必是防不勝防的燙手山芋。在甘肅省等地，哥哥過世後弟弟娶嫂嫂為妻、弟弟過世後哥哥娶弟媳為妻的行徑，可說是司空見慣。幾位兄弟娶同一位女性為妻，每晚輪流同房，行房之時會把女性下半身的衣服掛在房門，以便其他兄弟迴避，諸如此類的記載，可以在《清朝野史大觀》窺見。應該是因為不管多麼嚴厲地訓斥，也無法杜絕騷擾家中媳婦的行徑，所以才會出現如此的陋習吧。西藏也有兄弟共妻的陋習。幸好臺灣在表面上並沒有存在此種陋習的事實。不過筆者也曾經多次在報紙上看到，因為不肖的弟弟而出現嫂叔相姦的醜聞。

# 八二 敬字之習慣

在日本內地，曾有位男性內急，筆者雖然把紙借給他，但他還開口要借筆。心想他應該是位有許多事情要說的人，也就在旁邊默默地看著他，發現他特地在紙上寫了文字，才帶進廁所。後來詢問他，他表示因為把全新的白紙用在廁所太浪費，所以就先使用白紙，讓白紙變成廢紙再進廁所使用。原來如此，的確是合乎邏輯。不過在臺灣民族之間，則是完全相反的狀況，他們對於文字懷有絕對的尊敬。書寫著文字的紙張，絕對不能胡亂處理，拿進廁所使用等行徑，更是大不敬的做法。寫有文字的紙張十分珍貴，絕對不會拿來包裹物品。那麼成為廢紙的紙張又該怎麼辦呢？他們會燒毀處理。臺灣到處都設有「字紙爐」，是燒毀寫有文字紙張之處。燒毀成灰之後，會聚集起來投入海川之中，絕對不會做出隨意撒散的不敬行為。

焚燒字紙的惜字塔。《臺灣寫真帖》（臺灣總督府官房文書課，一九〇八），頁九八。（NDL）

儘管如此，印刷出來的文字即便也同樣是文字，卻不一定會像書寫的文字一般受尊敬。以前對兩者的態度並無不同，不過由於出版品的普及以及經濟思想的發達，也就自然會發生如此的現象。即便到了今日，還是會有人將讀完的報紙，帶著敬意將之全數燒毀。當然也有人會覺得浪費，而將舊報紙拿來再次利用在各式各樣的用途上。昭和二年（一九二七）在宜蘭礁溪發生悶死嬰兒、遺棄屍體的事件，當時包裹嬰兒屍體的報紙，後來成為查找犯人的線索，最後警方順利逮捕兇手。從一位極端的敬字先生的角度來看，應該會想要說：「看吧！這就是報應。」

支那文字，也就是漢字，是記錄漢民族的語言，據傳是黃帝時代臣子倉頡所造出的文字。支那與埃及的文字，因為是世界上最早發明出來的文字，皆為象形文字。其他像是楔形文字是由小亞細亞所創造，阿茲特克王朝的文字是由墨西哥所創造，這些也同樣是象形文字。隨著事物的複雜化，象形文字也必須變得更為困難才能傳遞訊息。因此，在不知不覺中，象形文字轉變為音標文字，像是希臘、拉丁等其他歐洲各國的文字，以及印度的梵文，敘利亞文字也是從埃及文字演變而來的音標文字。另外，朝鮮文字和西藏文字是源自於梵字，滿洲文字則是出自敘利亞文字。更不用說，日本的片假名與平假名是從支那文字演變而來。

儘管世界的象形文字在不知不覺中轉變為音標文字，只有支那文字依舊維持著象形文字的型態，流傳至今日。象形文字是象徵事物造型而造出的文字，但有型的事物可以用形狀來表現，無形的事物卻無法這麼做，於是漢民族花費許多功夫，使用象形、指事、會意、形聲、轉注、假借這六種方法，將既有的文字作為基礎，接二連三地造出象形文字，輕輕鬆鬆地將象形文字流傳至今日。但是不管怎麼說，象形文字的便利性遠遠比不上音標文字。不服輸的漢民族在今日則是創造出稱為注音字母的音標文字，試圖展開運動，想要免除無限繁殖的象形文字所帶來的苦難。

在支那文字中，有所謂的形、音、義，這三者在任何時間、地方並不一定會相同，隨著時代、地方的不同，多少可能會出現垂直或水平的差異，而政府當下的責任，就是要展示出標準的形、音、義。因此在歷代支那，大多會編纂辭典，規定標準的形、音、義。以下就讓我們舉出支那的歷代辭典。

| | | |
|---|---|---|
| 說文解字 | 後漢 | 許慎 |
| 玉篇 | 梁 | 顧野王 |
| 切韻 | 隋 | 陸法言等 |
| 唐韻 | 唐 | 孫愐 |
| 一切經音義 | 唐 | 釋慧琳 |
| 廣韻 | 宋 | 陳彭年 |
| 集韻 | 宋 | 丁度等 |
| 龍龕手鑑 | 遼 | 僧行均 |
| 五音集韻 | 金 | 韓道昭 |
| 古今韻會舉要 | 元 | 熊忠 |
| 字鑑 | 元 | 李文仲 |

| | | |
|---|---|---|
| 洪武正韻 | 明 | 樂韶鳳等 |
| 字彙 | 明 | 梅膺祚 |
| 正字通 | 明 | 張自烈 |
| 康熙字典 | 清 | 張玉書、陳廷敬等 |
| 字貫 | 清 | 王錫侯 |
| 六書系韻 | 清 | 李貞 |
| 新字典 | 中華民國 | |
| 辭源 | 中華民國 | 陸爾奎等 |

後漢時完成的《說文解字》中只收錄了一萬五百十六字，到了清朝的《康熙字典》則是收錄了十幾萬字。《康熙字典》是清朝的標準辭典，所以形、音、義上須遵循這本辭典，但是其中所記載的形、音、義，並非完全正確，在字典中顯示的有許多只不過是在清朝時代應該使用的部分。

# 八三 商工學校及其畢業生

在臺北市內的商工學校，是與東洋協會[1]設立有關的學校，雖是私立，但是接受總督府許多的補助，自大正六年（一九一七）創立以來，歷代的殖產局長皆會擔任該校的校長。雖然在今日，學校校長是敕任官並不稀奇，但在當時只有醫學校的校長會是敕任官。臺灣人的學生知道自己學校的校長是敕任官，都很開心[2]。在東京小石川茗荷谷的東洋協會大學是商工學校的姐妹校。東洋協會大學以前是拓殖大學，當時只不過是依據〈專門學校令〉設立的大學，如今則是依據〈大學令〉，成為堂堂正正的大學機關。

[1] 編注：日本政界與財界人士為配合官方殖民政策而組成的團體。一八九八年於東京成立，當時名稱為「臺灣協會」，規約中言明協會目的是協助政府經營殖民地臺灣，在日本各地與臺灣設有支部，一九〇七年改稱為東洋協會。何義麟，〈臺灣協會〉，臺灣大百科全書條目。

[2] 編注：當時官制由高至低可分為親任官、敕任官、奏任官、判任官。臺灣僅臺灣總督為親任官。

商工學校中有商科與工科，商科為乙種商業學校，工科等同於三年制的徒弟學校，至今已經培養出千人以上的畢業生。因為在實際上可以發揮用途，各領域廣泛地採用了這些畢業生人才。雖說這些畢業生可以在各領域發揮專長，實為感激，但是卻不能說他們是由衷地感到滿足。他們一致希望能夠讓學校成為五年制，依據文部省令成為認定學校，與上級學校做出連結。要成為認定學校，首先必須要解決的問題，是充實內容和設備，為此需要一筆龐大的經費。即便成為認定學校以後，造福的對象是往後的學弟妹，並不會為這些畢業生帶來任何幸福和利益，但他們還是願意盡心盡力的付出，積極的策劃學校升格運動，想必未來應該能夠看到期望的結果。

有趣的是，這些學校的畢業生，儘管無法進入日本國內專門學校的本科，就連預科也是沒有任何連結，很難在日本入學，但是支那北京各國立與私立的大學，卻十分歡迎這些畢業生進入預科就讀。現今以國立北京大學為首，其他大學也開放許多畢業生就讀，聽說就有畢業生在今年完成大學學業，前一陣子返臺。今後每年應該也會有二、三人從北京的大學畢業回臺吧。北京的各大學究竟為何會輕易的讓這些學校的畢業生入學呢？或許大家第一個想到的原因，是認為臺灣人原本就是漢民族的分支，所以會特別給予優待。但是事實上查探內情，卻完全不是這麼一回事，反而是因為他們把臺灣人視為日本人的緣故。聽到這個原因，應該會讓大家更驚訝吧。從支那前往日本中等學校、專門學校、大學校等留學的學生多達數千人，但是長期以來卻沒有從日本前往支那學校留學的例子，因此會想要誇耀有幾位日本人留學生進入自己的大學就讀。這種彷彿是謊言般的事實，真是讓人覺得荒謬可笑，這也是漢民族真實的心理展現。大家也別忘了，這種漢民族的心理，延續之後也是臺灣民族的心理。二、三年後，在北京的某大學，有一位名為有尾漢[3]的某教授打算用「關於日本留學生之考察」之論文題目，研究臺灣人學生，光明正大地向支那的大學或是政府提出學位申請。看到此處，應該可以明白漢民族是多麼天真、愛開玩笑的民族，這真是件有趣的事。

[3] 編注：原書用字如此，不確定意思。

# 八四 孔廟．文廟．文昌廟．關帝廟．武廟

孔子是在七十三歲時，日本紀元一百八十二年、周敬王四十一年逝世，如果是孔子出生的國家，那便是魯哀公十六年（前四七九）。哀公在孔子死前沒有好好重用，但在孔子逝世後的翌年，也就是魯哀公十七年，在孔子舊宅處為他搭建寺廟，並派遣侍衛看守，此即為孔廟之初始。唐太宗貞觀四年（六三〇），下詔州縣，各自立孔廟，此為州縣孔廟之初始。明成祖永樂八年（一四一〇），將先師廟（也就是孔廟）改稱為文廟。清代仿效明朝制度，直至民國三年才又使用最早的稱呼，稱之為孔廟。此時期前後，在支那的革命派之間，對孔子的思想開始出現變調。如果是極端派，雖然不知道是出自真心還是表面上的裝模作樣，甚至會有驚人之舉，去破壞各地建立的孔廟。近來會出現連祭孔的典禮也應該廢除等

言論，也不是沒有原因。如此無法用常識規範管理的部分，也是漢民族所展現出來的民族性格。臺灣民族也是，偶爾會肆無忌憚地說出蠱惑人心、煽風點火的言論，也是因為其骨子裡還是存在著漢民族的民族性格。

孔廟即為文廟，文廟即為孔廟，另外還存在著十分容易混淆的廟宇，便是文昌廟。要說文昌廟究竟是祭祀何方神聖，答案是文昌帝君。似乎是認為只有祭祀文昌帝君還不夠，也有很多廟宇會祭祀五文昌，即為文昌帝君、大魁帝君、文衡聖帝、朱衣神君、孚佑帝君。其中，文昌帝君、大魁帝君和朱衣神君是存在於信仰上的神祇，只有文衡聖帝與孚佑帝君是存在於歷史上的人物。文昌廟與文廟兩者，非常容易被搞混。

所謂的文衡聖帝，就是《三國志》中著名的關羽，字雲長，不需要等待講古人的解釋，應該已經是無人不知，無人不曉的人物吧。像是關羽這般在漢民族間備受愛戴的男性並不多有。在儒教（宗教上）中稱為文衡聖帝，在道教中稱為翊漢天尊、協天大帝或是山西夫子，在佛教（支那）中稱為蓋天古佛。原本是武神，被讀書人加入五文昌中敬祀，又被一般商人尊奉為商賈繁盛的守護神。而孚佑帝君指的是唐朝的呂洞賓。呂洞賓名巖，懿宗咸通年間〔八六〇—七四〕進士及第，曾任兩調縣令。黃巢之亂時，移居終南山，據說無人知曉他的住所，後成為仙人，號純陽子，又稱回道人。在八仙當中稱為呂祖，儒教中稱為孚佑帝君或純陽夫子，道教中稱為妙道天尊或呂仙祖，佛教中稱為文尼真佛。因進士及第，理所當然會受到讀書人的敬祀，而理髮師也將祂尊崇為守護神，實為一奇。

在文廟，也就是孔廟內，位於中央的大成殿，以孔子作為主祀，並以四配十二哲為首，歷代的先賢先儒以從祀的地位奉祭。正殿中央方向朝南的為孔子，東方二配為復聖顏子與述聖子思子，位於東側方向朝西。西方二配為宗聖曾子與亞聖孟子，位於西側方向朝東。東方六哲為閔子損、冉子雍、端木子賜、仲子由、卜子商、有子若之先賢，緊接著二配被奉祀在東邊方向朝西。西方六哲為冉子耕、宰子予、冉子求、言子偃、顓孫子師、朱子熹之先賢，緊接著二配被奉祀在西邊方向朝東。另外在東廂列有先賢四十位、先儒三十一位，西廂列有先賢三十九位、先儒三十位。按照慣例，在大成殿也會附設崇聖祠、名宦祠等。崇聖祠中，主祀孔子祖先五代，東有三配，西有二配，緊接著東有從祀三位，西有從祀二位。

文廟的制度，由於廟為官設，祭祀也是官祭，以釋奠之禮祭祀孔子。釋奠之禮自古以來是由府縣官紳舉行，所以平日廟門深鎖，不允許庶民自由參拜。庶民無法滿足於這樣的狀況，於是在街庄建立文昌廟，進行私人的祭祀活動，因此文廟和文昌廟也變得容易混淆。

臺南聖廟的釋奠禮。勝山吉作等攝影，《日本地理大系第十一卷臺灣篇》，頁一四〇。典藏者：中央研究院。數位物件典藏者：中央研究院數位文化中心。（OM）

釋奠為祭祀先聖先師之禮。《禮記・文王世子》中有「凡學，春夏釋奠於其先師，秋冬亦如之；始立學者，必釋奠於先聖先師。」開始學習者，必定要舉行釋奠之禮，祭祀先聖先師。舉行釋奠，會在春秋的仲月上丁之日。釋奠又稱為釋菜，「釋」為放置之意，「菜」為蘋蘩等種類。祭祀之時只會供奉蘋蘩等菜，而不推薦牲品，因而稱為釋菜。釋奠之「奠」也是放置之意，也就是將物品放置在祭祀處。

早從二十年前開始，東京的有志者每年會前往德川幕府時代的遺產——本鄉湯島的聖堂，舉行釋奠之禮。但是後來因為關東大地震（一九二三），聖堂與孔子神像全都付之一炬，據說目前正大肆準備重建，似乎是非常宏偉的建造計劃，費用大約要花二百萬圓左右。

在臺灣紳士學徒之間，也會在春秋，或是單獨在春天或是秋天於各地的孔廟舉行釋奠之禮，祭祀孔子。目前現存於臺灣的孔廟有臺南、彰化、新竹、宜蘭與澎湖，其他原本在安平、鳳山、嘉義、鹿港也有建設孔廟，但大多已不見完整的遺跡。在臺北方面，原來是在臺北城築城同時所建造的雄偉建築，今日留下文武町之地名，便是當時孔廟的所在位置❶，廟內的孔子牌位則是安置在今日臺北第一師範學校校區❷內後方的紅色建築物內。這幾年來，在紳士學徒之間反覆出現建立孔廟的提議。約在三、四年前，總算在大龍峒保安宮附近找到一塊土地，投入二十萬圓的費用，建立新廟，現正施工中，完工之日應已不遠。建立新廟的經費二十萬圓幾乎全部是有志者的捐獻。關於這一點，有趣的是，如果只蓋孔廟，很難輕易地找到願意捐獻的民眾，若

❶編注：孔廟舊址於今北一女中。
❷編注：今臺北市立大學博愛校區。

是想要向一般商人謀求捐獻，那就有必要附設商人所尊奉的武廟。因此，最後不得不在孔廟旁邊一併建蓋武廟，希望一般商人掏出腰包捐獻。世界的大哲人、萬事的大宗師孔子，居然無法與三國時代不過是一名武將的關羽匹敵，孔子若是地下有知，應該也會驚愕於世間道德之衰頹吧。

支那自古以來在京師以及各省皆會建立關帝廟祭祀關羽，擇春秋仲月吉日，以及在五月十三日舉辦祭典，祀典時間就緊接在文廟之後，俗稱為武廟。這裡的關帝，無疑地是指關羽，但是在民國三年，陸海軍呈請將蜀漢的關羽和宋代的岳飛，與二十四名從祀者合祀，於每年春秋舉行祭典，和孔廟一同崇奉。如此的寫法雖然讓人覺得十分曖昧不明，但是如果寫成在關羽的廟中合祀岳飛之敘述，那麼就容易讓人認為關羽和岳飛是不對等的地位，所以才會特地採取上述的寫法。事實上就是在關羽的廟中，合祀岳飛與二十四名從祀者之意。身為武神的關羽，死後在三國的蜀漢被追謚壯繆侯；宋徽宗崇寧年間被封為崇惠公，而後又加封為武安王；明神宗萬曆年間被封為協天護國忠義大帝，自此被稱呼為關帝；清高宗乾隆年間，下詔將原本的謚號壯繆改為忠義，也就是從關壯繆改為關忠義。改隸當時，在今日的法院一帶，臺北也有宏偉的武廟，但是後來因為土地徵收的必要而拆毀，如今連影子也沒留下[3]。根據丸井圭二郎的《臺灣宗教調查報告書》，臺灣有六間孔廟、三十九間文昌廟、一百三十九間關帝廟。可見受商人敬祀的武廟，繁盛昌隆。

[3] 編注：日治時期於武廟舊址興建臺北高等法院，今司法院。

# 八五

# 一致的長衫

為了紀念大正天皇的即位典禮，自大正四年（一九一五）起，在臺灣也出現了各式各樣的紀念事業計畫，其中著名的一項即為國語普及運動。由於臺灣的學校教育按照預期計畫順利推動，此處所說的國語普及運動，主要是希望在學校以外的各機關達成國語普及的目

的。在全島十二廳中，各自擬定計畫，在良性競爭之下，期待他們的成果，在廳下的各支廳，也能夠看見相同的傾向。另一方面，移風易俗也與國語普及有很大的關係。有人表示絕不能夠忽略這一方面，因此大大提倡改善風俗的運動。普及國語與改善風俗，原本就是互為因果的關係，因此有人主張設立統一兩者的機構，實為當務之急。於是，在各廳可以看見類似於同風會等團體的興盛。興盛於各地的同風會，實際上就是為了統一普及國語和改善風俗運動所設立的機構。大正八年左右，可以說是這兩種運動最為興盛的時期。在那時候，不管是誰都在倡導國語普及和風俗改善，彷彿不這麼做，就不是那個時代的人一般。

有人說普及國語的捷徑要從婦女開始，而致力於成立專門的婦女團體；有人說妨礙普及國語的人物是老人，而致力於成立專門的老人團體；又有人說一家團圓的中心是幼兒，應該要致力於計畫讓幼兒把國語導入家庭內部；也有人說應該是勞少功高的青年，所以要專門從青年團體著手。這一類運動，不只在漢民族之間推行，熟蕃的部落當然毋庸贅言，就連在生蕃的部落也嘗試運作。為了測試運動推行的成果，偶爾會訂定日期舉辦聯合國語發表會，有老人，也有婦女參與演出。青年當然不用多提，看著年近七十的長者攤開那厚厚一疊代替小抄的筆記紙，聽著老人用吃力且緩慢的口吻，期期艾艾地一字一字說出國語，實在是讓許多人感動不已。改良風俗方面，提出了各式各樣需要討論的課題：在臺灣民族長年的風俗中，吸食鴉片當然是無論如何都必須要改正的行為，其他像是男子的辮髮、婦女的纏足等對策，以及隨著日臺年節慶典的逐漸統合，要建立日臺雙方都能互相執行的喜慶弔唁風俗，還有在節慶時必定要懸掛國旗、改善食衣住方面的習慣、普及衛生觀念等。幸好，雖然不到矯枉過正的程度，但是每當看到以臺灣服搭配日本圓形髮髻或是銀杏髮髻的臺灣婦女，或是穿著和服以及正式服裝的粗腰帶卻打著赤腳的臺灣婦女，一點兒也不感到羞愧地出席國語發表會，還是會讓人驚訝的說不出話來。這些狀況在改風易俗上，或許應該說下的藥有些過猛。

當時的支廳長皆是警官，毋庸贅言地，直接面對這兩種運動的人物便是眾警官。即便是學校以外的設施，同樣從事教育事業的教育相關人士們，也就自然必須擔負起教育方面的責任。雖然還是會聽見一些說三道四的言論，像是那些是為了折磨警官和教育者的計畫等，但是國語普及於家庭內部，更加助長了學校教育的成果，因此也有教育相關者為此感到欣喜。由於國語普及的範圍增廣，也有警察相關人士感到欣慰，認為在一般警察行政工作上有不少助益。雖說圖謀新計畫和運動容易伴隨弊害，但是在普及國語、改善風俗的運

右　今川淵。臺灣新民報社編，《臺灣人士鑑》（編者，一九三七），頁十九。（NDL）

左　李種玉。《臺灣列紳傳》，頁三四。

動上，應該可以說不需要有所顧慮才是。

大正七年（一九一八）秋天仲月上丁之日（孔子生於農曆八月二十七日，仿效其他神佛在生誕之日祭祀，不少地方會在農曆八月二十七日行釋奠之禮），在臺北舉辦釋奠之禮。在此之前，於萬華與大稻埕等其他臺北附近的紳士之間，組織起臺北崇聖會之團體，每年舉辦祭孔典禮，祭祀先聖先師。這一年也在大稻埕舉辦，依照慣例恭迎安置在今日臺北第一師範學校內部的孔子牌位，以今日的太平公學校（今太平國小）為會場，於其二樓講堂舉行莊嚴肅穆的釋奠大典。這一天的主祭者是一位名為李種玉的老儒，為清朝時代的貢生，臺北廳的庶務課長（今川淵）也列席參加，另外還有許多紳士、學生，場面極為盛大。主祭者的六肅三跪九叩之禮結束後，是列席者的拜禮，最後由大稻埕某書房的學生們拜禮。

仔細看這些書房的學生，大約有四、五十位，大家身穿同一式樣的木棉製天空藍長衫。如此與時代逆行的服裝，當然會讓主導臺北廳下普及國語、改良風俗事業的庶務課長定睛一看。雖然出現種種意見，不過最後還是順利走完拜禮的程序。負責此日祭孔典禮的某位老紳士，被庶務課長罵得狗血淋頭。書房的學生費盡心思，好不容易訂做完成的長衫，是他們這個年紀心所嚮往的衣裝，沒想到穿著長衫的模樣卻成為問題，在公開的重大場合中遭遇挫折，彷彿是被惡狠狠打了一拳，像是洩了氣的皮球一般離開，實在是令人不忍，那模樣至今仍歷歷在目。木棉製的天空藍長衫，原本就是過去讀書人所穿著的衣裝。讀書人的長衫不僅衣襬長，袖子也長，看起來十分地悠適寬闊，瀟灑倜儻。寬長的雙袖蓋住兩手，甚是不便，要捲起袖子才能做事，而從袖口下方伸出的雙手，十隻手指皆留著長指甲，長度至少有五分或一寸長（約一．五—三公分），任誰都會大吃一驚。當時手指甲似乎是越長越好。留著長指甲，穿著活動不便的長衫，其實是一種身份上的誇耀，象徵自己與苦力不同，不是一位勞動者。書房的學生現在也沉浸在他們所憧憬自豪的讀書人模樣，卻與改善風俗問題正面衝突，彷彿被強力輾壓一般，其可憐的處境值得同情。

明治三十年（一八九七）四月，總督府國語學校開始了新的課程，該校有師範部和語學部，語學部中有土語科和國語科。師範部與語學部土語科是教導日本人學生，語學部國語科的學生則是臺灣人。能夠進入語學部國語科的臺灣學生因為已經是優秀的讀書人，大家穿著的都是木棉製的天空色寬鬆長衫，此外頭上還會紮著辮子（thâu tsang bué），腳上踩著已經被擠壓變形的臺灣鞋，咕噔咕噔地走著。如此的穿著，當然無法期待他們能有多麼活潑機靈的行動力。但是在今日臺灣各界中，身為中流砥柱，積極活躍的人物，可以說幾乎都是當年的長衫少年也不為過，這一點可說是無庸置疑。用恍如隔世來形容似乎太過平凡，自己也不知道該說些什麼了。順道一提，總督府國語學校在那之後幾經變遷，成為今日的師範學校，另外在臺南與臺中也有建校，最近臺北的師範學校分為第一和第二[1]，成為專門從事師範教育的機構。

[1] 編注：第二師範為今國立臺北教育大學。

# 八六

# 儒教

德川時代川柳人曰：「魯國的那位老人到二十九歲為止還在到處爬」。在《論語．為政篇》中有「吾十有五而志於學。三十而立。四十而不惑。五十而知天命。六十而耳順。七十而從心所欲不踰矩」，其中的「三十而立」被川柳人拿來揶揄，不過因為這一句川柳屬於「高番[1]」，並不會給人過於冒犯、不快的感覺。如果是明治時代的川柳人，應該會用「魯國的老人到二十九歲為止都不被眷顧」這種會激怒人的句子來諷刺吧。即便是世界的聖哲、萬世的宗師，在川柳人的筆下，也會變得面目全非。

[1] 譯注：高番：日文川柳中的內容分野，「高番」為古代或帶有時代性的句子。

孔子名丘，字仲尼，生於魯國昌平鄉陬邑，為今日山東省濟寧道曲阜縣東南地方。父親為孔屹，字叔梁，元配施氏逝世後，娶顏氏之女為繼室，因在附近尼丘山上祈禱後而得一男子，將之命名為丘，也有說法表示是因此取字仲尼。在支那將長男稱為伯，次男稱為仲，三男以後皆稱為叔，最小的叔又稱為季。長男若是妾生，不稱為伯而稱為孟。孔子有九位姊姊，生母皆為施氏，另有一位兄長為妾生，名為孟皮；孔子為次男，而稱仲丘。孔子有弟子名公冶長，因小事而背上殺人罪名的嫌疑，孔子表示公冶長絕對不是會犯下殺人行徑的人，將自己的女兒嫁給公冶長，在背後支持公冶長。另外，因弟子南容德性崇高，孔子將兄長孟皮的女兒許配給南容。這些事蹟都記錄在《論語．公冶長篇》內，眾所皆知。

孔子生於日本紀元一百十年：綏靖天皇三十一年、周靈王二十一年、魯襄公二十二年（前五五一）庚戌十一月。孔子自幼便已異於常人，據傳他常將擺設俎豆作為待客之禮當作遊戲。正如《論語》中「十有五而志於學。三十而立」，孔子在三十歲時便已經成為一位出色的人物。即便是地位卑微也不嫌棄，認真做好自己的本分，後來成為魯定公時代的大司寇，行攝相事，雖然有助於治績，卻因為種種緣故而辭官，離開魯國，時年五十六歲。其後周遊列國，回到故鄉魯國時已六十八歲。回到故國後孔子不求仕官，竭盡全力在述作之上，整理編修《書經》、《詩經》、《禮經》、《樂經》、《易經》，其中最盡力於《易經》。並且以魯國的記錄為基礎，編纂了自隱公至哀公，歷經十二公，共二百四十二年的歷史，亦即所謂的《春秋》。後來秦始皇焚燒醫藥、卜筮、種樹以外的所有書物，不過許多被隱藏在各處的書物後來接二連三的出土，唯獨《樂經》已散佚。《易經》、《書經》、《詩經》、《禮經》、《春秋》即為所謂的五經，加上《樂經》便是六經，但是經由孔子之手所整理的《樂經》已散佚，現可稱之為《樂經》的經典，為後人所作。

孔子有弟子三千，據說其中精通禮、樂、射、御、書、數六藝的弟子有七十二位。孔子於七十三歲時逝世，有子鯉，字伯魚，但比孔子還要早離開人世。孫兒名伋，字子思，作《中庸》。記錄孔子言行的書物為《論語》，此外與孔子有深遠關係的還有《大學》。宋代程子（名顥）將《大學》、《中庸》、《論語》和《孟子》稱為四書，成為世人遵循之圭臬。孔門之學可分為曾子與子夏兩派。曾子名參，字子輿，孔子之孫子思便是追隨曾子學習。孟子也是出自於此學派，孟子名軻，字子車，又字子輿。孔子出於春秋時代，孟子則是生於戰國時代。孟子集曾子之大成，大大振興了儒道，主張性善說和仁義。其言論輯為《孟子》十四卷。儒教實際上又可稱為孔孟之道。子夏姓卜，名商，子夏為其字，其流派前有莊子，後有荀子。荀子名況，時人稱之為荀卿，出生與孟子約為同時期。荀子主張性惡說，反對孟子的說法，但是在對孔子的尊崇上，並不亞於孟子，其言論輯為《荀子》十二卷。孟子與荀子雖都是祖述孔子，不過後世將祖述孟子主張的稱之為儒教，將祖述荀子主張的列為儒家，以此作為區別。

孔子表示，治國關鍵在於治人，治人關鍵在於修身，主要是必須致力於養成犧牲精神，倡導正心、修身、齊家、治國、平天下的理論。完成自己，為治國之第一要素。孔子將理想置於堯、舜、禹、湯、文、武、周公，人人要致力於學習諸位聖人之長處，完成自我。他相信正心才能修身，修身才能齊家，齊家才能治國，治國才能平天下，如此一來，才能夠達成充滿幸福、和平與光榮之社會，才能夠生活在理想的社會之中。其主要思想在於「仁」，也就是所謂的「他愛說」。孔子的愛有等級之分，對父母、對子女自然有愛之差等。楊子（名朱）倡導自愛說，墨子（名翟）主張兼愛說（也就是泛愛說），與孔子的他愛說不同。孔子從階級愛的觀念出發，認為對父母的愛極深，在父母逝世時提倡厚葬論。倘若從墨子的兼愛說觀點思考，則是主張薄葬論。孔子門下的弟子，將楊子與墨子視為異端之徒，加以排擠。

孟子提倡性善說，主張人性本善，但會因為物欲而惡化，因此極力主張要遵循孔子教誨施以教育，防止惡化。荀子倡導性惡說，提出人性本惡，所以要遵循孔子教誨施以教育，將人導回善途。兩者都提出主張，認同教育有絕對的必要。儒教所主張的是平正中庸之道，為完整統一的道德倫理觀念。孔子不談怪力亂神之論，也完全沒有提出未來觀，並沒有包含太多宗教性本質的成分，只有在祭天崇祖的思想以及天命觀上，可以看見些許宗教化的可能。一部分的漢民族，早就已經嘗試要將儒教加以宗教化。雖說對於文昌廟和武廟的崇拜祭祀，多多少少可以認為帶有些許的宗教化色彩，但是在其他部分，卻不能說具有完整的宗教化成分。在原本孔子所說的「仁」之上，主張他愛說的孟子又加上「義」，表示「王何必曰利？亦有仁義而已矣」。向來善於衡量利害關係，除了自私自利以外別無他物的漢民族，居然可以接納以如此思想作為信條的孔子教義，實在是讓人大嘆不可思議。歷代帝王一路上利用儒家來統治國家，雖是無可否認的事實，但是一旦掀起了革命騷動，民眾想要排斥多年來的桎梏、彷彿滾嗆濃煙般令人窒息的儒教，頻繁出現排除孔子思想的言論。這時候就算有人採取只是想要迎合民眾、極為輕率的行動，也不是什麼不可思議的事情。今日在部分臺灣民族之間，正發出打破舊道德的吶喊聲，這或許不是應該輕視的問題，大家覺得如何呢？

## 八七

# 臺灣人不吃牛肉

聽聞法國人會吃蝸牛的習慣，大部分的日本人經常會驚訝地目瞪口呆。要是法國人聽聞日本人會吃田螺，不知道會是怎麼樣的表情呢？臺灣人將蝸牛稱為「露螺（lōo lè）」，如同文字所述，蝸牛宿於草木，吸取露水，吃食木草嫩芽過活。田螺也是如同文字所述一般，棲息於泥田，飲食泥水過活，兩者簡直是雲泥之別。根本就不需要等待第三者公正的評斷，蝸牛一定會取得勝利。人們都容易以自己所屬種族的生活為標準，任何與自己生活型態相異的部分，都會覺得不可思議。即使臺灣人不吃牛肉，也不會構成任何問題。就算說臺灣人喜歡吃老鼠，也沒有什麼好大驚小怪。如今當然已經不是什麼問題，不過祖先是會生吃海參的日本人，在一開始應該會覺得這是值得驚訝的事情。或許事實上有一部分是作為藥用而吃食也說不定，但是一開始並未被認定為食物的青蛙，就算是從外部引進的牛蛙，今日也是爭先恐後地養殖，蜂擁而上地搶著試吃，那麼，臺灣人對於食物的喜好厭惡，應該不是什麼問題。不過，關於臺灣人不吃牛肉這個風俗，似乎多多少少與民族性有些關係，以下約略敘述。臺灣人雖是喜愛吃肉的民族，但自古以來只有牛肉不吃，常吃的是豬肉與羊肉。豬肉可說是無法與漢民族分離的主要食材。日本人將牛肉單稱為肉，開始吃牛肉雖是明治以來的事情，不過漢民族將豬肉單稱為肉，則是更為久遠以前的事情。在漢民族所書寫的書物內容中，經常可以看見「魚肉」二字，原本並非單指魚肉之意，而是魚和豬肉，應該不需多言。

臺灣人不吃牛肉，應該是源於以下二種思想。一是支那自古以來便將牛、羊、豬稱為太牢，若除去牛，只有羊、豬的話稱為少牢。《禮記．王制》中的「天子社稷皆太牢。諸侯社稷皆少牢」，規定只有天子實行的社稷祭典可以供奉牛、羊、豬的太牢；諸侯在行社稷之祭時則是供上少牢；平民不能夠僭越地在祭典上供奉太牢。一般而言，祭典上的供品，不管是太牢還是少牢，在祭典結束之後必須公平地分配給相關人員。得到供品分配的家家戶戶會各自調理，一家團圓共同吃食。既然在平民的祭典上無法供奉太牢，那麼牛肉當然也就沒有機會進入平民口中。由於這個緣故，不吃牛肉這件事便成為多年來的習慣。

另一個思想，是牛隻辛勤於農耕事務，受牽輓之勞苦，為了人類鞠躬盡瘁，實為辛勞偉大。即便同樣是家畜，豬隻也是為了人類而飼養，但就只是自由自在地吃食和睡覺，並沒有為人類的生活辛勤的奉獻，飼主要宰殺豬隻來吃，當然是飼主的自由；但是牛隻如此勞苦功高，對於人類生活有著巨大貢獻，實在不忍心胡亂屠宰來吃食。牛會辛勞的工作所以不忍心吃，豬不會工作所以吃了也沒關係，這難道不像漢民族會擁有的思想嗎？

牛、羊、豬三者為太牢，羊、豬兩者為少牢。但是不知從何時開始，漢民族開始只將牛視為太牢，只將羊視為少牢，這是個認知上的謬誤，已有漢民族有識之士加以辨明。自此之後，太牢漸漸被用來表示十足豐盛的美味佳餚之意，因為當牛、羊、豬三者一同出現的時候才稱為太牢，用來代表十足豐盛的美味佳餚，十分合理。在牛和平民之間，自古以來還存在著其他事實。漢民族在結盟誓約之際，經常會啜飲血液，那麼是用什麼血液呢？所謂「凡盟用牲。天子牛馬。諸侯犬猳。大夫以下用雞」，天子啜飲牛馬生血，諸侯啜飲犬猳生血，大夫以下則是啜飲雞血，因此平民連啜飲牛血的機會也沒有。猳據說是一種熊，似乎多以狗來替代。臺灣人不吃牛肉的緣由，大致如同上文所述。亦即（一）非君子或天子的人物不能殺牛或是吃牛。這似乎是在有學識階級當中存在的思想。另一方面，也有反向的說法——吃牛肉的人不會在學問上有所成就之思想。（二）屠殺、食用辛勤農耕和牽輓的牛是沒有義理的行為，這是存在於一般社會中的思想。不過，要是臺灣的豬肉比赭牛或水牛的肉質還要硬、還要難吃的話，上述思想還有可能嚴格實踐嗎？當然會讓人懷疑。因為無論如何也很難接受漢民族會是那麼堅守義理的民族。就讓我們誠實一點，明明就有肉質柔軟的豬肉，何必要去吃肉質堅韌的赭牛和水牛的肉呢——如此的思想，難道完全不可能存在於漢民族的心中嗎？今日的臺灣人雖然不會吃赭牛和水牛的肉，但是卻經常可以看到他們特地到牛肉料理店去品嚐從日本來的神戶牛肉，讚不絕口地說著：「好吃！好吃！（hó tsiah！hó tsiah！）」這樣看來，說臺灣人不吃牛肉，就顯得有些可笑。

# 八八 道教

道教是由漢民族創設的宗教之一，以老子為祖師。老子出身楚國苦縣厲鄉曲仁里，為今日河南省開封道鹿邑縣人，姓李，名耳，字伯陽，另有一說表示老子字聃。關於老子，自古以來流傳著許多說法，有人說是老萊子，有人說是太史儋，也有人說是老彭。換句話說，既是李姓，又稱為老子，似乎成為了第一個疑問。根據胡迪的考證：（一）老子或許是字，就像是孔子門下弟子的冉求，字有，因而稱為有子。（二）老或許是姓，古代的貴族除了姓以外，另有氏，因此老子或許姓老，氏李，因而稱為老聃或老子。或許是想讓老子在宗教上帶有神秘性質，有人說老子的誕生比天地還要早，有人說老子在母親的肚子裡待了七十二年才出生，也有人說老子是從母親的左腋處剖出，出生時已是白首。川柳人因此有「老子在腹中賀壽七十」之句。

老子曾任周的守藏史。因當時老子為禮之專家，當孔子到周國時，問禮於老子。老子曰：「良賈深藏若虛，君子盛德容貌若愚❶。」孔子離開後對弟子說：「鳥，吾知其能飛；魚，吾知其能游；獸，吾知其能走。走者可以為罔，游者可以為綸，飛者可以為矰。至於龍吾不能知，其乘風雲而上天。吾今日見老子，其猶龍邪❷！」由此就可以清楚得知，孔子是如何打從心底地敬佩老子。

關於老子的生卒年雖不得而知，但若是根據胡迪的意見，據傳老子是約在周靈王初年，也就是約在西元紀元前五百七十年之時所誕生，如果從日本紀元來計算，大約是紀元九十年，綏靖天皇統治之時，比孔子早一點出生。老子卒年不詳，史書上「莫知其所終」，記載老子看見周室的衰頹，離開而前往「關」，此處的關指的是函谷關。當時函谷關的關令尹喜對老子說，你就要歸隱了，請為我著述一書吧。老子因而寫下道德五千餘言，贈與尹喜後離去，此即為《老子道德經》，又略稱為《老子》。唐高宗乾封元年〔六六六〕，追號老子為太

❶ 譯注：善於經商的人把貨物隱藏起來，不讓別人看見，好像什麼東西也沒有；具有高尚品德的君子，他的容貌謙虛得像愚鈍的人。

❷ 譯注：鳥，我知道牠能飛；魚，我知道牠能游；獸，我知道牠能跑。會跑的可以用網捕獲牠，會游的可以用絲線去釣牠，會飛的可以用箭去射牠。至於龍，我就不知道該怎麼辦了，牠是駕著風雲而飛上天的。我今天見到老子，他大概就像龍吧！出自《史記．老子韓非列傳》。

上玄元皇帝，玄宗天寶元年（七四二），為老子置玄元廟，天寶二年追加大聖祖之尊號。宋代贈號太上老君混元上德皇帝。後因敬重《老子道德經》，而尊稱為《太玄真經》。

老子教誨孔子，要除卻驕氣和過多的慾望，此即為老子所主張的清淨無為，虛無恬淡。孔子試圖入世救民，他所持的主張來自《周易》。《周易》首重乾卦，乾以健剛為主，進而表示不息之象，因此孔子希望能挺身而出，拯救時勢。老子所持的主張為軒轅氏，也就是黃帝的易經，亦即《歸藏》。《歸藏易》以坤柔為主，因此老子試圖隱遁，以避世難。支那古代有連山、歸藏和周易之三易，因儒教繁盛的結果，最後名聲就只有集中在《周易》。

老子的「道」，曰沖，曰自然，曰樸，曰無為，表示人人皆純樸無為，主張若是回歸大道，何有亂離。孔子所謂的「道」是仁義，老子則認為仁義以外有大道。所謂的「道」，是早於上帝天地出現之前，不知從何時就已經存在，老子將之命名為大道。道為本，智為末，一切世務皆為機巧，而導致爭奪讒誣，心受物所御，這並非是無為。無為乃清靜自正，無一設施造作。此即為老子屢屢主張的必須回歸其本之意。

身為函谷關關令的尹喜，著有《關尹子》一卷；老子弟子辛鈃，周人，字文子，著有《文子》二卷；鄭人列禦寇，著有《列子》八卷；宋人莊周，著有《莊子》八卷，其祖述皆為老子。《莊子》為莊周之著作，並無異議，不過關於《關尹子》、《文子》和《列子》的作者，則有各種不同的說法。儘管如此，這些都是祖述老子的著作，則是毋庸置疑的事實。列禦寇和莊周在其著書中，經常侮辱孔子、譴責孔門諸子。隨著後世對老子的崇敬，也將列禦寇尊稱為沖虛真人，將莊周尊稱為南華真人，甚至將《文子》二卷稱為《通玄真經》，將《列子》八卷稱為《沖虛真經》，將《莊子》八卷稱為《南華真經》。

老子的教義到莊子的時代為止，為一種學說、一種哲學，相對於儒教和儒家，被稱為道家。也因為老子的學說主要是基於黃帝的《歸藏易》，因此世稱黃老之學，約從後漢時代才開始宗教化。後漢末有張陵，也就是張天師；三國時代有魏伯陽；晉代有葛玄和葛洪、陶弘景和陸修靜、顧歡和孟景翼；南北朝的魏有寇謙之，將漢民族所擁有的宗教思想和形式作為基礎，有些是將道家和儒家聯合，有些是將道家和巫術合而為一，有些是將道家結合神仙思想，有些是讓道家模仿佛教，而形成所謂「道教」之宗教。

道教在唐代甚為繁盛。由於唐朝天子姓李，老子也姓李，道士們因而胡亂趁勢將老子和唐代王室做出連結，壯大聲勢。其後經歷一盛一衰，到了宋元時代，其末流逐漸出現許多分支，幾經變遷後，現在約可大致區分為南宗與北宗兩大派別。其一稱為全真教，以宋末道士王嚞〔王重陽〕為開山祖師，將老子的清淨無為作為宗旨，盛行於支那北部，其下又可分為龍門派、清靜派、嵛山派、遇仙派、金山派、隨山派、尹喜派等。另一稱為正一教，也就是所謂的天師教，以後漢道士張陵為開山祖師，將符水禁咒視為要諦，盛行於支那南部，其下分為靜明派、三丰派。

雖說流傳於臺灣的派別應為天師派，但是由於臺灣的道士過於無知，很難加以辨別，大約有靈寶派、老君派、瑜珈派、天師派、三奶派等派別。總而言之，可以看到臺灣的道教皆屬於依靠他力主義，施展符咒厭勝之術的天師派，似乎沒有仰賴自力主義，重視苦行修養的全真教。道教當中有眾多神祇，琳瑯滿目，掌管的範圍橫跨所有職業。統轄所有神祇的便是玉皇上帝。我們可以看見，玉皇上帝是唯一主宰神之思想，已在漢民族之間根深蒂固。道教祭祀神祇之處，多稱為「觀」，亦即相對於佛寺的稱呼，稱為道觀。然而在臺灣卻似乎不一定如此。此外，奉侍道教的人物稱為道士、巫覡或是術士，古時也會稱為方士。

# 八九

# 土壠間・農業倉庫

臺灣農民的金融機構稱為土壠間。「土壠」為礱磨稻穀的器具，「間」則是家屋。土壠間便是指有礱磨稻穀器具的家屋，原本並不是金融機構，只是接受農民央請，收取固定的手續費，以礱磨稻穀為業。臺灣種植稻米的農民，不管是一期作還是二期作，每當收穫時節到來，割取稻穗之後，並不會像日本內地一樣，將稻穗放在稻架上乾燥，脫穗取得稻實，而是會把稱為「摔桶（siak-tháng）[1]」的大桶子拿到田裡，將割取下來的稻束用力摔在摔桶上，使稻穗脫落，就像是日本內地打麥一般的作業程序。臺灣人會將打落下來的稻穗放在稻埕曝曬，

[1] 譯注：又稱打穀桶。

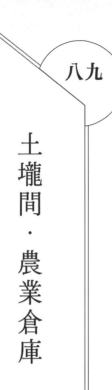

使其乾燥後再行貯藏。當收穫季節來臨，各處田地為了預防稻穗飛散，都會拿出偌大的捒桶，彷彿是船隻揚帆般的裝置，這是在日本內地無法看見的光景。

「四處可見捒桶，是收穫吧。」

農民要將稻穗脫殼為稻米，大多是委託土壠間碾磨，碾磨後的米粒可以供自家食用，也可以賣出換取金錢。大多數農民家中並無碾磨器具，因此想要取得自用的米粒時，不少人會在臼中用力搗杵稻穗，同時除去稻殼和稻糠，煮飯食用。當急需用錢，或是米價正好的時候，當然沒辦法耗費時間等待土壠間碾米，這種時候，便可以把稻穗交給土壠間，直接換取金錢。通常土壠間絕對不會拒絕這種請求，並且致

松島剛、佐藤宏編，《臺灣事情》封面（春陽堂，一八九七）。（NDL）

日本農民將稻米收割後掛在後方的稻架上。《主基齋田記念寫真帖》（香川縣內務部，一九一六），無頁數。（NDL）

力於金錢方面的通融。至此，土壠間便不知不覺地帶有金融機構的性質，且是以農民為對象的金融機構。對於前來委託碾米者，若是對方有金錢通融上的請求，土壠間必須要有足夠的能力對應，缺乏資產的人家當然無法勝任，因此土壠間業者大多是地方的地主。另外，必須有效處理對方交付的稻穗，土壠間也就必然地會著手進行米的買賣，許多土壠間也兼為米商。換句話說，土壠間便是地主，便是米商。假如將土壠間身份發揮到極致，最後便會展開「青田買賣」。所謂的青田買賣，就是農民將種植稻米的田

地充當為借款條件，與土壠間進行稻穗千斤幾十圓、萬斤幾百圓的商議，約定在收穫後移交稻穀，向土壠間請求金錢上的融通。據說也有不少極端的例子，是在尚未播種前，就先用一年後、二年後甚至是三年後的稻穀作為條件，向土壠間融通金錢。此種行為，對雙方而言風險都十分高。米價變動大，當然也不是說絕對不可能會對農民有利，但是最後大部分的結果都是土壠間獲得利益，這些完全是投機行為。對於沒有適當副業收入的臺灣農民來說，必須用這種方式來調度金錢的狀況，應該在生活中屢屢發生吧。在這種時候，土壠間心裡所想的當然不得而知，但是在表面上卻不會顯露出一絲不情願的模樣，而是會爽快地應允融通。因為土壠間就是趁著抓住這種機會來獲取利益。

原本，臺灣民族就是（一）世間少有的好賭之徒；（二）移民都欠缺定居下來的心態，沒有例外；（三）在氣候方面，臺灣並沒有受到太多眷顧，什麼時候會出現暴風洪水也不知道；（四）以前在政治、種族上也經常出現各種事變，因而自暴自棄，明明知道自己會成為土壠間的餌食，卻還是選擇了不合理的方法。較為純樸、算術不精的農民，與精通交涉、對稻米有著豐富知識的土壠間，不管怎麼看，在雙方的對抗之中，農民完全沒有勝算。農民先是事前借錢，在需要救急時又受到土壠間的協助，因此，即便事後受到委屈、不公平的對待，也只能唯唯諾諾，忍氣吞聲。

當局或許實在是不忍心從旁看著農民弱勢的立場，希望能增進農民的利益與幸福，而特地在各地設置農業倉庫吧。不可思議的是，臺灣農民卻不覺得這些農業倉庫是值得感激的建樹，也沒有打算要利用。這到底是為什麼呢？明明就善於衡量利害關係，卻因為過於倔強的心理，而不甘願接受其他的設施，這是臺灣民族不變的性格。雖然說未能充分理解農業倉庫的目的和使命也是原因之一，但是至今為止從純樸的農民身上撈取油水，賺得荷包鼓鼓的土壠間和米商，要和農業倉庫維持兩立並存的狀況，簡直是天方夜譚[2]。儘管如此，當局還是開始著手建設農業倉庫的原因為——要是放任這些跳梁小丑恣意妄為，那麼不管到什麼時候，都無法期待臺灣米有所改良與發展。農業倉庫所發行的證券，讓農民能夠以極低的利率向銀行融通金錢，不只是能夠和日本內地直接交易，還能夠發展稻米的運送業。無論是誰都可以斷言，像是土壠間和米商人等對農業倉庫所作的惡意宣傳，

[2] 譯注：作者認為農業倉庫屬於救濟，土壠間和米商屬於剝削，故無法並存。

臺中農業倉庫，約在今臺中市泉源街、旱溪街交界，建物現已不存。《臺中州要覽》（臺中州，一九三二），頁一七八－九之間圖片。（NDL）

內容絕對不實。仔細思考，農業倉庫不受好評的主要原因，便是來自於土壠間和米商人等所展現出來的態度，如此的觀察應該不是牽強、不恰當的意見吧，大家認為如何呢？站在土壠間的立場來看，農業倉庫確實是一個值得畏懼的強勁對手，但是對於農業倉庫來說，本身並不是為了要與土壠間匹敵才建立起來的機構，而是為了一般農民而創立，目的是希望能夠增進他們的利益與幸福，並且擔負著為臺灣米政鞠躬盡瘁的重大使命。種植稻米的農民們，不要上了土壠間的當，那些都是以自我利益為中心所說出的花言巧語，應該要有意義地、

盡量地去利用農業倉庫，不是嗎？

過去曾經有位地方權勢者，且被認為是較為明白事理的臺灣人紳士，表示如果郡當局願意將農業倉庫委託與他，那麼不管是要花費自己的一臂之力還是雙臂之力，也願意承接下來。然而，據說當他聽聞農業倉庫真正的目的與使命，明白身為農業倉庫經營者無利可圖的實情後，則是滿口抱歉，敬謝不敏。這位臺灣人紳士應該是把農業倉庫想成是較為高級時髦的土壠間，認為奇貨可居，才毛遂自薦的吧，真是讓人笑掉了大牙。這則笑話正好可以從側面說明農業倉庫的目的和使命究竟是什麼。

不得不說，農業倉庫的目的和使命等，一般臺灣人並不理解，也很生疏。在知識份子內部已然如此，更何況是占人口多數的農民，這又能責怪誰呢？農業倉庫的政策當然不免會有缺點。雖然不像是土壠間和米商人所宣傳的內容，但也並不是說絕對沒有需要改善的餘地。只是用創業日淺來做為藉口的話，那麼不管過了多久，不只是種植稻米的農民，就連社會上的一般民眾也都不會理解農業倉庫的內涵。現今經營農業倉庫的當務之急，不就是要思慮應該要考慮到的部分，去改善應該要修改的缺點，努力地去徹底達成農業倉庫的使命與目的，增進稻農的利益與幸福，奠定臺灣米政的真正基礎嗎？

# 九十 童乩

在日本內地，早期便有梓巫、市子的存在。市子便是市井的巫師之意。「巫」自古又稱巫覡，男女有別，男性巫師稱為「巫（かんなぎ）」，女性巫師稱為「覡（めかんなぎ）」。巫覡是專門站在神明與人類的中間，將神明的啟示傳達給人類的人物，俗稱降靈。不過，不知從何時開始，梓巫和市子變為可以如他人所願地召喚生靈或死靈，宣達意旨的人物，又被稱為「kuchiyose（口寄せ）」，也有地方稱為「toikuchi（問い口）」。無論早期如何，到了後世，梓巫和市子被嘲諷貶低，總是會被拿來作為滑稽表現的素材之一。譬如在一九❶的《東海道中膝栗毛》中，彌次郎兵衛和喜多八在東海道某處的旅店，將店內賣春母女誤認為市子，上當後不知所措的滑稽場面；三馬❷的《浮世床》中，似乎是在義大夫師傅家中還是哪裡，市子召喚生靈，用義大夫❸的大阪腔調口吻，喋喋不休地反覆說著話，引起理髮店的老闆娘和正在等待剪髮的客人一陣騷動等滑稽場面。無論如何，市子大多只被描繪在滑稽的題材內。話雖如此，到明治初年左右，市子即便被嘲諷貶低，似乎還是在某些地方存續了下來，在當時的法律中也可以看見禁止的條例。類似的人物在臺灣則是稱為童乩（tâng ki）或乩童（ki tâng），在大眾面前展現慘不忍睹的行徑，四處散播謠言妄語，破壞善良風俗。由於鼓吹迷信的行為太甚，在施行明治四十一年（一九〇八）府令第五十九號〈臺灣違警例〉之際，曾明文禁止。即便如此，還是會在某些地方和角落看見他們根深蒂固地隱匿著，不少時候也會在新聞日報上看見占滿三版篇幅的報導。

❶譯注：十返舍一九（一七六五－一八三一），江戶時代後期作家，與式亭三馬並稱為日本滑稽小說兩大作家。

❷譯注：式亭三馬（一七七六－一八二二），著名作品有《浮世風呂》、《浮世床》。

❸譯注：演奏者，也稱為義太夫。

## 顯靈市子的城隍神大祭（南投）
## 素人童乩與各式誇張發狂之餘興

作為守護都城隍的神明，在自古以來虔誠崇敬的城隍爺當中，南投的城隍神簡直就像是活在顯靈的市子身體內一般靈驗，為享譽全島的尊神，每年都會舉辦盛大的祭典。二十三日下午一點半，城隍爺從配天宮出發，由長身的謝必安和短身的范無救兩神作為隨從，在隊伍的最前端，城隍爺乘坐在五岳輦轎上繞行南投市內，後方有南投吹奏樂隊、會社的飛行艇、火車、屠畜團、料理團、篏餅團、什物團、旅舍團、森益號團、醫藥團等藝閣，各個獨具匠心，依序列隊出動，其他還有舞獅團、童乩團等雜然交織，街道上看熱鬧的民眾人聲雜沓，熱鬧非凡。到了下午三點多，在通往公園的街道上，素人童乩起乩，亢奮狂舞，彷彿失去自我意識一般，此時旁邊有人遞與刀具，他便手持刀具往自己的頭部與胸部各處揮砍。倘若放置不管，應該會丟掉小命，釀成危險，因此由多位民眾與警官一同壓制，木村公醫與葉醫師等人採取緊急救護措施，讓這位素人童乩暫時在警察課內休息。這名男性是名間庄炭寮[4]二一四的吳才（四十五歲），與內轆管內新埔仔[5]四八的賴狗母（五十四歲）一同。而臉上畫著猴妝，遞與刀具的男性是青山堂主簡錫寶，吃素的人，另外還有半山[6]三九〇的簡王（五十四歲）。因為這種失去理智的行為而弄得鮮血淋漓，引起一陣騷動，最後念在祭祀慶典活動而不多加計較，懇切地勸誡一番後便讓他們返家。不久，三點半在丸公園舉辦藝閣競賽審查，由林助役、葉保正、聯合會長以及其他許多人的見證下計算分數，四十六分的什物團獲得特等獎，三十四分的會社團獲得優等獎，三十三分的料理團為一等獎，同分的屠畜團為二等獎，三十二分的醫藥團為二等獎，以上獲獎團皆附有金牌。在贈與獎旗之時，突然降下傾盆大雨，頓時場面變得狼狽不堪，不過會社的火車以飛艇為領頭，其煙囪冒出煙霧，鳴響汽笛，讓社員坐進車廂，大牛使足全力，行進返回的光景，蔚為奇觀。晚間雨過天

[4] 編注：約今炭寮村。

[5] 編注：約今南投市內新里和內興里。

[6] 編注：約今南投市平山里。

晴，明月光耀，各處有戲劇、北管樂曲的合奏等，引來更多人潮，直至凌晨十二點，大祭才宣告結束（《臺南新報》大正十五年〔一九二六〕七月二十七日〔七版〕）。

## 言馬舍公附身　乩童造謠蠱惑村內愚眾
## 吐印畫符不靈光　當局調查露出馬腳

新竹州大溪郡大溪街三層[7]三十一番地曾昭全的四男曾文（三十歲），約從上個月開始說馬舍公[8]突然附身。起初只是像發狂一般地四處跳動。到了二十三日夜晚，向馬舍公祈求要捉精捕怪。有時曾文半夜會突然躍起，高呼要召集趙家子弟前進，並說近日天將會降禍於三層地方，家家戶戶要在農曆朔日準備犒賞軍（神兵），否則大庄三百六十戶，小庄三十六戶，人人皆無法倖免於難。神為了拯救廣大眾生，現在讓我分下神符，供奉在各

[7] 編注：約今桃園市美華里、福安里。

[8] 編注：即馬仁，輔順將軍，是開漳聖王陳元光麾下的「六輔將軍」之一。

戶家中，於農曆五日的丑時，將會吐出神印畫押在神符上；當天巳時，李老君和天上聖母會派遣神兵協助，從北方來驅逐妖孽。婦女絕對不能外出。若是冒犯神兵，斷難求饒。語畢，讓身旁的人燒去印章材料一只，將灰燼和在水中喝下。不久後果真吐出一枚印章，上頭刻有馬字。在數千份靈符上蓋印後燒毀，其後進行祭符和踏七星等儀式。觀者數千人折服叩拜。每日前往參拜的愚男瘋女數千人，祭品多達數百擔，與千客萬來的妓院和料理店相較，曾家的繁昌程度更勝一籌。五日，雖然表示馬舍公想要吐印，但是不知為何緣故，將吐印時間變更為酉時。當局聽聞風聲，特別派人前往探查。沒想到又變更到其他日期。曾文雖然配合特務逸見氏和刑警池田蕭三的調查，但是關於一開始的事蹟卻怎麼也不肯承認。後來明白無可避免，才自白表示兩顆印章是十八日委託中壢老街莊垂淋雕刻的物品。三十日前往該地比對證據，罪證確鑿，移送司法部門究辦（《臺灣新聞》昭和二年（一九二七）十一月二日，漢文欄）。

## 香客假乩童在北港朝天宮亂跳
## 馬腳既露險些遭打

在十五日夜晚八點左右，有一位從埔社前來北港朝天宮參拜的信眾，約二十多歲，忽然從廟門外狂奔至大殿，想要跳進神殿，被廟公阻止。他站在神桌前，突然開始搖晃身體和頭部，口中念念有詞表示聖母降駕，並用手拍打神桌。看熱鬧的觀眾們擠滿廟內，你推我擠，看到他曖昧的舉動，議論紛紛，表示從來沒有看過像是這樣的乩童。這位信眾聽見後，厲聲喝斥，最後和觀眾發生口角，絲毫沒有乩童的樣子。至此，馬腳盡露，觀眾們發現他是偽乩童，冒瀆神威，無不感到憤慨，想要追打他。無奈他是參拜者，眾人拿他沒辦法，也尊重他是位信眾所以沒有動手，反而好言相勸，希望他自己退下。不久後他才自己退童〔thè-tâng〕，離開廟宇（《臺灣日日新報》昭和二年十一月十八日，晚報漢文欄）。

從這三則日報報導中，可以看見一個共通點，那就是臺灣的童乩，幾乎沒有所謂的專業人士，大多是苦力、坑夫、漁夫、耕夫、藝匠等賤業者兼職。偶爾也會有公學校的學生模仿童乩的舉動。這類童乩，每當逮到機會，為了博取大眾的信賴，便會上演各式各樣的難行苦行（？），恣意拋出謠言妄語，惑亂愚夫愚婦，這些現象至今還未根絕，究竟是為什麼呢？在臺灣人當中，有人拿出日本內地研究變態心理的專家說法，表示這是因為當局取締臺灣童乩過於嚴格所導致的後果。當然不能完全否定這項可能性，但是把專家學者的學術研究拿來和臺灣童乩胡鬧的行為混為一談，最後不就只是凸顯出臺灣人智識程度的低級而已嗎？

# 九一 佛教

在臺灣民族所信奉的教義中，雖然有孔子的儒教、老子的道教和釋迦牟尼的佛教，但是臺灣民族並未對這三教有明白清楚的區辨認知。彷彿只是漫然地，不管是什麼都將之合併在一起的信仰概念。臺灣民族的差不多主義，也可以在信仰上窺知一二。不單只是對早就傳進臺灣的儒教、道教和佛教而已，對於後來才傳進的耶穌教，也是同樣的態度。左就是左，右就是右，黑就是黑，白就是白，任何事情都要清楚分辨，這是臺灣民族最不喜歡的事情，甚至可以說是最痛苦的事情。奢望臺灣民族要嚴謹地做到這些，應該說是太不通人情事理了吧。臺灣民族是來自漢民族，原本就是這副德性，應該不需多說。古時候對於漢民族，老子任何事都主張要無為，孔子任何事都要建立順序，就是因為他們非常理解上述的民族性，一個是要用順應民族性的方式加以教化，另一個是要用矯正民族性的方式加以教化。雖說他們是聖哲，但是其思慮周全的程度，至今還是令人驚豔不已。這不只展現在信仰方面，在政治等方面上也相同。

看看現在的支那，有垂涎於蘇維埃俄羅斯，企圖達到全國赤化的人，也有人極度的反對，為此不惜猛烈地打壓同志，這些事實如今在眼前開展，絕不是什麼稀奇的現象。如果要說那是換成不同地方、不同人種的時候才特別會發生的現象，也並不一定是如此。正因為有強烈的種族意識，善於衡量利害關係的民族，即便是同一個人，為了自己的利益，堅持多年的主義和主張也會棄如敝屣，所謂的反覆無常，才是漢民族的真面目。就像是那個孫文主義，從哪裡可以看出來當中有一貫的精神嗎？對於支那人所演出的戲碼，世界上應該沒有人會愚蠢到在旁邊捏著手汗窮緊張地觀看吧。

被雅利安人入侵、征服、混血，最後被驅趕到南方角落的達羅毗荼人之故國印度，在民族上出現非常棘手的四個階級——婆羅門、剎帝利、吠奢、首陀羅。為此國內分裂，不斷反覆展開醜惡鬥爭的印度，在二千五百五十一年前，雅利安人釋迦族的家中，在父親淨飯王與母親摩耶夫人之間，產下了「天上天下，唯我獨尊」的悉達多。生性多愁善感的悉達多，被立為迦毗羅國的太子，十分偉大。在國情、地理、氣候方面都不算是受到太多眷顧的印度，悉達多思考著關於乘載著生命的身體，以及生老病死的問題，就算是經歷與耶輸陀羅的婚姻、羅睺羅的出生，也無法顛覆他想要出家遁世的志向。悉達多聽從心之所向，入山苦行修道多年，悟得三世因果之說，隨即下山，將畢生奉獻於眾生之普度。成道正覺的悉達多就是所謂的釋迦牟尼，釋迦牟尼的講道，即為佛教。在印度早就有婆羅門的教義存在，我們也不得不承認，釋迦牟尼的佛教有不少地方是承繼自婆羅門教。

佛教所主張的是平等無差別、慈悲忍辱。釋迦牟尼的慈悲實為廣大無邊。孔子的仁恕只以人類為對象，基督的博愛也是只以人類為對象，但是釋迦牟尼的慈悲為懷，不僅止於所有的人類，還包含禽獸、蟲類、魚鱉、草木等一切有生命的動植物。其慈悲的廣大無邊，可以推知。在《論語．鄉黨篇》中有：「廄焚，子退朝，曰：『傷人乎？』不問馬」，馬廄付之一炬，孔子只問是否有人受傷，卻不過問馬的狀況。這是非常過分的故事，古人早已譴責過孔子。由此可知，孔子的仁恕只以人為對象。如果通覽孔子的論述，就算沒有這一則紀錄，應該也可以立即贊成孔子是只以人為對象的說法。基督有一次指著狗的屍體，說狗的牙齒真是白皙美麗[1]，或許會有人提出這個例子來辯駁基督的博愛，不一定只以人為對象，不過不管怎麼說，基督的博愛是只以人類為對象的這個主張，應是不爭的事實。話雖如此，筆者並非是要將釋迦牟尼的慈悲與孔子的仁恕、基督的博愛分出軒輊。總而言之，聖人與哲人只不過是針對當時最欠缺的部分，提出最為痛切的吶喊，因此就算是換了地方，不管是釋迦牟尼、孔子還是基督，應該也都會因應環境的需求而提出同樣的意見才是。如果說這三者的意見存在些許的差異，那也只是因為時代的要求有所不同罷了。當時的印度，比起支那，比起猶太，應該是更為嚴峻的環境，才需要釋迦牟尼做出如此沉重悲痛的吶喊。

佛教傳入臺灣的時間，與儒教和道教相同，是在漢民族移居到臺灣之時，應該不需多說。佛教傳入支那，一般認為是在後漢明帝永平十一年〔六八〕，印度僧人摩騰、法蘭來到支那建立佛寺，將佛教傳入。不過在《魏書．釋老志》中的記載，則是早於二百年前，於漢武帝時

[1] 編注：此事不見於基督宗教的新約聖經，為伊朗地區的伊斯蘭傳統。

代就已經傳入。另一個說法是在八十多年後漢桓帝建和二年（一四八）之時，由安世高與支婁迦讖將佛教傳入支那。經過二百數十年後，在五胡十六國時代，鳩摩羅什等其他高僧相繼從事譯經工作，佛教逐漸普及於社會，自南北朝至隋唐為止為佛教極盛時代，其間各宗派興起，如毘曇、成實、三論、涅槃、禪、淨土、地論、攝論、天臺、法相、律、華嚴、真言宗等。唐代中葉以後，禪宗一支獨秀，達摩流派的禪宗於唐宋期間又分為五家七宗。宋朝初葉，天臺宗與華嚴宗雖見復興，但皆同化於禪宗，帶有部分禪宗精神在內。天臺宗、華嚴宗與禪宗屬於自力教，稱為聖道門；相對於聖道門，則有淨土門，屬於他力教。淨土教的弘揚流通是從晉代盧山的慧遠開始，接著在梁朝時代由雁門的曇鸞振興，道綽之承繼，至唐朝的善導[2]，可謂大成。

宋朝以後的支那佛教，各宗派皆帶有禪宗內涵的同時，融合淨土教信仰在內的成分也不少。明末至清朝的支那佛教，可說是禪與念佛（亦即淨土）的調和式混合佛教，臺灣佛教亦屬此類。臺灣的佛教僧

[2] 編注：「道綽」、「善導」皆為人名。

人，或說心禪行淨，或說禪亦即淨，這實在是非常奇特的說法，或許應該用朝禪暮淨來稱呼較為恰當。在臺灣的佛寺全數隸屬於福州鼓山的流派。鼓山的湧泉寺是在禪宗的系統上混合淨土思想，所以臺灣佛教並不帶有天臺或華嚴的成分。臺灣的佛教僧人，因為是禪淨混合，通常會坐禪修行，也會念誦阿彌陀佛。

# 九二 和尚・道士・司公

臺灣民族在家中有人逝世時，大多會迎請佛教的和尚或是道教的道士舉行葬禮事宜。很少看到會依照儒教儀式執行葬禮的例子，不過依照基督教儀式舉行葬禮的例子，在今日絕非少數。除此之外，還有齋教徒的葬儀。奉祀神佛、傳導宗教的人士，一般而言大多會受到尊敬，但是在臺灣，這一類人士不一定會受到敬仰，反而會看到他們受到侮蔑的例子。或許是因為他們缺乏修養、欠缺學識德性而受到侮蔑，又或者是基於民族性格的關係。臺灣的和尚或道士等人，似乎在社會上的地位極低，幾乎等同於苦力。

迎請和尚或道士來舉行葬儀，或許並不是因為信仰的緣故，而是完全基於經濟的考量。大致上來說，身份地位較高的人家，大多會迎請和尚；而身份地位較低的人家，大多迎請道士。諺語中也有「司公較賢和尚（sai kong khah gâu huê siūnn）」之句，司公就是道士之意，

臺南開元寺的僧侶。《臺灣寫真帖》第一卷第十集（一九一五）。（LDR）

亦即請司公比請和尚容易[1]。雖說一般認為比起司公，也就是道士，和尚較有價值，但是在受到敬重的程度高低來說，兩者並未相差太多。臺灣民族要是家中有男嬰出生，在命名之際，為了期望將來能夠多福安樂，在風俗上認為與其取個好名，不如特地選擇不好的名稱，才能夠僥倖地獲得幸福。所謂不好的名稱，譬如乞食、和尚、畜生、狗母、豬母、牛屎、豬屎等類。由此可見民間將和尚的社會地位置於何處，可說是一目瞭然。上述這些皆為乳名，等到可以上書房學習的年紀時，通常書房的老師會選個好名，替他們改名。假如沒有機會上書房，便沒有改名的機會。因此，在臺灣民族之中，至今還有人是蔣乞食、蔡和尚、林畜生、羅狗母、簡牛屎等諸如此類的姓名。

道士，也就是司公，可以分為兩類：一稱為紅頭（âng thâu），一稱為烏頭（oo thâu）。紅頭司公是用紅色頭巾包裹頭部，故有此稱，在舉行儀式時，大多會帶著烏帽，穿著紅衣。而烏頭司公則是穿著烏衫（黑色衣服），因而稱為烏頭，以示區別。專門負責葬儀事務的是烏頭司公。

[1] 譯注：按照《臺灣俚諺集覽》（臺灣總督府，一九一四）頁四〇五的說明，這句諺語的意思是以為道士較和尚厲害，其實是和尚比較高明。

手持龍角（也稱為法角）的道士。梶原通好，《臺灣農民生活考》（緒方武歲，一九四二），書前照片頁。

如果調查迎請烏頭司公前往主持葬儀的謝禮金額，一般葬禮的場合約是十人一組，包含葬禮前後相關事宜，總共的謝禮大約是二十圓左右。在舉行葬禮之時，看見行列中有人將袈裟折疊後披在肩上的模樣，心想這一定是主持葬禮者的隨從，沒想到卻是擔任主持重任的司公。

至於紅頭司公就絕對不會主持喪禮事宜。他們主要接受委託，吹奏龍角（lîng kak），也就是以水牛的牛角製成的笛子，負責祈求疾病痊癒、祝壽、酬神等儀禮。如果是祈求疾病痊癒的法事，一次的謝禮約為五十錢，若是祝壽或酬神，則約是二圓或三圓左右。在社會上將司公視為與一般人有別，要與普通人結婚似乎較為困難。曾經有一位公學校的教師想要迎娶司公的女兒，但家族和親戚都說這實在是太魯莽荒謬的決定，極力反對婚事。幸好這位女性的父親不是烏頭司公，而是紅頭司公。據說這位教師用紅頭司公不會主持喪禮的說法慢慢說服了家族和親戚，最後終於順利結婚，現在構築起幸福美滿的家庭，也生了可愛的孩子。司公的社會地位可見一斑。

# 九三 齋教

臺灣還有一種宗教名為齋教，又稱為持齋教（tsiah tshài kàu。齋教可分為先天派、龍華派和金幢派三派。據傳六祖慧能禪師至南方避難，躲藏在漁家四年，期間穿著民間服裝，一面行商，一面布教；後來又再次落髮，住於寶林寺，發揚禪風，成為南宗禪之祖師，受後人崇敬景仰。當時有杜懷讓、馬道一兩人，十分崇敬六祖「心印❶」的說法，而以俗人之身承繼六祖衣缽，成為第七代祖師。兩人大大發揚禪風，不分僧俗，不論士庶，宣傳其道，最後建立齋教，創先天教。

齋教是從臨濟宗變化而來的佛教宗派之一。相繼流傳至清朝，第十三代祖師徐吉南（道號返無）和楊守一（道號返虛）兩人在四川省建西華堂，宣傳吃齋之教義。早在第十五代祖師林全元的派下，黃昌成於咸豐十一年（一八六一）便渡海來到臺南，於石營埔築一草堂，稱為報恩堂，此即為先天派在臺灣的創始處。其徒弟鄭良謨承繼衣缽，聚集齋友的捐獻，於光緒十一年（一八八五）將草堂改為瓦築；明治三十二年（一八九九），移建於現址❷。

羅因（諱悟空），明代正統七年（一四四二）生於山東省萊州府即墨縣，二十八歲皈依臨濟宗，五十二歲成道，爾後以俗人姿態遍歷各州，教化國民，嘉靖六年（一五二七）圓寂於露靈山。至清朝雍正年間，第十代祖師陳普月在福建省福州府福寧縣觀音埔，蓋了新的齋堂，稱為一是堂，亦即南清一帶龍華派的大本營。嘉慶十四年（一八〇九），第十五代祖師盧普耀在福建省興化府仙遊縣開了漢陽堂；第十六代祖師盧普濤渡海來到臺南，傳教六年後返回興化，其弟子普爵首次在臺南創建德善堂之齋堂❸。

金幢派以明代王左塘（道號太虛，又號普明）為祖師，敬稱為王祖師或王老爺。嘉靖十七年（一五三八）十二月生於直隸省永平府石佛口，皈依齋教，三十九年（一五五九）至直隸省鎮定縣通州創設道場。

❶ 譯注：心印是相對於法印的概念，亦即人的本心、佛性，六祖慧能主張眾生皆具佛性，人人皆能成佛。

❷ 編注：報恩堂今仍存。石營埔之原址現為衛生福利部臺南醫院。

❸ 編注：一九一八年市區改正時因開闢道路拆除德善堂，原址約今公園路一百號。

萬曆二十六年（一五九八），神宗信仰齋教，於八十一處設立齋堂。王左塘的徒弟董應亮（道號起初為普光，後為往世）將齋教發揚光大。董應亮的徒弟王祖亮也承繼其業，被尊稱為老師。萬曆四十五年（一六一七），浙江省寧海的魚商蔡文舉皈依，捨棄漁業，成為齋公，於福建省興化府莆田縣開設樹德堂，並渡海來到臺灣，於臺南創立慎德堂❹，即為臺灣金幢派的教祖，尊稱為蔡阿公。

齋教為佛教的一派，大多混入了儒教思想。與其他僧侶相異，不出家，不披法服，不落髮，與一般俗世的眾人一同，在市井中操業營生，且以身為佛家弟子而正身言行，能守戒律。齋教之根本便是素食，不吃肉，故又稱持齋宗，世俗將齋教徒稱為食菜人（tsia̍h tshài lâng）。信徒互稱為齋友，若是齋教外的人士，則是將男信徒稱為齋公，女信徒稱為齋姑。

齋友在固定的齋期內會歇業，聚集於齋堂，共進午餐，稱為齋會。當有齋友逝世時，由各齋友進行讀經等儀式，不迎請僧人或道士。且

❹編注：於今公園路一百號。

齋友不會參與齋友以外的葬儀，嚴守五戒十善的教義，尤重殺生戒，保持素食，禁忌的食物為肉類、鴉片、韭菜、蔥、酒、菸草、檳榔等。此外，與一般市井小民相異之處主要在於不賭博、不使用爆竹、不燒金銀紙等。齋教的建築物稱為齋堂，其代表人物稱為堂主，又稱為齋主。教義及儀禮上，三派大同小異，先天派混合較多儒教思想，持戒嚴謹，充滿自力性思想，不會輕易允許齋友加入。龍華派則是最具有世間性色彩，持戒較寬鬆，也因此齋友數目最多。

金幢派的內涵擁有較多道教思想，為其特色。先天派嚴禁吃葷與娶妻；至於龍華、金幢派則是允許娶妻，並不強制茹素。

# 九四 吃人肉的漢民族

直至今日，似乎還是有不少日本內地人相信臺灣生蕃會吃人肉，這其實是天大的誤解。臺灣的生蕃雖然有些部族存在著獵人頭的風俗，但是絕對沒有吃人肉的習俗。有獵人頭的風俗是泰雅族、賽夏族、布農族、鄒族、排灣族。在阿美、雅美等七個部族中，鄒族——如同眾所周知的吳鳳傳說一般，早就已經廢除了這種風俗，阿美族到了今日也已經不再獵人頭。在高山蕃中，至今仍然有部族對獵人頭風俗有興趣，不得不說是盛世之下的一大恨事。生蕃會吃人肉這種話，不知道是誰說出來的話，這實在是太離譜的說法了。讓人想起南洋一帶某政治家的傳說，一開始有一半的因素是基於有趣，但後來就這樣被誤傳並且流傳開來，不是嗎？臺灣的生蕃不只不會吃人肉，聽說他們將狗視為家人一般的飼養，就連狗肉也不忍心吃。

如果說在臺灣有種族會吃人肉的話，那也不會是生蕃，而應該是臺灣民族，也就是漢民族。就算知道臺灣的生蕃不會吃人肉，也不能因此放下戒心，畢竟在臺灣還有比生蕃人數多出二十五倍的臺灣民族，也就是漢民族的存在，不是嗎？試想，會吃人類的種族人數，怎麼可能有這麼多呢？能這樣思考的話，應該就不會這麼驚慌失措了吧。就算說是漢民族，也不是說今天還是到處殺人吃人肉的狀態，只不過是說臺灣民族，也就是漢民族大概有吃人肉的可能，或是說有吃人肉的歷史罷了。漢民族吃人肉的風俗，是從古代的時候就開始，且一直延續到最近。今日在支那內地說不定還留存著這樣的風俗。

大正八年（一九一九）四月二十七日、二十八日，日本內地的報紙中寫道：「目前俄國的首都聖彼得堡缺乏糧食，官方發現支那人在市場上販賣人肉的事實，收押該名支那人，最後處以槍決」，此處說的地點是俄國，就算支那人再怎麼大膽，應該也不會特地到俄國去做這種事。應該是支那人曾在本國的某處見有利可圖，已經有過經驗，進而才把商業線延長到俄國去。如果我們觀察支那人其他眾多的行徑，應該很容易就可以贊同這樣的說法。臺灣在改隸當時，經常聽見臺灣民族貪吃人肉的事實，也曾經聽過某位日本內地人顫抖地敘述，過去差一點就被臺灣人欺騙，把人肉吃下肚的故事。臺灣人也有一種風俗，在殺死生蕃後，會把生蕃的肉分給同族的眾人吃食，表示吃了生蕃的肉，就不用害怕人頭會被生蕃獵去，就像是醫學上的免疫體質，煞有其事一般地口耳相傳著這種迷信。今日此種野蠻行徑當然是逃不過當局的法眼，不過在以前據說似乎是經常出現。這該說是代代流淌在血液當中的民族嗜好（？）偶爾會洶湧來襲的狀態嗎？看到此處，臺灣民族也就是漢民族會吃食人肉的可能，應該已經不需要再多作說明。

說到漢民族吃人肉的歷史，倘若瀏覽簡單的《十八史略》，大概可以在各處發現痕跡。假如涉獵眾多的史書記錄，應該可以找出多到令人煩擾的事例吧。在漢民族的用語中，有各式各樣殘忍的語詞，像是「大啖人肉也不滿足」等，這些並不是譬喻，而是實際的狀況。「衛靈公時。有夫人南子之亂。靈公子蒯聵欲殺南子。不果出奔。公卒。立蒯聵之子輒。蒯聵入。輒拒之。子路與其難。太子之臣以戈擊子路。斷纓。子路曰。君子死。冠不免。結纓而死。衛人醢子路。孔子聞之。命覆之。」孔子門下弟子——子路，因衛夫人南子之亂而戰死，孔子聽聞衛人將子路的屍體剁成肉醬，而要人丟棄自家的肉醬。一般而言，會將丟棄肉醬的舉措視為是來自於孔子的聯想作用，但是真的是如此單純的解釋嗎？不禁讓人心生疑問。當然不是說孔子吃了人肉，難道不是因為在孔子的時代，支那就已經有將人肉作為肉醬的風俗，所以才讓孔子連自家豬肉的肉醬也不忍心吃，而要人丟棄嗎？

另外，在《左傳》宣公十五年的條目中：「華元曰。敝邑易子而食。析骸以爨。」哀公八年的條目中：「景伯曰。楚人圍宋。易子而食。析骸而爨。猶無城下之盟。」等，記錄著驚人的事實。

殷紂王將上諫的翼侯烤熟，鬼侯作成肉乾，梅伯剁成肉醬。諸如此類的做法，如果不是為了吃食人肉的調理，又是為何呢？春秋時代的齊桓公，其臣子易牙烹調了自己兒子的肉，讓齊桓公大快朵頤。晉文公在流浪天下之際，因苦無食糧，隨臣介子推割下自己的大腿肉以供吃食，晉文公也是稀鬆平常的吃下肚。接著到南北朝時代，梁的叛臣侯景被誅殺之後，依例將侯景的肉分發給眾人，聽聞這項消息的公主（〔即日本的〕內親王），即便身為女性，也公然請求要分肉。隋末的盜賊朱粲表示人肉是最為美味的食物，所到之處，便掠奪婦女兒童作為軍兵之糧食。唐末寇賊黃巢的軍隊也是同樣的狀況。五代初期，揚州地方因為連年動亂而缺乏糧食，對人肉的需求高漲，在貧民之間，丈夫賣妻肉、父親賣子肉給肉店，肉店的老闆就在他們面前料理人肉，就像是羊肉和豬肉一般，在店前販賣人肉。南宋初期因金人入寇，支那北部一帶穀價暴漲，不管是百姓、兵士還是盜賊，人人皆食用人肉。當時甚至將人類稱為兩腳羊，實在是讓人驚訝不已。明末因流寇李自成長時間的圍攻，糧食耗盡的開封城民父吃子、夫吃妻、兄吃弟。再寫下去也沒完沒了，就此打住。以上皆是記載在支那正史和其他書中的事實。

# 九五

# 臺灣民族的財物觀

筆者曾經到大稻埕的某茶行去拿取預訂好的支那製茶具，恰巧老闆不在，就聽從正在看店的老闆娘吩咐，暫時在店中等待。聽說此茶行的老闆是泉州籍的支那人，老闆娘是臺灣籍的婦人。就在那個時候，有一對看起來像是從臺北附近鄉下地方前來的年輕夫婦，前來店內買茶。看來像是二十五、六歲的樸實丈夫向茶行老闆娘指著要看那一個、這一種，讓老闆娘拿出許多種茶葉，時而搓著茶葉觀看，時而湊上鼻子細聞，就像是要買入大量茶葉一般的模樣，而且還看不出這場商談究竟何時會結束。讓人佩服的是，這間茶行的老闆娘和臺北一帶的日本內地商人不同，始終笑臉迎人，看不出一絲絲不耐煩的模樣，面對眼前鄉下人的要求，還是細心誠懇地應對。大約過了一個小時，商談才似乎開始有了樣子——只有要買一斤七十錢的臺灣茶。總算到了要交付金錢的時候，客人取出鎳製的十錢貨幣二枚，還有一包銅製一錢貨幣五十枚，是用報紙胡亂包起的模樣，看起來不像是從銀行拿出來的。老闆娘打算將錢幣放進金櫃，似乎在想著什麼，問了是否有五十錢，客人應聲回答有。老闆娘再度確認，又問了一次是否確定有五十錢，客人確切地回答有。老闆娘想了一下，在客人面前拆開包裝，一枚一枚確認，結果少了兩錢。老闆娘用平穩的態度表示少了兩錢，客人完全沒有不好意思的模樣，若無其事地表示：「是嗎」，接著再拿出兩錢。就這樣，事情很簡單就解決了。這要是發生在日本內地人之間，會如何呢？只有兩錢的出入，雖然並不會因此導致對客人的不信任，但是付錢的客人必定會說明那一包五十錢的出處，並且不斷地為自己的疏忽道歉，羞愧地面紅耳赤，想找個地洞鑽進去吧。

過去在臺北某中等學校的宿舍內，曾經發生竊盜事件，竊盜者和被害人皆是臺灣人。暑假結束之際，先回到宿舍的學生發現室友抽屜裡有郵局的存簿，便偷用其他學生的印章盜領存簿內的金錢花用。後來回到宿舍的被害人發現，隨即向學校當局舉報。校方先詢問郵局，根據提款票上的印章進行調查，發現印章上姓名的這位學生和被害人是同時回到宿舍，證明在盜領事件當天，這名學生並不在臺北，他的印章被人盜用，因而排除了他的嫌疑。至此，嫌疑就落到了最先回到宿舍，而且連續兩天都單獨一人待在宿舍房間內的學生身上。學校針對這名學生進行了各式調查，但是對方始終表示自己是清白的。不過有消息傳來，這名學生在公學校時代也被懷疑過有金錢上的問題。儘管如此，學校當局沒有警察權，無法再展開進一步行動。因此轉向筆跡調查，與郵局方面交涉，借來提款票，要求全體住宿生仿效提款票的樣式書寫文字。各張仿效提款票的文字筆跡都展現出學生的個性，唯獨嫌疑者的文字，很明顯地是想隱藏筆跡特色而施展了小技巧，但是也不能因此認定嫌疑者就是犯人。在不得已的狀況下，只好針對作文和考試的答案紙，開始進行綿密的筆跡調查，其中確實找到了和提款票筆跡相同的答案紙，查看姓名，的確就是最有嫌疑的那名學生。將證據攞到學生面前，對方才開始坦白。但是他所說出的話卻出乎人意料。他表示盜領並把錢花掉的是自己無誤，但是只要把錢還回去不就好了嗎？也就是說，他似乎絲毫不認為自己在道德上和法律上犯了不可容許的錯誤。

花費許多功夫找到不容抵賴的證據，明明白白地被攞在眼前之後，居然還可以若無其事地說出：「只要把錢還回去不就好了嗎？」這就是臺灣民族常做的事。這位學生最後當然被學校退學，他的父親從鄉里來到學校，問了一個奇怪的問題：「全校學生都知道這件事了嗎？」校方回答，因為不忍心毀壞大好青年的前途，所有的調查和結果都沒有公開，除了二、三位當事者之外，其他學生並不知道。父親回答：「太好了！希望學校讓他回去上課。既然沒有其他人知道的話，不就正好嗎！請學校務必讓他回去上課。」實在是令人張口結舌，不敢置信。

在臺灣民族之間有「拾柴仔（khioh tshâ á）」的風俗，就是讓小孩撿拾燃料。每天早餐前讓孩子們手提籃子，出去撿拾木塊或竹片。鄉下的村落裡會有木塊或竹片掉落在地上，但是在都會的土地上，當然不會有掉落的木塊或竹片，拾柴仔就會偷偷地從這裡的竹圍拔一支、那裡的木柵欄拿一塊。如果是閒置一、兩個月的空屋，那麼周圍的圍欄經常很快就會被拔個精光，呈現出赤裸裸毫無圍欄的空屋奇觀。聽說如果撿來的東西太少會受到嚴厲的懲罰，嚴重地甚至還不讓小孩吃早餐，這樣的狀況並不少見。拾柴仔作為副業，不管眼睛看見什麼，手邊摸到什麼，都會巧妙地拿走。像是公共廁所洗手臺水龍頭上的金屬物會忽然消失不見，也是拾柴仔幹的好事。臺灣民族就是在如此未經他人同意便順手拿取財物的風俗習慣之下，長大成人。

每年正月在日本內地人家家戶戶的門口，會掛上新年稻草繩的裝飾作為祝賀。新年稻草繩裝飾會附上虎皮楠、羊齒草和橙❶，但是到了正月三日、四日過後，稻草繩上的橙便不知不覺地消失了。起初還以為是附近頑皮孩童的惡作劇，但後來發現，這正是一部分的臺灣人按照慣例（？）在未經許可的狀況下便拿走的行為。用竹籤去拿取那些穩固附在新年稻草繩裝飾上的橙，實在是非常可笑愚蠢的事情，而這種事情居然是毋庸置疑的事實，也是讓人甚感遺憾。

接著，到了正月五日、六日過後，立在家門前的門松，不知為何會被推倒在地，隔天那些拾柴仔就會按照慣例，在未經許可的狀況下前去撿拾。如此一來，前一天推倒門松的犯人究竟是誰，應該不難想像吧。諸如此類的事情，似乎是不能簡單地斷定，認為是只有沒有智識的臺灣人才會作出的事情。

約在三、四年前的臺北大稻埕，一夜之間整條街的門松都消失了蹤跡。臺北北警察署私下展開調查，掌握了確切證據，將多位臺灣少年列為拔取門松的嫌疑者，將之一網打盡，拘留署內。此時喧囂嘈

❶譯注：虎皮楠象徵家族傳承，子孫繁榮；羊齒草象徵清廉潔白；橙象徵代代繁榮。

橫濱的新年致意，一九〇五。可見門松和稻草繩。（LOC）

雜、議論紛紛的就是由臺灣人之手所辦的《臺灣民報》。他們議論的焦點，就算不是要感嘆臺灣少年的胡作非為，或是歌頌警察當局的英勇決斷，也應該是要感謝臺灣文化的進步，沒想到他們氣憤填膺議論的居然是——就因為竊取了門松，居然就拘留了多位臺灣少年，這是多麼不恰當的做法，甚至可以說是蠻橫暴行等。實在是令人大吃一驚。《臺灣民報》的相關人士們究竟是有智有識還是無智無識，雖然是沒有必要說得太明白，但是既然連雜誌都發行了，還是有提出來的必要。不將竊取他人所擁有的財物行為視為惡行，反而去譴責將這類行為視為惡行的人，這類的口吻，其實也呈現出一種有趣的民族性格。

臺灣民族就是這樣從祖先開始代代培養出來上述的財物觀念，在如此的環境下成長，從少年、青年到壯年。臺灣少年、臺灣青年並沒有意識到上述的行為是多麼惡劣的行徑，就像是父親在父親的時代、祖父在祖父的時代所做的事情一樣，到了當代，當然也只是如法炮製。而為這類行為辯護的人，也是出自於同樣的思想。即便站在文明人的角度來看，這實在是令人髮指的行為，但是看在臺灣民族的眼中，卻完全沒有意識到是件壞事，認為竊盜是家常便飯，只不過是無意識地發揮祖先所流傳下來的民族精神罷了，那還真是不得不讓人傷感啊。當局者也沒辦法單方面的促使他們去憎恨犯罪行為，不是嗎？

# 九六

# 臺灣的上九流與下九流

支那是由多元的種族，混雜地由四面八方聚集在一起而形成的國家。從建國的性質來說，支那在國民之中並沒有存在任何階級。自古以來，支那的支配權都是擁有強大種族背景的強勢者，有些是被推舉，有些是自立為帝，而成為王者或霸者。在支那要維持支配的權力，並不是仰賴國家成立時所伴隨的約定，或是任何身份、家族地位的條件，需要的是強大的種族勢力。這一點在支那的例子上特別顯著。從這一點來看，支那可以說是世界歷史上罕見的平等自由國家。自古以來，在支那非常容易發生支配權力維持者的爭霸戰，從未間斷，至今亦是如此。在更久遠的時代，帝堯對帝舜、帝舜對帝禹之間雖然採取禪讓的方式，沒有血流成河的慘況，表面上是圓滿地交付了支配權，但這應該也只是種族勢力消長造成的結果。至於桀王對湯王、紂王對武王，就沒有那麼簡單了，是用所謂的「放伐[1]」

方式，場面十分淒慘。種族勢力的消長，終究也走向了複雜的結果。如此立國的支那，在國情的性質上，透過嘗試碰碰運氣、孤注一擲的行動，企圖奪取天下的人們，在各個時代屢屢出現的狀況，應該任誰也是束手無策吧。

漢民族生性愛好賭博，並且嘗試將這種癖好延伸到各個層面，不單純侷限在財物方面，有人會在帝業、王業或是霸業上毫無畏懼地大賭一場。試圖在商業、工業上賭博的人，也是同樣的心態。在漢民族的認知中，不管是帝王業或是商工業，似乎沒有太大的差別。生於春秋時代的孔子，相當在意「王」與「霸」之間的區別，並且謳歌王政。不過生於戰國時代，祖述孔子的孟子則是大談「舜何人也。我何人也」。到了生於秦末的陳勝則是表示「王侯將相寧有種乎」。這些想法應該可以視為是來自時代的推移。孟子的認知與陳勝的想法當然是大相徑庭，但是在說服、慫恿民眾的程度上，應該沒有太大差別。不過漢民族並沒有從教訓中學習，依舊在各個時代放肆地豪賭，雖然大

❶譯注：所謂「放伐」，原出自於《孟子．梁惠王》：「湯放桀，武王伐紂」，後人述及這段歷史時，用「湯武放伐」來表示，意指用流放、討伐的武力行動驅逐暴君。

多以失敗告終，不過也有人大獲全勝，建立新朝代，傳予子孫數代。雖說還是有長期守成的例子，但是從唐宋之間短短的五十三年中，出現了所謂的五代，也就是頻繁地改朝換代了五次：後梁維持了兩個世代十六年，後唐為三個世代十三年，後晉為兩個世代十一年，後漢為兩個世代四年，後周為兩個世代九年。這也可以視為種族勢力極端消長的結果吧。

地大物博的支那，即便同樣是豪賭一場，也有人不使用上述血流成河的方法，採取完全不同的手法取得勝利，那就是戰國時代末期的大商人——陽翟的呂不韋。名留千古的大策士呂不韋，偷偷讓生於盛產美人的邯鄲的美姬懷胎後，若無其事地獻給秦孝文王的庶子楚。男嬰足月誕生，楚大喜，命名為政。這實在是可喜可賀的事情。實際上仔細追查的話，政為呂不韋子嗣之事，應該是毋庸贅言。過去秦昭襄王逝世後，由其子孝文王繼位，不過孝文王三天後就逝世，便由楚繼承孝文王，為莊襄王；但莊襄王上任四年後逝世，當時政十三歲，依照慣例繼位，也就是秦代的始皇帝。呂不韋便是用這種方式，按照計畫從內部進行奪取天下的大賭局。在檯面上，呂不韋成為秦國相國，受封為文信侯。呂不韋自傲的《呂氏春秋》二十六卷成書之時，正是他的風光時代。得意洋洋的呂不韋在莊襄王逝世後，私下與邯鄲美姬舊情復燃，表面上卻還是裝得若無其事。

這項事實就明明白白地記錄在支那的正史之中。看了這個，又有誰敢說漢民族在後世絕對沒有人會去學習呂不韋的大賭局呢？支那自古以來，在國情上就是如此的鬆散。同為東洋勝國的印度，原住民達羅毗荼人和入侵的雅利安人在勢力上差距懸殊，而不得不創造出社會上的四個階級，且是牢不可破的階級制度。不過支那的種族極為繁多，且在各種族的勢力之間並沒有特別懸殊的差距，在國民之間似乎沒有出現類似階級的社會制度。儘管如此，不得不說長期以來在部分的漢民族之間，不知道從什麼時候開始產生了類似階級的制度，實在是很有趣的現象。存在於臺灣民族之間的上九流、下九流就是一個例子。

所謂的上九流為：一、師爺（su iâ）；二、醫生（i sing）；三、畫工（uē kang）；四、地理師（tē lí su）；五、卜卦（pok kuà）；六、相命（siòng miā）；七、和尚（huê siūnn）；八、道士（tō sū）；九、琴師（khîm su）。師爺相當於地方官的顧問；醫生、畫工則是如文字所示；地理師又稱為堪輿先生，專看土地風水；卜卦又稱為卜士先生，占卜者又稱為易者；相命則是看人面相；和尚為佛教的僧侶；道士為道教的司公；琴師指的是彈奏琴等樂器的高級樂師。雖然不知道這些人屬於上九流的標準究竟是從何而來，但是實際上在今日，和尚和道士並未受到上九流等級的待遇。

下九流為：一、娼女（tshang lú）；二、優（iu）；三、巫者（bû tsiá）；四、樂人（ga̍k jîn）；五、牽豬哥（khan ti ko）；六、剃頭人（thì thâu lâng）；七、僕婢（po̍k pī）；八、抓龍（lia̍h lîng）；九、土工（thóo kang）。娼女就是藝妲（gē tuànn）或是趁食媸媒（tsuán tsia̍h tsa bóo）等；優就是戲子；巫者就是童乩等類；樂人像是鼓吹（kóo tshue），為職業樂師，會在婚冠喪葬等時候聘請，或是作為正月時期的吹春仔（pûn tshun á）；牽豬哥是牽著種豬四處配種的人；剃頭人便是理髮院的理髮師；僕婢如同文字所示；抓龍為按摩之意；土工為掘墓人。這些屬於下九流職業的人們，普遍被視為賤民，一般人通常會避免與下九流結婚。在像是漢民族如此鬆懈怠慢的社會中，不禁讓人覺得這真是個奇怪的現象。這種現象會在漢民族社會中形成，雖有許多不自然之處，不過一般來說，猜忌、嫉妒、憎惡排擠的性情十分強烈，也因為乖僻執著，社會上盛行著睚眥必報的風潮。

光是在臺灣民族之間存在著上九流與下九流隔閡之事，就已經是十分奇特的現象了，甚至還有人不惜濫用這種隔閡來陷害他人，實在是太過分了。筆者聽過實際發生過的例子，雖不是什麼值得介紹的內容，但是在論述民族性格時卻有必要拿出來談論。在臺灣評定藝妲之際，通常會使用容貌、唱曲和獻酬這三個標準。藝妲的本業是周旋於宴席之上，要求容貌端麗以及唱曲技巧是理所當然的條件。但是獻酬成為評定藝妲的重要資格之一，實在是讓人難以苟同。在臺灣的藝妲界中，就算是容貌稱不上一流，唱曲技巧有些許被誇張的程度，只要善於獻酬，反而會被視為是一流的藝妲。要善於獻酬，藝妲本身的酒量必

臺灣的藝妓，一九〇七—一八。（Michael Lewis Taiwan Postcard Collection, LDR）

定要非常好。因此臺灣一流的藝妲，通常是酒國女英豪，在這些酒國女英豪「乾杯！乾杯！」的攻勢下，酒量一般的客人當然不是她們的對手。就算是臺灣的藝妲，一流的從業人當然也有相當高的自尊心。那些輕浮的毛頭小子，就算砸下重金，也沒辦法輕易讓藝妲以身相許。臺灣民族中這些總是怠惰於檢查腦袋的輕浮人士，經常忽視自己惡劣的行徑，並拿出固有的民族性格，對那些甩了自己的藝妲採取極為殘忍的手段，進行報復。最常使用的手段，是去找下九流中處於下層階級的剃頭人商量，首先給予資金整頓外表，要剃頭人打扮的像位紳士，不管是誰看見都不會認為他是剃頭人；其次再支付大筆的遊樂費用，讓剃頭人去接近那位自己恨之入骨的藝妲，使出所有卑劣的手段，想方設法，獻盡殷勤，等到事情順利地如計畫進行，最後再給予致命的一擊，暴露藝妲的情人恩客其實是位剃頭人，並廣為宣傳，讓藝妲沒有顏面繼續在當地工作，可說是最為痛快的復仇。

從這個例子可以得知，臺灣的下九流階層，實在是處於非常悲慘的境遇。應該也能從中得知，即便同樣在下九流之中，也還是存在上下等級的差別。十分鬆懈怠慢的臺灣民族之間也存在如此的現象，不就正好可以讓我們看見有趣的民族性格嗎？

# 九七

# 臺灣民族的投書癖

說到臺灣民族的投書癖，不是什麼值得拿出來說嘴的事情。從有著強烈的種族意識、善於衡量利害關係的民族這一點來看，當然會說這並不是什麼不可思議的事情。臺灣民族似乎無法平心靜氣，悠然自適享受太平的日子。從很早的時期開始，自相殘殺、人人相互吃食、慘無天日的分類械鬥可說是長年來不斷反覆發生，起因究竟是什麼呢？是對原住民生蕃的分類械鬥嗎？絕非如此。臺灣民族面對生蕃，是用盡狡詐智謀，早上掠來一社，晚上又奪取一社，將生蕃驅趕至山地，而在臺灣民族社會成型之後，才在同志之間反覆發起分類械鬥。並且不單只是福建族對抗廣東族、省對省的分類械鬥；還有福建族對內與福建族同志、廣東族對內與廣東族同志、甚至是府對府、州對州、縣對縣、姓對姓的分類械鬥，可說是慘絕人寰、無所不用其極。若是晚了十幾年後才改隸納入日本版圖，呈現在我們眼前的會是多麼淒慘的社會狀況呢？三十年後的今日，光是想像就讓人不禁寒毛直豎。

世界殖民地實際政治家什麼的稱號這些人，對於臺灣的殖民政策，當然也有一些惡人去慫恿統治階級；而在大學那些又飢餓又膽小、極為輕浮卻負責擔任殖民講座的人當中，也有人對於臺灣內在共通性質與外在具體狀況一概不知，光是單純憑藉著翻譯，來到了臺灣，就像是泥鰍總是會在柳樹下一般地自然❶，持續對著被統治階級說著那些空洞、令人不愉快的場面話❷。為臺灣帶來禍害的，實際上就是上述這兩類人。過去在德川時代，原的白隱禪師曾巡迴各地講演，聽隻手之聲而悟道❸。有次一位商人開玩笑表示：「與其去聽白隱隻手之聲不如拍擊兩手談生意」。白隱聽聞後隨即表示：「如果拍擊兩手就能談好生意，那當然沒有必要去聽隻手之聲」，可說是堂堂正正的回擊。但是主張翻譯的殖民學者就無法如此順利地走下臺階。那些大

❶ 譯注：日文俗諺是「柳の下にいつも泥鰌はいない（柳樹下不會總是有泥鰍）」意思是光是在柳樹下順利抓到泥鰍一次，往後也不一定都會如此順利。此處只是借用俗諺中泥鰍容易聚集在柳樹下的意思來比喻。

❷ 編注：可能暗指矢內原忠雄（一八九三—一九六一）。矢內原接續其恩師新渡戶稻造擔任東京帝大殖民政策講座教授，也延續了對殖民政府多有批判的傳統。矢內原於一九二七年訪臺，期間接到總督府部長級的官員投遞文書：「矢內原！你快滾回日本，臺灣就交給苦心為祖國賣命的我們來管理，不要多管閒事，快點滾回去吧！」（矢內原伊作，《矢內原忠

學的殖民學者的模樣，看起來就像是——即便是豔陽高照，一滴雨也沒有落下，卻還是小心翼翼地撐著雨傘；就算是寒風刺骨的冷冽，也是將外套折疊好夾在腋下。將願意自省、富含教養的民族與性格上和野獸相去不遠的民族等同視之，就像是把糞便和味噌混在一起，說出這種空泛、帶有惡意的話語，企圖滿足某些人的優越感，這些人不會去反省自己和他人的謬誤，無論是殖民地的歷史還是民族性格，一概不去研究，只是單純藉由翻譯這種方式，忝不知恥並光明正大地說出這些話。被這些人所誤導，最後並不會像是泥鰍被抓光一般簡單的後果，至今臺灣還有不少陷於淒慘困境的集團存在於各處。

三十位臺灣醫師收買經常通航支那的船醫，走私新砷凡納明[4]，也就是所謂的六〇六號，為期整整三年，獲取不當暴利。這項消息被暴露之後，受到社會的譴責，成為恥笑之標的，而這三十人全都是臺灣民眾黨的黨員。在中南部地方，一群年輕男女預謀誘拐地方良家少女，要一名男性將之帶到對岸，沒想到被國家法律撞個正著，此時抱

雄傳》，李明峻譯，行人：二〇一一，頁四二四）返日後矢內原著成《帝國主義下的臺灣》，被臺灣總督府禁止在島內販售。

❸ 編注：白隱慧鶴（一六八六－一七六九），來自「原」此地，現今的靜岡縣沼津市原。臨濟宗禪師，以「隻手之聲」的公案聞名，即詢問修行者兩掌拍擊有聲音，請給我一掌的聲音。

❹ 譯注：新砷凡納明：Neosalvarsan，為當時治療梅毒的注射藥劑。

怨法治國家不便性的就是那些臺灣文化協會的男女會員。把旅館的獨生女騙出來，說要築愛巢、堆肥舍什麼的，當少女說出「不是同姓不娶嗎？」這種老古板的話，男性就回答：「我討厭儒教，『唯女子與小人為難養也』」，少女表示：「哎啊，孔子真是失禮的人」等等，拒絕男性的索吻。先不管這些事情，每當組合的成員通信之時，並不是討論努力工作維持生計的事情，而是悲嘆著想要食材、想要紙張等等，這就是臺灣農民組合的傢伙。

上述內容沒有特別顧慮，也沒有特別誇大，只不過是根據事實的一部分如實地寫下來。其中或許會有人帶著同情的眼光，認為那可能是隱藏在多數之中的少數人，企圖做一些違反常規的事情。不過如果這就是民眾黨，就是文化協會，就是農民組合的整體狀況，實在是讓人生厭。上述內容中的角色，全都讓人感覺像是各團體的幹部等級或是首腦人物。

臺灣民族究竟在種族上占有何種地位，在此先撇開不談，說到這個種族的投書癖究竟到達何種程度，在《臺灣日日新報》漢文版中的「是是非非」欄，相信已經明顯地展現出來，在此就將所有的辯證讓給「是是非非」欄去說明，不再贅述。不過筆者曾經入手了珍貴的臺灣民族投書，內容足以讓人看見十分有趣的民族性格，雖然有些冗長，但還是決定將之介紹出來如下。

今日的〇〇州〇〇郡〇〇庄土地名稱〇〇三號戶主呂王與次男、三男和四男，經常對〇〇感到不滿。這是千真萬確的事情。大正五年〔一九一六〕中，呂王與呂清風相互認同為同姓親戚，始終有所往來，秘密策劃打算要攻擊〇〇。這也是千真萬確的事情。官方得知後，呂清風接受官方調查，被判死刑。因此，呂王、呂萬歷、呂振上、呂川盛常常對〇〇感到不滿。呂王經常練習使用符咒，十分危險，還會用來做壞事，使用符咒害了許多人。呂萬歷、呂振上、呂川盛每日吃完飯後常常會聚在一起，夜間練習武功，家中放置齊眉棍[5]、鐵尺[6]等琳琅滿目的武器，勤奮練功。這真的是非常糟糕的事情。他們打算欺騙世人，這是千真萬確的事情。呂王經常在練習使用符咒，也會練習調製丹藥。儘管他被打得半身疼痛不已，只要趕緊喝下調製的丹藥，過了半分鐘之後便平復如舊。這是千真萬確的事情。早在過去，在

[5] 譯注：齊眉棍，中國武術中使用的長棍，直立高度齊眉，故稱齊眉棍。

[6] 譯注：鐵尺，又名筆架叉、釵，為冷兵器之一種。

○○還沒來到臺灣的時候，呂王本來就是個惡人。這是千真萬確的事情。他經常到各處去詐騙眾人、奪取眾人的錢財等。○○在明治三十一年（一八九八）中從臺灣登陸後遇見呂王，呂王見狀心生恐懼，漸漸不敢再去奪取眾人的錢財。到了大正五年中，呂清風與呂王相互認同對方為同姓之族親，呂王和呂清風從很早的時候就開始來往，之後經常使用符咒、練習調製丹藥，都是十分危險的事情。呂王父子勤勉地練習各式各樣的把戲，想要欺瞞世人。大正十二年（一九二三）中，女兒呂氏所騙取他人錢財。一家大小都是高明的騙徒。呂氏所試圖和許多人結婚。這是千真萬確的事情。經常從他人身上騙取錢財，接著又去騙其他人。呂王有時反覆無常，使用惡計，並且強迫女兒，讓女兒也變得反覆無常，試圖讓他從其他人身上繼續騙取錢財。這是千真萬確的事情。假如呂氏所不願意做出反覆無常的事情，呂王有時會把符咒放在呂氏所身上，讓他做出反覆無常的行為。這是千真萬確的事情。家人使用惡計，如同前述一般，呂氏所背叛天理，欺騙世人。這是千真萬確的事情。今日呂王一家，有許多武器，糧食也十分充足。即便他們擁有充足的武器與糧食，卻還是詐取眾人錢財；但是眾人當中，卻沒有人可以辯贏他們一家人。眾人都不是他們的對手。這是千真萬確的事情。現在改變了做法，讓呂氏所騙取他人錢財，作為花費。這是千真萬確的事情。呂王每天吃完飯後，常常使用符咒、練習調製丹藥；另外，呂萬歷、呂振上、呂川盛在吃完飯後，經常聚在一起，夜間練武，準備謀反。這是千真萬確的事情。通知官方，最好趕緊前往三號呂王家中搜索符咒和調製丹藥的帳簿。要仔細搜索，不要放過任何一個處所，調查線索。這是千真萬確的事情。倘若沒有趕緊調查出他們的罪狀，讓呂王一家私底下擬定計畫、通風報信，等到法術完備之時，官府應該會受到十足的妨害。這是千真萬確的事情。我覺得現在呂王就打算籌劃秘密計謀。呂萬歷兄弟四人經常召集同夥，打算改變方式練武、互通往來、實施秘密計謀，並於後日謀反。這是千真萬確的事情。這時候由呂氏所去誘惑眾人、騙取他人錢財支付一家的開銷。這是千真萬確的事情。

第二件事。〇〇大人前往呂王家中搜索，千萬不能讓在〇〇郡工作的刑事巡查得知機密。這是千真萬確的事情。我所報告的各個事項，都是千真萬確的事情。而且也進行通報，期望官方能夠知情。召喚呂王父子到公家機關來，調查他們的罪行時，就算有其他人請求保釋呂王父子，也不能夠赦免他。會做出這種事情的人，在道理上應該是與呂王父子同罪。這是千真萬確的事情。出現他人請求呂王父子的保釋，那全是經過通風報信、密謀詭計，準備後日謀反，打擊〇〇。最好趕緊調查罪行。如果趕緊行動也來不及的話，等到呂王的通信往來已經發展完備之後，那位〇〇官員想要做好工作，也是很困難的事情。這是千真萬確的事情。現在呂王每天吃完飯後便會與嘉禮社的蕃丁往來、通信，籌劃萬惡的計謀。這是千真萬確的事情。呂萬歷、呂振上和呂川盛每天吃完飯後，不會去做別的事情，一定會召集同夥，於夜間練武。這是千真萬確的事情。呂王本身也在練習使用符咒、調製丹藥，非常危險。這是千真萬確的事情。如今改變做法，讓女兒呂氏所去詐騙他人錢財，充當一家的開銷。這是千真萬確的事情。呂氏所經常是用說謊表示想要跟對方結婚的方式，騙取對方錢財。有些時候呂氏所反覆無常，不願意去騙婚，呂王便會拿出符咒，放在呂氏所身上，讓女兒呂氏所待在家中，騙取他人錢財，充當家中開支費用。這是千真萬確的事情。如今呂萬歷兄弟，召集平時往來的同夥，家中每天都有惡人出入，未有間斷，夜間練武。這是千真萬確的事情。官員應該急速前往呂王家中搜索各項物品，秘密偵查，千萬不可耽誤延遲。這是千真萬確的事情。派遣人員去調查的時候，不能讓在〇〇郡工作的巡查得知消息。這是千真萬確的事情。在呂王居住的三號山湖處，到大正十三年（一九二四）農曆的十月中，呂王經常與外界往來、密謀詭計；呂萬歷、呂振上與呂川盛改變方法，召集同夥，與惡黨往來，每日皆不間斷。這是千真萬確的事情。報告的各項內容都是千真萬確的事情。這是十萬火急，不可拖延的事情。這些也都是千真萬確的事情。另外，最近郡上〇〇街的陳武連與呂萬歷結拜為兄弟，二人總是召集同夥練武，並且與嘉禮社的蕃丁往來，企圖謀反〇〇。這是千真萬確的事情。先前晚上，萬歷與武連出門，透過嘉禮社的蕃丁買了兩把軍槍，一人帶著一把回到家中。呂王拿到槍後將之埋在地下，經常拿出來保養、塗油。這是千真萬確的事情。陳武連原本就是個流氓（lôo muâ），現在和呂王父子來往、共謀詭計，呂王為軍師，陳武連為元帥，呂萬歷為鎮殿將軍，圖謀不軌，打算日後反叛，攻擊〇〇的公務人員。這是千真萬確的事情。接著，這時候陳武連在〇〇街成為刑事勤務巡查的部下。每天吃完飯後沒事做，經常與呂王來往，策謀詭計，並且經常與呂萬歷召集同夥，夜間在呂王家中練武，積極練習，想要襲擊〇〇大人。這是千真萬確的事情。呂王全家與陳武連，膽大包天，打算私底下反叛〇〇，應當調查罪行，處以死刑。千萬不能赦免他們的罪行。這是千真萬確的事情。

以上為投書的內容，寫得都是無法用常識想像出來的事情。這應該是用來陷害他人的文書。根據臺灣人某氏所說的話，文中使用了許多泉州語，或許是出自泉州人之手。換句話說，這封投書展現出了同種相殘、同族相食的民族性，實在是讓人瞠目結舌。

# 九八

# 婚姻及其種種

婚姻很容易陷入迷信，臺灣民族也不例外，似乎有不少迷信的狀況，要一一寫出來並非易事，也會讓人不耐煩，就拿最近剛傳進筆者耳裡的二、三件事，趁著還沒孳生黴菌，不過也差不多要長出黴菌了，記錄下來填充一下篇幅吧。首先，要結婚的時候，需要仰賴稱為「媒婆（muê lâng pô）」的婦人。媒婆因為生意上的需要，口袋中總有一些名單，從其中挑選不多不少、條件合適的男女，擔任媒妁事務的仲介，周旋奔走，協調萬事。雙方私下調查後，如果贊同這門婚事，便會選定表面上的媒妁人，透過這類人士往來雙方家庭，協調聘金金額、嫁妝品項、婚娶的日期等事宜。當婚娶事宜進入準備時期之後，光憑一般人無法決定所有日程，雙方家長必定會委託易者來選日子。臺灣到處都有〇〇擇日館，就是以這種客人為對象，光明正大地掛上招牌，等待那些外行人上門，不少擇日館的易者還可以納一、二位小妾，安穩度日。在臺北附近二里遠的地方，陳家與李家聯姻之際，筆者曾經接受招待，出席參加。雖然認為時間還早，但還是在表定的時間出門，抵達現場時似乎還沒有其他賓客到場。看起來像是新郎父親的陳老人，搓著雙手很不好意思地向筆者說，請你坐上這座轎子，去迎接小犬的新娘過來。突如其來的重大任務，雖然讓筆者嚇了一跳，但是都到了這個時候，也沒有時間好猶豫，便爽快地接下任務，千辛萬苦地去迎接新娘。看起來像是新郎晚輩親戚的少年二、三人，高舉著吊有臺灣式燈籠的竿子，一同前往迎接新娘。筆者隨意地抬頭望向燈籠，看見上頭鮮明地寫著「陳寔何十何世冑孫」。抵達新娘家後，所有東西都是依照慣例，在轎子的前後用紅色金巾裝飾，後方備有新娘篩——用紅墨畫上易經八卦的米篩，引導讓新娘坐進迎娶的轎子內，以鼓、鉦和嗩吶奏樂送轎，嫁往新郎家。新娘晚輩親戚少年二、三人也舉著燈籠前來送行，燈籠上寫的是「李密何十何世苗裔」。在支那歷史中找到與自己姓氏相同的偉人豪傑，就自作主張地說是其何十何世的子孫，洋洋自得。陳家搬出漢代梁上君子故事中著名的陳寔作為祖先，對此，李家則是抬出晉朝以陳情表著名的李密作為祖先。

從那個時候開始，筆者就對臺灣民族的婚姻抱持著極大的興趣，每當遇見婚禮的隊伍，第一個動作總是會抬頭看那些燈籠，不過卻從來沒有看過寫著「王莽何十何世胄裔」、「董卓何十何世苗孫」的燈籠。在臺灣一定有王姓和董姓之族，即便只是暫時借用的祖先，他們也會避開叛臣和逆臣，這一點實在是很有趣。就像是會想要成為楠木正成的子孫，卻不想成為足利尊氏的子孫一樣[1]，不管到了哪個地方，人性也不會改變。然而，就在這樁婚事迎娶之際，發生了一件意想不到的怪事。千辛萬苦迎娶來的新嫁娘坐在轎子內，就這樣被放置在庭院的正中央，經過了一、二個小時也沒有人打算去把新嫁娘接出來，甚至連前去詢問的人都沒有出現。這實在是太不可思議了，一問之下才知道，原來是因為迎娶和入門的時間發生了誤差，這才讓筆者放下心來。如此的狀況並不多見。如果是常態的話，那麼新嫁娘未免也太可憐了。總算等到易者算卜的時刻，新郎盛裝出現，快步走向新娘乘坐的轎子，並突然舉起手來拍打轎頂。徒手拍打會痛，通常是用扇子

[1] 譯注：楠木正成（一二九四？—一三三六）一生效忠後醍醐天皇，後世視為忠臣和軍人的典範。足利尊氏（一三〇五—五八）為室町幕府第一代將軍。因為反叛後醍醐天皇，曾經被認定為逆賊。

新娘搭乘的轎子。《臺灣紹介最新寫真集》（勝山寫真館發行，一九三一），頁二四六。

拍打，這個時候也是用扇子。這時候，轎中的新娘則會依照慣例抬起腳踢轎門。新娘踢轎門之舉動，是對於新郎展示出丈夫威嚴做出回應，表示新娘也不會示弱。從這裡可以看出民族性格之一隅，不覺得十分有趣嗎？

換句話說，這些舉動只不過是一場戲。新郎會牽起新娘的手，如實的展示出「牽手（khan tshiú）」的意義，接著進入新房。一旦進入了這間新房，到最後兩人幾乎可以說是絕對不能外出。三餐是由從娘家跟隨來的老婆婆負責端送，新人不會有任何不便，排泄物也是由這位老婆婆負責清理。結婚初夜，通常會請福德圓滿的老婦人進入新房內，教導做人處事的道理，此時的訓話，兩人一定要謹記在心才行，所以比四、五年來聽校長的倫理道德演講還要專心、敬佩地聆聽老婦人的話語。入門第三天，新郎新娘會出正寢，也就是正廳，燒香祭拜祖先，結束後才會開始進行兩親家的會面。結婚後關在房間內，一步也不得外出的習俗，讓人想起古代的掠奪結婚，這項流傳下來的習俗真是有趣。在祭拜祖先、兩家會面後，新人又會繼續待在新房中，兩人不會輕易外出。待在新房不外出的期間，以前需要維持較長的日子，今日似乎是因為經濟上的考量、工作上的方便，而大為縮短。等到一定的時間來到，新郎新娘會一同歸寧，也就是回新娘娘家，當時伴隨新娘到夫家的老婆婆，通常也會在此時跟著歸寧，接受雙方的謝禮和酬勞之後再離開。

關於婚姻與易者之間的關係，經常可以聽見有趣的傳聞，不過去年八、九月左右，發生在臺北附近的例子可說是十分特殊。這件事情是甲家與乙家之間正在談論婚事，請易者看日子，不料甲家所委託的易者，與乙家所委託的易者，兩人的說法和判斷出現差異，雙方在易者同業之間也各有贊成者，最後決定雙方齊聚一堂，判定孰優孰劣。在此介紹雙方所交換的契約，翻譯如下。

**公評日課契約書**

立約人鄭奎壁、張保再等人，今日望公評雙方日課，所有契約條項詳記如左。

一、公評日課題目——嫁娶日課

乾造（婿方）己酉年（一九〇九）生　坤造（嫁方）辛亥年（一九一一）生

| 細題 | 鄭奎壁擇課 | 張保再則課 |
| --- | --- | --- |
| 裁衣 | 戊辰年（一九二八）七月二十九乙未日子時 | 戊辰年七月二十九乙未日未時 |
| 納采 | 同年七月三十丙辰日 | 同年七月十四庚子日 |
| 安床 | 同年七月十四庚子日時 | 同年七月二十一丁未日未時 |
| 嫁娶 | 同年八月二十四庚申日酉時出入 | 同年八月二十日庚申日未出酉入 |

轎位　坐庚方（西偏西南）　坐乾方（西北）

其詳細公評之主旨，提出雙方日課及往來批條

一、公評日期及場所

謹訂於戊辰年農曆八月初一下午二點，於大稻埕慈聖宮理論，由同業者及其公親人等評判，公評後準備宴席以酬謝當日蒞臨會場的同業者及公親人等。

一、公評費用金三十圓，全數充當該日宴席費用，由理虧一方負擔

然而，與會雙方皆須攜帶公評費用金三十圓至會場，交由公親人保管，待評判之後，交予勝者，用來支付宴席費用，不得有異議。

一、公評公親及評判人

評判人六名，雙方各自邀請三名同業者蒞臨評判

公親人四名，雙方各自邀請兩名人士出席

一、公評勝負解決方法

雙方依理發表言論，由當日在場的同業者與公親人等判定其勝負，不可強詞奪

理與使用武力。

當日，若有一方未能到場，則判定為輸家，應支付公評費用金三十圓，不得有異議。以上條項皆經雙方欣悅同意，絕無反悔，特例本契約書兩份，經雙方捺印後各執一份留存。

昭和三年（一九二八）九月八日

臺北市太平町三丁目二百十四號（約於今延平北路二段三十六巷內）

**契約人**　鄭奎璧

七星郡士林庄社子字後港墘三百一號（約今士林區後港里）

**契約人**　張保再

臺北市大橋町一丁目八十二號（約今迪化街靠近民權西路）

**見證人**　南星堂　蔡吉勝

然而，這場易者同志的勝負究竟結局為何，在昭和三年九月二十二日的《南瀛新報》中，可以看見刊載著：前所未聞的稀奇事件、占卜者二百餘名的大討論會、病入膏肓的島人迷信、被警察斥責而解散等的標題。

在學界和宗教界，多數意見不同的人齊聚一堂，對於學理或是教義的解釋，相互發表、辯論、討論意見的現象，在歷史上曾有許多例子，不足以為奇，不過在今日昭和的盛世時代，如此奇特的「占卜者大討論會」就近在咫尺、認真嚴肅地召開於大稻埕，即便發生在向來就充滿迷信家的本島，還是讓人不禁啞然。其實，我們日本內地人現在還是有「丙午之女❷」、「戊日之岩田帶❸」等愚蠢的迷信觀念，實在是沒有太大的資格去嘲諷本島人，但是針對某個擇日的吉凶與否，要二百多位「占卜者」

❷ 譯注：在日本觀念中，丙、午皆與火有關，認為丙午年容易發生許多火災，進而出現迷信的觀念，認為丙午年出生的女性，性情激烈火爆，容易剋夫。

❸ 譯注：戊對應的生肖為狗，日本認為狗生產時順利，且能一次產下多隻小狗，因而將之視為平安順產的象徵。岩田帶為懷孕時的束腹帶，日本孕婦會在戊日這一天前往神社祈禱平安順產，纏上束腹帶。

集會去爭論，未免也太過認真。在臺北市近郊士林庄的三角埔地區〔約今文化大學一帶〕經營農業的某位老翁，適逢兒子要迎娶媳婦，於是遵循本島人習慣，請大稻埕占卜者鄭某「擇日」，為兒子的婚事挑選黃道吉日。鄭某數了筮竹、排列算木，搖頭晃腦地思量了一番，最後占卜出農曆八月五日（九月十八日）為吉日。一心只想為愛子求得一生幸福的老翁，又再去詢問附近知名的擇日師——後港墘的張保再。張保再卜卦後回答，八月五日是「三煞日（惡鬼肆虐之日）」，不應行婚冠儀式。如果是八月四日，是個大好日子」。由於兩位占卜者所卜出的結果不同，老翁又再去找了二、三位占卜者，都說八月四日是黃道吉日，老翁才下定決心要在這一天舉辦儀式，開始進行各項準備。然而，這件事情傳到了鄭某耳中，對於自己的職業有著強烈自尊心的他火冒三丈，隨即寫信給張保再抗議，內容主旨為「推翻我的卜卦結果，損害我的信用」。但是張保再並未搭理，鄭某怒火攻心，一而再再而三地寄送抗議文書，最後甚至寄發存證信函，要求道歉。這時張保再似乎再也按捺不住內心的憤怒，召集全島的占卜者，發出通知表示：「八月三日將於大稻埕媽祖宮與鄭某開討論會，盼請列席參加」。終於來到了討論會的日子（九月十六日），聚集在媽祖宮的占卜者有二百多位，淡水和基隆地區的占卜者當然是不用提，就連遠在臺中一帶的占卜者也與會參加。事情傳開後，數百名看熱鬧的民眾也都蜂擁而至，廟門外人山人海，擠得水泄不通。不過可惜的是，鄭某並未出席。據說是友人曾某見勢不妙，而拉著鄭某躲藏在某處。對手缺席的討論會當然無法成立，加上聽聞騷動的北署人員下了命令，這場前所未有的奇特討論會，就這麼虎頭蛇尾地解散。

因此，這篇報導也只能有始無終的作結。據說鄭某這名男子，不只在同業之間，在一般民眾之間也風評不佳。他似乎與北署的某刑警和特務關係密切，因而狐假虎威、欺負弱小、恣意妄為。另外，也有人說鄭某可能是密探。若是事實，政府當局實在值得加以考察。

九九

# 常講音・讀書音・官話音

臺灣人口為四百三十三萬二千一百八十二人，其中日本內地人有十九萬五千九百八十六人、福建人有三百二十九萬六千七百二十八人、廣東人有六十一萬三十六人、熟蕃人有五萬二千五百九十八人、生蕃人有十三萬九千七百九十一人，此外還有朝鮮人。以支那人為首，加上其他外國人，合計人口總數達四百三十三萬二千一百八十二人（根據臺灣總督府警務局昭和二年（一九二七）度年底調查「戶口」）。當中，當然不用提日本內地人，福建人、廣東人、熟蕃、生蕃都各自擁有不同的語言，彼此之間無法互通。

原本在地大物博的支那，因為各地語言和發音迥異，很早就認定有制定標準話的必要。清朝時代將政治中心所在地的北京所使用的語言，定為一國的標準話，稱之為官話。既然已經制定了標準話，那麼就應該全國統一使用北京官話，不過因為諸多因素，在實現上並沒有那麼容易。不僅如此，應該是標準話的官話，不知道從什麼時候開始，居然分為北方官話（滿洲、直隸、山東、山西、陝西、甘肅、河南、雲南、貴州省以及廣西省的一部分）、中央官話（長江以北的江蘇省一部分、江西、安徽二省與浙江省的一部分）和西方官話（湖北、湖南、四川三省）。而在東南沿海地方，與官話關係甚遠，主要是使用廣東話、閩話、吳話。在廣東話中還有廣東話和客家話的區別，閩話中有漳州話、汕頭話、福州話的區別，吳話中有溫州話、寧波話、蘇州上海話的區別。而且以上還是只有支那民族中漢人種族的言語，通古斯人種的滿洲地方種族、蒙古利亞人種的蒙古地方種族、突厥人種的青海、新疆地方的種族，與漢人種族是完全不同的言語。

不過，臺灣最多的住民是漢民族，其中福建人有三百二十九萬六千七百二十八人，廣東人有六十一萬三十六人，福建人與廣東人的語言並不完全相同。此外，一般而言，從福建省移居而來的子孫稱為福建族，從廣東省移居而來的子孫稱為廣東族。但是在支那的行政區劃上，即便被編入福建省內，汀州八縣的居民大部分是廣東族；另一方面，即便被編入廣東省內，潮州九縣中除了饒平縣以外的八縣居民，大部分為福建族。如此的民族構成，在理解臺灣福建族與廣東族的時候，是絕對不能忘記的部分。假如用最概括的方式來說明，現住於臺灣，福建人的泉州人與漳州人是使用閩話中的漳州話，一般稱為廈門話；廣東籍的潮州人等是使用閩話中的汕頭話；其他的廣東族則是使用廣東話中的客家話，也就是客話（Kheh uē）。

在臺灣以外國人身份居住的支那人有三萬六千二百九十人，其中大部分是福建族的福州人，但是這些福州人雖然同樣被列為福建籍，所使用的語言是閩話中的福州話，和漳州話與汕頭話的發音有很大的不同。即便是在狹小的臺灣島內，因為居民種族的不同，當然會使用不同的語言，所以即便同樣是漢民族，不只是福建族與廣東族在發音上有所差異，事實上光是在福建族或是廣東族的用語內部，也各有三種不同的發音。日本內地人對於語言的認知較為單純，因此對於這樣的狀況也容易感到不可思議。臺灣漢民族語言內的三種發音，指的是一、常講音（tsiap kóng im）；二、讀書音（thak tsu im）；三、官話音（kuann uē im）。如果說一個貨幣，把兩面加上側面的三個面，可以視為三個貨幣的話，應該會讓人欣喜若狂；不過和這種狀況不同，同一種語言中卻存在三種發音，一般來說並不是會讓人開心的現象。第一類的常講音，指的是漢民族男女老幼在日常生活中皆會使用的發音。這是漢民族的男女老幼在沒有特別教導，也沒有特地向誰學習的狀況下，於日常生活中習慣成自然的發音。一般所說的臺灣話，指的就是這一類。在這之外還有福建話、廣東話，應該不需多說。

第二類的讀書音，指的是記錄在書物上的發音。不只是眾多書籍，而是在閱讀所有文字紀錄時，都會使用這種讀書音。倘若如此，不讀書的人，應該就沒有必要使用這種讀書音，但是當出現常講音中未曾出現的新事物之際，先用讀書音發音，是臺灣話的普遍原則。

身為臺灣人，應當很難無視這種讀書音的存在，但是這種讀書音需要跟隨他人學習而來。第三類的官話音，是早期的官吏公務人員必定要學會使用的官話發音。專門在臺灣使用的官話屬於西方官話的系統，一般稱為福建官話。臺灣島內身為漢民族的居民，不知是幸還是不幸，必須將記憶常講音、讀書音和官話音三種發音視為一種光榮和名譽的事情。不過，不只是在同屬漢民族的福建族和廣東族之間無法互通，對於熟蕃人、生蕃人也完全無法使用，只不過是一種極為不便的語言罷了。向來墨守成規、不得不使用如此複雜且運用範圍有限的發音的漢民族，在改隸之後，藉由使用光輝燦爛的國語，能夠踏上語言統一的路途，在人類的生活方面，在文化的向上發展方面，是多麼值得慶幸的事情啊！特別是讓人毛骨悚然的分類械鬥，其原因有不少就是語言不通所致。光是可以去除這一點，就不得不好好感謝語言統一所帶來的變化。

關於臺灣民族喜好祭典的性格，已於文章中再三述及。在祭典隊伍的最前方，通常會高舉著赤紅色牌子，上頭用金色墨水大大寫著「肅靜」、「迴避」之文字。乍看之下會以為這只不過是祭典隊伍中的某一種表演項目，不過從語言不通的這一點來看，就算是大聲怒吼著「肅靜」、「迴避」，應該也無法獲得相應的效果，所以才會寫成文字，高舉在祭典隊伍的最前方，讓大家在視覺上可以注意到這項訴求。如此一來，就算是再怎麼熱愛喧鬧嘈雜的民族性格，因為不想被別人罵作是「青盲（tshenn mê）」，所以也會暫時的保持肅靜和盡可能的迴避吧。在臺灣民族同志之間，因為語言不通所付出各種有形與無形的犧牲，自古以來應該可以說是不可勝數。過去在東京的支那留學生同志，想起因為無法用母國的語言互相疏通語意，而使用日文才能成功交流心得之事實，也深切地感受到早日實現臺灣民族語言統一，實為當務之急。這時候不應該被種族偏見所囿，對語言統一政策提出異議。大家覺得如何呢？

# 一百 官學・公學・民學・書房

從今日算起的二百四十七年前，滿清政府從鄭氏家族第三代手中奪取了臺灣，康熙二十三年（一六八四）置臺灣府，隸屬於福建省之下，臺灣府下有臺灣縣、諸羅縣、鳳山縣三縣，以此行政體制進行統治。其後隨著移居民眾的增加而擴大行政區域，經過數次置府置縣的政策，在四十五年前的光緒十一年（一八八五），建臺灣省。在此試著列出改隸前清朝政府時代的行政區劃，臺灣省下有臺北府（臺北）、臺灣府（臺中）、臺南府（臺南）三府。臺北府下有淡水縣、新竹縣、宜蘭縣、基隆廳、南雅廳之三縣二廳；臺灣府下有臺灣縣、彰化縣、雲林縣、苗栗縣、澎湖廳❶、

❶ 譯注：澎湖廳應在臺南府之下，而非臺灣府之下，在此遵循日文原文的四縣二廳，而未將澎湖廳移至臺南府的區劃之下。

「性本善，先生偷挾雞腱」等，用最初所學的三字經來造出罵老師的句子。甚至還聽過更過分的「先生做豆腐，學生〇〇〇」等，嘲弄老師的句子。帶著如此民族性格的臺灣學生，在今日公學校的同學會上，總是會惹出喧擾風波，也不是沒有原因的。書房的老師，特別是自己經營書房的人士，其收入多則一年二、三百圓，少則不過數十圓。不過學生的父兄們，通常只要有宴席就會邀請老師、有東西也會贈送給老師，因為風俗如此，書房的老師在生活上似乎也不太過艱辛。

書房老師唯一的副業，就是一年一度書寫過年的門聯，也就是春聯。臺灣民族在迎接新年之際，家家戶戶習慣貼上新的春聯，以示吉祥。一般外行人很難寫好春聯，通常會仰賴書房的老師揮毫書寫。春聯是貼在出入口的左右與上方，三張一組，揮毫書寫加上紅紙的費用，一組約為四錢或是六錢。雖然不是什麼利潤豐厚的副業，但是多寫幾組，也可以賺取一筆費用。每到年底，幾位書房的老師便會到市場上，在角落處擺張小桌子，一邊吸著鼻涕，一邊捲起長衫袖子在春聯上大筆揮毫，實為奇觀。在旁邊觀看的人可能會覺得有些可憐，但是揮毫書寫的本人，或許是抱持著捨我其誰的自信也說不定呢。

# 後記❶

自從昭和二年（一九二七）十二月號開始在本誌上談論臺灣民族性，橫跨三年共十五期，直至本月號，預定的百談終於迎來最終篇。在這段期間，筆者對本誌願意割愛貴重篇幅之舉，致上誠摯的謝意。與此同時，對於諸位讀者，也必須為占用版面之事乞求寬恕。臺灣民族性之談議，雖然並不會因此而宣告終結，不過筆者想要討論的部分，大致上都已提出。至此，暫且擱筆。

❶ 編注：山根勇藏在《臺灣警察協會雜誌》上〈民族性百談〉系列的最後一篇正文之後寫下這一段文字，於一九二九年四月一日刊出。五月十日山根即因胃病住院，十九日去世。一九三〇年刊印《臺灣民族性百談》單行本時並未收錄，此次中譯本納入。

臺灣民族性百談 / 山根勇藏作 ; 廖怡錚譯. -- 初版.
-- 新北市 : 大家出版, 遠足文化事業股份有限公司,
2023.10
面 ; 公分. -- (Common ; 76)

ISBN 978-626-7283-39-4(平裝)

1.CST: 民族性 2.CST: 民族文化 3.CST: 臺灣

535.733 112015207

Common 76

# 臺灣民族性百談

作　　者　山根勇藏
譯　　者　廖怡錚
導　　讀　周俊宇
封面設計　朱　疋
內頁編排・插圖繪製　吳郁嫻
校　　對　魏秋綢
責任編輯　賴書亞
行銷企畫　陳詩韻
總 編 輯　賴淑玲
出　　版　大家出版／遠足文化事業股份有限公司
發　　行　遠足文化事業股份有限公司（讀書共和國出版集團）
231新北市新店區民權路108-2號9樓
電　　話　(02) 2218-1417
傳　　真　(02) 8667-1065
劃撥帳號　19504465　戶名・遠足文化事業股份有限公司
法律顧問　華洋法律事務所　蘇文生律師

I S B N　978-626-7283-39-4（平裝）
I S B N　978-626-7283-40-0（PDF）
I S B N　978-626-7283-41-7（EPUB）
定　　價　600元
初版一刷　2023年10月